KATALONIEN
sehen & erleben

Emanuel Gronau · Walter Plassmann

KATALONIEN

Süddeutscher Verlag

Aus praktischen Gründen wird in diesem Buch
für katalanische Orte und Personen
ausschließlich die katalanische Schreibweise
verwendet. Nur wenn es um Orte oder Personen
außerhalb von Katalonien geht, wird auf das
Kastilische zurückgegriffen.

Dieser Band enthält 112 Farbaufnahmen
von Emanuel Gronau

Das Titelbild zeigt einen Brunnen auf der Plaça Reial
in Barcelona

Die Karten zeichneten Vierthaler & Braun, München

ISBN 3-7991-6531-2

© 1992 Süddeutscher Verlag
in der Südwest Verlag GmbH & Co. KG., München
Alle Rechte vorbehalten
Printed in Germany
Reproduktionen: Reprozwölf, Wien
Satz: Hesz Satz Repro, München
Druck: Wenschow-Franzis GmbH, München
Bindearbeit: R. Oldenbourg GmbH, München

Inhalt

Katalonien – Sehnsucht nach Europa   7
Katalonien – Ein Teil Europas   7
Von der römischen Eroberung bis zu den Habsburgern   7
Die romanische Epoche – Blüte Kataloniens   10
Die Gotik – Katalonien erhält seine heutige Form   11
Der Abstieg – Katalonien liegt am ›falschen‹ Meer   12
Unterdrückung und Auflehnung   13
Von der ›Wiedergeburt‹ zum ›Modernismo‹   16
Der Kampf um die Autonomie   18
Barcelona – Eine Stadt prägt die Region   20
Sprache und Sardana – Fremd, aber lernbar   25
FC Barcelona: Mehr als nur ein Fußballclub   29
Die Olympischen Spiele – Mit einem Satz an die Spitze   30

Die Bilder   35

Reisen durch Katalonien   135
Allgemeines zu Katalonien   135
Barcelona   137
Costa Brava   148
Costa Daurada   152
Vom Ebre zu den Pyrenäen   156
Die Pyrenäen   158
Girona und Hinterland   162

Register   167

Katalonien – Sehnsucht nach Europa

Katalonien – Ein Teil Europas

Für die meisten Deutschen beginnt doch hinter den Pyrenäen schon Afrika. Dieser entrüstete Satz einer jungen Frau aus Barcelona ist gar nicht so flapsig gemeint, wie er sich im ersten Moment anhört. Er umschreibt vielmehr ein Dilemma, mit dem die Katalanen seit Jahrhunderten leben und das sich auch heutzutage, da Spanien anerkanntes und respektiertes Mitglied der europäischen Staatengemeinschaft ist, offenbar nicht ausmerzen läßt: Katalonien fühlt sich dem nordeuropäischen Kulturraum viel stärker verbunden als dem iberischen, die Katalanen bezeichnen sich eher als Europäer denn als Spanier. Aber in umgekehrter Richtung fehlt die Anerkennung. Katalonien wird als Region so behandelt wie andere Regionen Spaniens, und der Urlauber erwartet von seinem Aufenthalt an der Costa Brava oder der Costa Daurada nicht nur schönes Wetter, sondern auch Stierkampf und Flamenco – beides Symbole eines Spanien, mit dem die Katalanen nur wenig anfangen können. Ihre Kultur, ihr Leben ist anders. Ihre Sehnsucht gehört Europa.

So wird denn auch eine Reise nach Katalonien, die sich nicht auf den Besuch der langen Strände beschränkt, eine Reise von den Ursprüngen der europäischen Kultur bis zur Moderne, eine Reise von den ersten Baudenkmälern der Romanik bis hin zu einer Stadt, die sich anschickt, eine der modernsten in ganz Europa zu werden. Und es wird eine Reise zu einem Volk, das ebenso verschlossen wie freundlich, ebenso stolz wie gastfreundlich ist.

Katalonien bietet dementsprechend viel für fast jeden Geschmack. Perfekt und mitunter auch mit großem Geschmack aufgebaute Tourismus-Zentren an den langen Küsten der Costa Brava und Costa Daurada; weite und teilweise noch kaum erschlossene Bergwelten in den Pyrenäen; Mittelgebirgslandschaften, wie geschaffen zum Wandern; Routen der Romanik und Gotik, die zu den aufsehenerregendsten Baudenkmälern dieser Epochen führen; und schließlich Barcelona, jene Kapitale Europas, die nach sehr langem Dornröschenschlaf von Olympia wachgeküßt wurde und nun mit einer schier unglaublichen Kraftanstrengung den Sprung in das 21. Jahrhundert wagt. Und all dies, selbstredend, ist auch kombinierbar.

Von der römischen Eroberung bis zu den Habsburgern

Seit wann das Gebiet, das heute Katalonien umfaßt, besiedelt ist, weiß niemand. Als gesichert kann lediglich gelten, daß dort schon sehr früh Menschen lebten. Bei Girona fanden Archäologen zwar Fossilien, die auf rund 200 000 Jahre geschätzt wurden, aber dort sollen noch viel früher, nämlich vor rund einer halben Million Jahren, Jägerstämme seßhaft gewesen sein. Sie sollen der Cro-Magnon-Rasse angehört haben, deren Höhlen-Malereien in Südfrankreich die Forscher so begeistern.

Von den katalanischen Menschen der Steinzeit sind keine vergleichbar spektakulären Höhlenmalereien erhalten. Einigermaßen genaue Kenntnisse hat man erst ab fünftausend Jahre vor unserer Zeitrechnung. Damals haben die Menschen wohl angefangen, nicht mehr in Höhlen zu wohnen, sondern in Häusern. Teilweise faßten sie diese Häuser sogar zu kleinen Dörfern zusammen. Bis heute erhaltene Zeugen dieser Periode stehen in der Baix Empordà und Alt Urgell: Es sind Hünengräber, die etwa 3000 vor Christus errichtet worden sind.

Gesicherte Erkenntnisse über die Entwicklung auf der iberischen Halbinsel erhalten die Historiker mit dem Eintritt der Griechen in die katalanische Geschichte. Die Griechen begannen im 6. Jahrhundert vor Christus, die Küste zu besiedeln und gründeten nahe dem heutigen Empúries eine Kolonie. Woher sie genau kamen, weiß man allerdings nicht. Die Vermutungen reichen vom kleinasiatischen Phokäa über Aleria auf Korsika bis zu Marseille, dem damaligen Massilia. Bald schon trieben die Siedler blühenden Handel. Jedenfalls wurden die Münzen, die in diesen Siedlungen als Zahlungsmittel dienten, auch in weit entfernten Gegenden gefunden.

Griechen waren aller Wahrscheinlichkeit nach schuld daran, daß wir noch heute von der ›Iberischen Halbinsel‹ sprechen. Denn sie tauften den Fluß, der sich zum Mittelmeer hinunterwand, Iberos. Heute heißt er Ebre (auf kastilisch Ebro). Die griechischen Siedler werden schließlich noch für andere folgenreiche Pioniertaten verantwortlich gemacht: Sie sollen den Weinstock und den Olivenbaum mitgebracht haben.

Nach den Griechen kamen die Römer, die sich aufgrund eines Beistandspaktes 218 vor Christus in Empurion festsetzten und von dort eine zweite Front gegen Karthago eröffneten. Die Römer blieben nicht weniger als sieben Jahrhunderte in Katalonien und hatten damit prägenden Einfluß auf Kultur und Entwicklung des Landes. Eine zweite Kraft trat im 3. Jahrhundert nach Christus hinzu: die katholische Religion. Der Katholizismus hat sich ungemein rasch in Katalonien durchgesetzt. Die Region war eine der ersten, die sich im damaligen römischen Reich voll zum katholischen Glauben bekannte.

Auf die Römer folgten Invasionen und Invasionsversuche der Westgoten, der Araber und der Franken. Teilweise blieben sie Episoden, wie die erste westgotische Okkupation, die 418 nach nur vier Jahren wieder beendet wurde, nachdem der westgotische Führer Ataulf in Barcelona ermordet worden war. Teilweise hielten sich die fremden Herrscher aber auch länger. So war vor allem der zweite Anlauf der Westgoten erfolgreicher und langlebiger. Mit Hilfe Roms gliederten sie Katalonien ebenso wie Südfrankreich in ihr Reich ein. Das erklärt die auffallende Ähnlichkeit der katalanischen Sprache mit dem Dialekt im südfranzösischen Roussillon. Unter den Westgoten setzte auch der erste große wirtschaftliche Aufschwung ein.

Doch ein Nachfolgestreit machte der gotischen Herrschaft ein Ende. Es geht die Sage, daß die Katalanen, gekränkt, weil ein aus ihren Reihen stammender Nachfolgekandidat von König Witzia (gestorben 710) übergangen worden war, bei den Arabern um Hilfe nachgesucht hätten. Ob man die arabischen Herrscher nun gebeten hat oder ob diese den Vorstoß bis an die Pyrenäen sowieso geplant hatten – sie kamen. Schon im folgenden Jahr fügten die Sarazenen den Westgoten empfindliche Niederlagen bei; 717 war Barcelona erobert.

Die Araber konnten allerdings in Katalonien nie einen so starken Einfluß ausüben wie in Südspanien, wo sie Baustil und kulturelles Leben derart geprägt haben, daß beides noch heute spürbar ist. Aller Wahrscheinlichkeit nach war der stille Widerstand der Katalanen zu groß, als daß sie sich eine fremde Kultur

hätten aufzwingen lassen. Zudem hatten die neuen Herrscher nur die wichtigsten Städte Kataloniens erobern und in den Pyrenäen sogar nie richtig Fuß fassen können. Letztlich war der arabische Expansionsdrang auch nicht mit Katalonien gestillt. Sie zog es weiter in den Norden, über die Pyrenäen hinweg.
Doch das sollte sich rächen. Die immer weiter von ihrem Heimatgebiet stattfindenden Eroberungen überforderten den Nachschub. In den hinzugewonnenen Provinzen nahm man sich nicht die Zeit, für geeignete Infrastrukturen zu sorgen. So konnte Karl Martell den Expansionsdrang 732 stoppen, als seine Truppen die sarazenischen Heere bei Poitiers schlugen. Die Araber zogen sich wieder hinter die Pyrenäen zurück, doch auch dort mußten sie gut fünfzig Jahre später ihre Stellungen aufgeben. Karl der Große kämpfte sich nach einigen vergeblichen Anläufen bis nach Girona durch und gliederte die Region in sein Reich ein.
Bei dieser Gelegenheit ist der Sage nach übrigens die katalanische Flagge – vier rote Querbalken auf gelbem Grund – entstanden: Karl II., mit dem Beinamen der Kahle, ein Enkel Karls des Großen, soll den katalanischen Krieger Guifré, der bei seinem heldenhaften Kampf gegen die Mauren tödlich verwundet worden war, dadurch geehrt haben, daß er vier seiner Finger in dessen Blut tauchte und damit über seinen vergoldeten Schild strich.
Diese kurze Zeitspanne hat, gemessen an den sieben Jahrhunderten arabischer Herrschaft im Süden Spaniens, nicht ausgereicht, um die maurische Kultur in merkbarem Umfang in Katalonien zu verankern. Hinzu kam, daß die Araber in Katalonien weder richtig seßhaft wurden, noch versuchten, den Einwohnern ihren Stempel aufzudrücken. Deshalb finden sich allenfalls Spuren des maurischen Stils, wie in der Klosterburg Sant Pere de Rodes an der Costa Brava oder den ›Arabischen Bädern‹ in Girona. Aber gerade die Banys àrabs sind ein gutes Beispiel dafür, in welcher Form der maurische Einfluß zur Geltung kam: Sie sind nämlich erst im 13. Jahrhundert, also lange nach der Herrschaftszeit der Mauren, entstanden und empfanden deren Stil lediglich nach. ›Mozarabisch‹ nennen die Kunsthistoriker dieses Stilgemisch, das vor allem von Baumeistern benutzt wurde, die zwar arabischer Abstammung waren, im Laufe der Zeit aber zum Christentum konvertierten.
Für die Katalanen begann mit der fränkischen Besetzung eine zwiespältige Zeit. Auf der einen Seite gaben ihnen die neuen Herrscher viel Spielraum, den sie weidlich dazu nutzten, Handel zu treiben. Auf der anderen Seite blieben sie aber eine Kolonie, hießen offiziell ›Spanische Mark‹. Sie wurde zudem ganz offen auch als Pufferzone zu den sarazenischen Heeren eingesetzt, die im Restspanien weiterhin herrschten.
Dieser Umstand schlug sich auch im Baustil nieder. Zeiten, in denen viel gekämpft wird und in denen die Landesherren häufig wechseln, sind nicht gerade geschaffen für große Bautätigkeit. Und wenn, tragen die Bauwerke Züge von Schutzbauten. Dafür ist das Benediktinerkloster Sant Pere de Rodes oberhalb von Port de la Selva an der Costa Brava ein hervorragendes Beispiel. Es ähnelt viel mehr einer Trutzburg als einem Ort der Besinnung.
Die Verwaltung der ›Spanischen Mark‹ übertrug Karl der Große seinem Sohn Ludwig. Dieser folgte ihm später als Ludwig der Fromme auf dem Thron. Er bereitete den Boden dafür, daß sich nach und nach die ›Grafen von Barcelona‹, wie die Verwalter nach der Wiedereroberung von Barcelona hießen, immer größere Freiheiten herausnehmen konnten. Die fränkischen Herrscher ließen es sogar

zu, daß die Katalanen den weltweit ersten Kodex der bürgerlichen Ehrenrechte aufstellen konnten, die Usatges. In diesem Kodex, der im elften Jahrhundert erarbeitet und ein Jahrhundert später erweitert wurde, sind die Rechte und Pflichten von Herrscher und Untertan recht genau beschrieben – viele Jahre vor dem Erlaß der Magna Charta, der 1215 in England erfolgte. So gelobte das Volk, das katalanische Territorium gegen Angriffe von außen zu verteidigen. Der Herrscher verpflichtete sich im Gegenzug, Straßen, Gewässer und das Ackerland der Gemeinschaft zur Verfügung zu stellen. Außerdem wurden Ständeversammlungen, die Corts, eingerichtet. Nach einer Überarbeitung der Usatges im Jahre 1283 mußten die Corts einmal im Jahr einberufen werden und hatten bei wichtigen Gesetzesentscheidungen ein Vetorecht.

Dies darf man allerdings nicht als demokratische Mitbestimmung im heutigen Sinn mißverstehen: Den Corts gehörten zunächst nur der Adel und die Geistlichkeit an, später durften auch Großbürger aus Städten und Gemeinden an den Versammlungen teilnehmen, noch später sogar einige wenige Vertreter der Handwerkszünfte. Es ging also nicht darum, eine demokratisch austarierte Gewaltenteilung zu praktizieren. Großbürgertum und Adel waren lediglich darum bemüht, die eigenen Privilegien möglichst frühzeitig abzusichern. Die jeweiligen Herrscher waren ›aufgeklärt‹ genug, dies zu akzeptieren, da es schließlich auch in ihrem Interesse war, wenn der Handel florierte. Die Bevölkerungsmehrheit war jedoch von der politischen Mitbestimmung ausgeschlossen – was sich in späteren Jahrhunderten noch rächen sollte.

Mittlerweile hatte sich die Politik zunächst einmal vom Schlachtfeld abgewandt und war zur Diplomatie übergegangen. Das zentrale Ereignis nicht nur der katalanischen, sondern der gesamten spanischen Geschichte war 1137 die Heirat des Katalanen Ramon Berenguer IV. mit der aragonesischen Erbin Petronila. Damit waren die beiden benachbarten Reiche vereinigt. Sie hießen fortan ›Krone von Aragón‹, da Aragón als Königreich höher rangierte als Katalonien, das nur ein Fürstentum war.

Die Heirat und die Zusammenführung beider Reiche hatte weitreichende Folgen. Die vereinten Heere konnten Zug um Zug die iberische Halbinsel aus den Händen der Mauren entwinden, Katalonien selbst sein Terrain um die Gebiete südlich von Girona und Barcelona arrondieren. Vor allem aber wurde der Grundstock gelegt für eine wirtschaftliche Expansion, die Barcelona zu einem der wichtigsten Häfen am Mittelmeer machen sollte – eine Stellung, die die katalanische Metropole bis heute halten konnte.

Die romanische Epoche – Blüte Kataloniens

Katalonien profitierte zunächst von der Vereinigung mit Aragón mehr als das zentralspanische Reich. Das lag zum einen daran, daß beide Reiche intern nur locker verbunden waren – die ›Krone von Aragón‹ war praktisch ein Vorläufer des Commonwealth. Zum anderen stellte Katalonien die Dynastie, denn diese hält sich in der Regel an die männliche Linie. Letztlich wuchs das Land an der mediterranen Küste so rasch zu einer wirtschaftlichen Großmacht heran, daß es Aragón schnell in den Schatten stellte.

Im 13. Jahrhundert hatte Katalonien eine derart mächtige Stellung im Mittelmeerraum, daß allenfalls Genua und Neapel Gleichwertiges entgegenhalten konnten – wobei Barcelona den Vorteil hatte, Hauptstadt eines Königreiches zu sein, während Genua und Neapel als Stadtstaaten nur auf begrenzte Mittel zurückgreifen konnten. Bis nach Griechenland trieben die Katalanen ihre Expansion. Eine Karte im Museu d'Història de la Ciutat in Barcelona, auf der alle Konsulate (›Consulats de Mar‹) eingezeichnet sind, die die Stadt damals unterhielt, zeigt eindrucksvoll, wie weit damals der Einflußbereich von Katalonien und damit der ›Krone von Aragón‹ reichte.

Diese Stellung schlug sich auch in der Kunst nieder. Kirchen und in geringerem Umfang weltliche Bauwerke im romanischen Stil schossen wie Pilze aus dem Boden, kein Dorf wollte ohne ein solches Bauwerk sein. Es war allerdings auch ein großer Nachholbedarf an Gotteshäusern zu erfüllen, denn die seit altersher dem Christentum verpflichteten Katalanen hatten in den turbulenten Jahrhunderten zuvor nie Gelegenheit gehabt, Kirchen zu errichten. Über zweitausend romanische Bauwerke aus dieser Zeit haben die Kunsthistoriker gezählt.

Die Romanik zeichnet sich durch eine wuchtige Schwere aus. Die groben Wände aus dicken Bruchsteinmauern werden nur durch Rundbogenöffnungen ein wenig aufgelockert. Spielerisches und Schmuck waren nicht gefragt, die Bauwerke sind vielmehr auf eine lange Lebensdauer ausgerichtet. Der Grundriß entspricht in der Regel dem römischen Kreuz, wobei die Ausrichtung gen Osten und das Eingangstor gen Süden geht. Abgeschlossen wird das Hauptschiff durch ein Tonnengewölbe, das mit dem Fortschritt der Bautechnik immer gewaltigere Formen annahm. Im Laufe der Zeit wurde der Chorraum immer größer gebaut, das Querschiff kam hinzu, ferner die Kuppel und schlanke Glockentürme, die teilweise frei standen – entsprechend den Anregungen, die die Baumeister aus Italien erhielten.

Die Gotik – Katalonien erhält seine heutige Form

Die Romanik gilt als erste wirklich europäische Kunstform, denn sie wurde in allen europäischen Ländern gepflegt. Vielleicht kam sie auch deshalb den Katalanen so entgegen. Immerhin hatten sie ihr Fürstentum niemals gegenüber den nördlichen Ländern abgeschottet, selbst zu Zeiten, als dies anderswo gang und gäbe war. Als zu Beginn des 13. Jahrhunderts die Romanik von der Gotik abgelöst wurde, war der Bauboom in Katalonien noch nicht gebrochen. Allerdings verteilten sich die Stilrichtungen unterschiedlich auf das Land. In ›Alt-Katalonien‹ (Catalunya Vella), also den Gebieten nördlich von Barcelona bis tief in die Pyrenäen hinein, dominierte die Romanik, denn dort hatten sich die Franken bereits im 8. und 9. Jahrhundert festgesetzt. Zudem hingen die Baumeister an diesem Stil, auch als im übrigen Europa die Gotik bereits fest etabliert war. Ganz offensichtlich entsprach das Erdverbundene, Wuchtige der Romanik dem katalanischen Charakter. Die südlichen Gebiete Kataloniens um Lleida und Tarragona (Catalunya Nova) waren dagegen noch bis in das 12. Jahrhundert in arabischen Händen. Deswegen finden sich in diesem ›Neu-Katalonien‹ nur wenig romanische Bauten, während die Gotik (auch durch Um- und Erweiterungsbauten) weit verbreitet ist.

Die Gotik löste sich von der Erdverbundenheit der Romanik, strebte in die Höhe, suchte Leichtigkeit zu vermitteln. Sie war Ausdruck einer Zeit, in der sich die politische Lage entspannte und in der sich zum ersten Mal auf breiter Front ein städtischer Mittelstand zu bilden begann. Dem Streben nach Höhe kam zupaß, daß die Gewölbetechnik immer stärkere Fortschritte machte und damit die Räume immer größer und breiter werden konnten. Die Meisterleistung der Architekten dieser Zeit steht in Girona. Die dortige Kathedrale hat mit ihrem 63 Meter langen, 23 Meter breiten und 34 Meter hohen Schiff das breiteste gotische Kirchenschiff, das es weltweit gibt. Auch die ehemalige Schiffswerft in Barcelona, die Drassanes, ist von beeindruckender Größe. Sie zeigt zugleich, daß sich der gotische Baustil keineswegs nur auf Kirchen beschränkte, sondern immer stärker auch die sogenannten Profanbauten beeinflußte.

Doch trotz des ›Strebens nach Höherem‹ der Gotik, das sich in Katalonien weniger in der Höhe als in der Breite bemerkbar machte, hielten die Katalanen auch diesen Stil recht streng. Zwar wurden die Wände aufgelockert mit dicht beieinander stehenden, schlanken Säulen; es finden sich fein gegliedertes Maßwerk und hohe Spitzbögen. Die Decken wurden mit Rippengewölben abgestützt, um die gewaltigen Lasten tragen zu können. Aber der katalanischen Gotik fehlt die ornamentale Überwucherung – selbst zu einer Zeit, als die stärkere Verwendung von Ornamenten in anderen europäischen Ländern bereits üblich war.

Doch Macht und Reichtum Kataloniens sollten bald schon wieder verfallen. Zunächst, weil die katalanische Dynastie ein Jahr nach dem frühen Tod des Thronerben Martí el Jóven (1409) endete. In einer demokratischen Abstimmung innerhalb der Teile des Königreichs (Katalonien, Aragón und Valencia) siegte schließlich Ferran de Antequera. Auch wenn Ferran die in den Usatges niedergelegten Pflichten anerkannte, auch wenn er die Errichtung eines ständigen Organs der Corts, der Generalitat, zuließ, die die Ausgaben der Krone kontrollieren sollte und damit ein Vorläufer der Regionalregierung war, hatten die Katalanen immer größere Mühen, ihren Einfluß geltend zu machen. Der politische Schwerpunkt verlagerte sich nach Aragón. Adel und Großbürgertum Kataloniens klammerten sich deshalb immer stärker an ihre Rechte und übersahen dabei, daß das Volk ganz andere Interessen verfolgte.

Landarbeiter und erste Arbeiter in den Städten, aber auch die Zünfte sahen ihre Belange nämlich nicht durch die Corts gewahrt. Sie glaubten vielmehr, daß die Zentralgewalt, also der König, sie wirksamer unterstützen würde. Unruhen waren die Folge, Aufstände und letztlich ein verheerender Bürgerkrieg, der von 1462 bis 1472 wütete. Als Erfolg konnten die Bauern zwar verbuchen, daß sie aus der Leibeigenschaft entlassen wurden – Jahrhunderte vor ihren Leidensgenossen in anderen Ländern Europas –, aber der Aufstand sollte den endgültigen Niedergang Kataloniens herbeiführen – durch eine Heirat.

Der Abstieg – Katalonien liegt am ›falschen‹ Meer

Der damalige König Joan I., gegen den die Revolte ursprünglich gerichtet war, hatte seine Rettung nämlich nur noch in der Vereinigung mit Kastilien gesehen. Dem dortigen König Heinrich IV. bot er die Heirat seines sechzehnjährigen Sohnes Ferran mit dessen Tochter Isabel an. Heinrich akzeptierte, und das heutige Spanien war geboren.

Vordergründig sollte sich dadurch für Katalonien nichts ändern. Die ›Katholischen Könige‹, wie Fernando und Isabel ab 1497 – als Papst Alexander VI. ihnen diesen Titel verlieh – genannt wurden, verbanden Katalonien/Aragón und Kastilien so, wie es zuvor auf kleiner Ebene gemacht worden war: als Staatenbund. Isabel regierte als Isabel I. Kastilien, Fernando als Fernando II. die Krone von Aragón. ›Tanta Monta‹ (Reitet ebenso) war das Leitwort dieser Arbeitsteilung.

Doch die Politik wurde mehr und mehr von Kastilien bestimmt, sprich vom Hof in Madrid. Allein schon die Tatsache, daß der König nicht die katalanische Schreibweise seines Namens (Ferran) benutzte, zeigt, wie stark der kastilische Einfluß wurde.

Der katalanischen Vorherrschaft gab allerdings ausgerechnet ein Mann den endgültigen Todesstoß, der katalanisches Wissen nutzte, um auf Entdeckungsreise zu gehen: Christoph Kolumbus, auf spanisch Cristóbal Colón. Bereits im 14. Jahrhundert hatte nämlich der Katalane Ramon Llull, der sich große Verdienste bei der schriftlichen Fixierung der katalanischen Spache erwarb, beschrieben, daß die Erde rund sei und daß es auf der anderen Seite des Atlantiks Land geben müsse. Als 1492 Kolumbus die Vermutung Llulls bewies und Amerika entdeckte, war das Mittelmeer, das Katalonien über so viele Jahre beherrscht hatte, plötzlich nicht mehr die wichtigste Handelsstraße der Welt. Durch die Meerenge von Gibraltar zu segeln war wegen der maurischen Herrscher schier unmöglich. Der kastilische Hof, dem die starke Stellung Kataloniens schon immer ein Dorn im Auge gewesen war, sorgte zudem dafür, daß die katalanischen Händler auch auf dem Landweg ihre Waren nicht an die Atlantikküste und damit nach Amerika bringen konnten. Das andalusische Sevilla erhielt das Handelsmonopol mit den überseeischen Ländern. Barcelona war vom wichtigsten Markt der Welt abgeschnitten.

Unterdrückung und Auflehnung

Jetzt war nicht mehr Katalonien, sondern Spanien eine Weltmacht und versuchte diese Position mit einer energischen Kolonisierungspolitik auszubauen. Die finanziellen Lasten der Krone wurden immer größer und damit auch die Bestrebungen, die Provinzen stärker zur Finanzierung der Eroberungen heranzuziehen. Das galt auch für Katalonien, das trotz des langsamen Niedergangs seiner Handelsbeziehungen noch immer ein relativ reiches Land war. Der Graf von Olivares, ein Minister unter Philipp IV., war die treibende Kraft hinter den zentralistischen Bestrebungen. Er versuchte die Corts von Barcelona zu höheren Zahlungen zu überreden, er versuchte es mit Drohungen, doch er biß auf Granit. Madrid wandte Zwangsmittel an: Barcelona mußte gewaltige Summen an Madrid abführen, sogar eine Armee für die Ziele der Krone bereitstellen.

Da platzte dem Volk der Kragen. 1640 stürmten Erntearbeiter, sogenannte Schnitter (Segadors), in Barcelona den Palast des Vizekönigs und ermordeten diesen, als er versuchte, auf ein Schiff zu fliehen. Das war der Beginn eines mehr als zehnjährigen Bürgerkrieges. Der Aufstand gegen Madrid nahm Züge einer sozialen Revolution an. Nunmehr rächte sich, daß die politische Mitbestimmung nicht auf alle Bevölkerungsschichten ausgedehnt worden war. Um die Kontrolle wenigstens einigermaßen in der Hand zu halten, stellte sich die Generalitat an die Spitze des Aufstandes. So war die Zielrichtung allein gegen Madrid gerichtet und die soziale Komponente trat in den Hintergrund. Verbündete suchten die Barceloneser in Frankreich. Sie erkannten sogar Ludwig XIV. als ihren Herrscher an, doch die Unterstützung floß nur spärlich. Philipp IV. blieb Sieger. Aber auch für den ›Sonnenkönig‹ fiel etwas ab: Er erhielt im ›Pyrenäenfrieden‹ 1659 das Roussillon und die nördlichen Teile der Cerdanya.

Dieser Aufstand, der bereits starke separatistische Tendenzen zeigte, prägte die katalanische Politik der folgenden Jahrhunderte. Ein Lied, das den heldenhaften Mut der Segadors besingt, dient sogar bis heute als Hymne der Katalanen. Die Niederlage auf dem Schlachtfeld hatte zwar – mit Ausnahme der Gebietsabtretungen – keine direkten negativen Folgen, da die relative Eigenständigkeit Kataloniens von Philipp IV. weitgehend unangetastet blieb, aber die Zeit des Friedens währte nicht lange. 1700 starb mit Karl II. der letzte spanische Habsburger. Da er keinen direkten Nachfolger hinterließ, gab es Streit, der schließlich zum Spanischen Erbfolgekrieg führte. Beteiligt waren Philipp V., ein Enkel des französischen Sonnenkönigs, und der Erzherzog Karl von Österreich, der die habsburgische Linie fortsetzen wollte.

Katalonien schlug sich – was Wunder nach den Enttäuschungen im ›Schnitterkrieg‹ – auf die Seite der Österreicher. Es war wieder die falsche Entscheidung. Nach dreizehn Jahren Krieg wurde Spanien zwar im Frieden von Utrecht als Weltmacht zerschlagen, aber die Rechte Philipps V. auf Spanien wurden anerkannt (auch wenn er Gibraltar an die Engländer abgeben mußte).

Für die Katalanen war mit diesem Friedensschluß der Krieg aber noch nicht zu Ende. Auch ohne Verbündete kämpften sie weiter mit dem Mut der Verzweiflung. Doch gegen die multinationale Truppe von zwanzigtausend Mann, die im Sommer 1714 vor Barcelona in Stellung ging, konnten sie letztlich nichts ausrichten. Am 11. September wurde die katalanische Metropole genommen. Dieser Tag ist bis heute Nationalfeiertag der Katalanen – obwohl mit ihm zunächst einmal der totale Niedergang des Katalanischen besiegelt wurde. Allein Kastilisch wurde geschrieben und gesprochen, sämtliche Privilegien abgeschafft, Madrid hatte vollständig das Sagen.

Die Phase eines über mehrere Jahrhunderte sich hinziehenden Niedergangs schlug sich auch in der Kunst nieder – oder vielmehr gerade nicht. Denn da die ehemals wohlhabende Mittelschicht verarmte und der Adel sich vollkommen nach Madrid ausrichtete, fehlten die Finanziers für neue Häuser und Kirchen. Die im übrigen Europa während dieser Zeit entwickelten und gepflegten Kunststile der Renaissance und des Barock sind deshalb in Katalonien nicht vertreten. Das hat allerdings den Vorteil, daß die romanischen und gotischen Bauwerke nahezu unverfälscht erhalten geblieben sind – was nicht zuletzt den Reiz Kataloniens ausmacht.

Allerdings wurde den Katalanen der Handel nie vollständig untersagt, er wurde nur über viele Jahrzehnte deutlich erschwert. Das hatte ein Ende, als 1778 der Nachfolger Philipps V., Karl III., Sevilla das Handelsmonopol mit Amerika nahm und die Katalanen seither über Meer und über Land auch mit diesem wichtigen Markt Handel treiben konnten. Sie nutzten die Möglichkeit konsequent und bauten ihre Industrien aus.

Kernbereich war die Baumwollproduktion, die durch moderne Maschinen aus England enorm ausgeweitet wurde. Ende des 18. Jahrhunderts waren in der Textilindustrie bereits nicht weniger als achtzigtausend Menschen beschäftigt. Zudem besaßen die Katalanen seit altersher eine starke Landwirtschaft. Das hing vor allem damit zusammen, daß die leistungsstarken Höfe (Masies) nicht durch Erbteilungen zersplittert wurden. Eine Masia wurde immer als Ganzes dem erstgeborenen Sohn übergeben. Der mußte im Gegenzug seinen Geschwistern einen Start in anderen Berufen ermöglichen. Historiker führen das Entstehen der breiten Mittelschicht aus Handwerkern und Kleinindustriellen nicht zuletzt auf dieses Erbrecht zurück.

Doch die Politik ließ den Katalanen nicht viel Zeit für ungestörten Handel. Der spanische Herrscher Carlos IV. suchte sein Heil in einer engen Kooperation mit Napoleon I., was von vielen Spaniern nicht widerstandslos hingenommen wurde. Daraufhin überfiel Napoleon Spanien. Katalonien wurde – beinahe schon traditionell – als erste Region besetzt. Schon 1808 mußte Barcelona vor den napoleonischen Truppen kapitulieren, ein Jahr später nach einem heldenhaften Kampf, der einen wichtigen Platz in der katalanischen Mythologie einnimmt, auch Girona. Selbst fremde Truppen konnten den Vormarsch der Franzosen nur aufhalten, nicht verhindern. 1808 wurde Joseph Bonaparte, ein Bruder Napoleons, König von Spanien.

Wer erwartet hatte, daß die Katalanen die Fremdherrschaft klaglos akzeptieren würden, sah sich allerdings getäuscht. Immer wieder kam es zu Scharmützeln und kleineren Aufständen. Im Gegenzug übten die Franzosen ihre Herrschaft ungeheuer brutal aus. Willkürherrschaft terrorisierte die Bevölkerung, kaum ein Bauwerk war vor ihrer Zerstörungswut sicher. England unterstützte die Katalanen in diesen Zeiten des Widerstandes heimlich, und England war es auch, das mit seinem Sieg über Frankreich bei Vitoria 1813 das Ende der französischen Besetzung einläutete. Fernando VII. übernahm den Thron.

Der Herrscher blieb ohne männliche Nachkommen, nach dem geltenden Thronfolgegesetz wäre ihm deshalb sein Bruder, Don Carlos, auf den Thron gefolgt. Doch Fernando VII. wollte, daß seine Tochter Isabel Herrscherin über Spanien wird. Als er 1833 starb, hinterließ er eine minderjährige Tocher und ausreichend Konfliktpotential für die nächsten gewalttätigen Auseinandersetzungen. Der erste ›Karlistenkrieg‹ begann, denn Don Carlos, der als Carlos V. seine Ansprüche auf den Thron anmeldete, erkannte den Vormund von Isabel, Marie Christine von Neapel, nicht an. Katalonien unterstützte Don Carlos – aber wie so häufig setzte es auch hierbei auf den Falschen. Sechs Jahre wütete der Kampf, dann hatte sich Christine von Neapel durchgesetzt, Isabel wurde 1843 als Dreizehnjährige Königin von Spanien.

Damals wurden Wurzeln für eine politische Auseinandersetzung gelegt, die bis in die heutige Zeit nachwirken. Don Carlos hatte nämlich eine parteiähnliche Gemeinschaft gebildet, die als ›Karlisten‹ in die Geschichte einging. Sie standen für althergebrachte Werte aus einer Zeit, als Spanien Weltmacht war. Industrialisierung, Liberalisierung und Laizismus waren ihnen suspekt. Die mittelalterlichen Wertvorstellungen und die Monarchie wurden von den Karlisten immer hochgehalten. Später unterstützten sie den Diktator Franco, konvertierten aber während seiner Willkürherrschaft zur Opposition und entpuppten sich nach der Demokratisierung sogar als sozialistische Partei. Geholfen hat ihnen das zwar nicht – weder in der Zeit vor Franco noch nach ihm erreichte man wirklichen politischen Einfluß –, aber der Gedanke des ›Karlismus‹ ist noch heute ein Faktor in der politischen Diskussion Spaniens.

Das Land kam damals jedenfalls nicht zur Ruhe. Isabel II. vergaß bald die Unterstützung, die sie von liberalen Kräften erhalten hatte und führte ein äußerst autoritäres Regime. Gegen sie erhoben sich nicht nur Nachfolger und Anhänger des unterlegenen Don Carlos, sondern auch immer häufiger Arbeiter, die mehr Rechte verlangten. Zwar bezeichnen Historiker die kriegerischen Auseinandersetzungen als ›Karlistenkriege‹, doch seit Mitte des 19. Jahrhunderts hatten revolutionäre und republikanische Motive die Oberhand gewonnen. 1873 schließlich wird Spanien zum ersten Mal Republik.

Die Katalanen witterten Morgenluft für ihre Autonomiebestrebungen. Immerhin war einer der ihren, Francisc Pi i Margall, eine der Hauptfiguren der ersten spanischen Republik. Doch schon 1874 war Spanien wieder Königreich. Für tiefgreifende Reformen war es noch zu früh gewesen, die Republik hatte nur wenig Rückhalt in der Bevölkerung und gar keine Unterstützung der Wirtschaft gefunden. Doch das katalanische Selbstbewußtsein war wieder wachgerüttelt.

Von der ›Wiedergeburt‹ zum ›Modernismo‹

Auslöser war eine im Grunde genommen sehr harmlose Veranstaltung gewesen, die Ende des 19. Jahrhunderts jährlich durchgeführt wurde: die Jocs Florals. Das waren Dichterlesungen in katalanischer Sprache, deren Ursprünge bis in das Mittelalter zurückreichen. 1901 gründete sich die ›Lliga Regionalista‹, die erste rein katalanische Partei, die sich ein eindeutiges Autonomie-Programm gab. Und 1913 erlaubte König Alfons XIII. die ›Mancommunitat‹, eine Art Arbeitsgemeinschaft, die spanische Regionen bilden durften. Die vier katalanischen Regionen ergriffen sofort diese Chance, legten ihre Verwaltungen zusammen und schufen unter geschickter Aus- und Überdehnung der Mancommunitat-Rechte die Keimzelle einer Regionalregierung.
Kulturell war diese Entwicklung bereits Anfang des 19. Jahrhunderts vorbereitet worden. Gleich nach dem Ende der französischen Herrschaft 1814 datieren die Kunsthistoriker den Beginn der ›Renaixença‹, der ›Wiedergeburt‹. Mittelstand und Wirtschaft begannen sich zu erholen, die Katalanen besannen sich auf ihre Kultur und strebten nach größerer Eigenständigkeit. Aus der Renaixença, einer Bewegung, die das Mittelalter verherrlichte, als Katalonien so mächtig war wie später nie wieder, und die deshalb außerordentlich starke nationalistische Züge trug, entwickelte sich in Katalonien eine eigene Kunstrichtung, der ›Modernismo‹. Mit der ein wenig hilflosen Bezeichnung wollen die Katalanen verdeutlichen, daß trotz äußerer Ähnlichkeiten dieser Stil nicht mit dem deutschen Jugendstil, dem britischen Modern Style oder dem österreichischen Sezessionsstil gleichzusetzen ist. Den ›Modernismo‹ gibt es nur in Katalonien, nicht zuletzt deshalb, weil ihn die Katalanen auf breiter Front in ihr tägliches Leben zu integrieren versuchten, während beispielsweise der deutsche Jugendstil bewußt elitär angelegt war.
Der Modernismo konnte sich entwickeln, weil zwei Faktoren zusammenkamen. Bourgeoisie und Industrielle waren wieder zu Wohlstand gekommen, und Barcelona ließ 1860 die damals noch bestehende Stadtmauer abreißen, um das Stadtgebiet drastisch zu erweitern. Damit wurde ein außerordentlich starker Bauboom ausgelöst, der sich selbst verstärkte: Es galt plötzlich als schick, im neuen Stadtteil Eixamples zu wohnen und sich dort ein möglichst ausgefallenes Haus von einem Modernismo-Architekten bauen zu lassen. Adelsfamilien kehrten aus Madrid nach Barcelona zurück, in den spanischen Kolonien reich gewordene Katalanen, flugs ›Amerikaner‹ getauft, wählten Barcelona als Ruhesitz, nachdem die Provinzen aufgegeben werden mußten, und auch die großen Landbesitzer zogen in die Stadt. Hinzu kamen Mäzene, allen voran der Textil-Industrielle Graf Eusebi Güell, dessen Namen an vielen Stellen im Barceloneser Stadtbild auftaucht. Mehr als die Hälfte aller zweitausend Bauwerke, die zum Modernismo gezählt werden, stehen in Barcelona, die übrigen fast ausschließlich in Katalonien. Die Architekten, die sich durchgängig auch als Künstler verstanden,

genossen eine große Freiheit – die sie weidlich nutzten. Ohne Rücksicht auf gängige Kunstrichtungen oder Geschmacksvorstellungen entwarfen Antoni Gaudí i Cornet, Lluís Domènech i Montaner, Josep Puig i Cadafalch und ihre Kollegen Häuser und Kirchen, Parks und Fabriken. Erlaubt war, was technisch ging – und da die Statik dank moderner Materialien wie Beton und Walzeisen immer größere Fortschritte machte, wurden die Bauwerke immer fremdartiger. Geschwungene Balkone, bizarre Türme, fließende Fassadenelemente, Mosaike und anderer Wandschmuck – die rund fünfzig Modernismo-Architekten ließen keinen Zentimeter ihrer Bauwerke ungestaltet. Mit Vorliebe griffen sie dabei zu Materialien ihrer Heimat: zu Keramik und Ziegelsteinen.

Kunsthistoriker erklären sich diese radikale Abkehr von den Kunsttraditionen der vorhergegangenen Jahrhunderte damit, daß die Katalanen die Tatsache kompensieren wollten, praktisch seit der Gotik keinen Anteil mehr an der kulturellen Entwicklung gehabt zu haben. Gaudí, dessen Stil selbst innerhalb des Modernismo einzigartig blieb, verstand sich sogar als ›Ganzheitskünstler‹. Das zeigte sich schon in der Auswahl seiner Studienfächer. Er schrieb sich nicht nur an der Architekturhochschule von Barcelona ein, sondern hörte auch Vorlesungen über Philosophie und Ästhetik.

Seine künstlerischen Wurzeln sah er im Handwerk seines Vaters: Der war Töpfer in Reus. Entsprechend war für Gaudí die Schaffung eines Modells immer wichtiger als ein Plan. Viele seiner Fassadenelemente lassen sich leicht als ›Töpferarbeit‹ deuten. Er gestaltete auch die Innenräume bis in die kleinsten Details – allein nach künstlerischen Gesichtspunkten. Das führt zu abenteuerlichen Grundrissen der Wohnungen, vor allem in der ›Pedrera‹, dem bekanntesten Wohnhaus Gaudís am Passeig de Gràcia in Barcelona. Deshalb waren diese Immobilien immer schwer zu vermieten, was nicht zuletzt dazu beigetragen hat, daß sie Mitte dieses Jahrhunderts verfielen, ehe sie vor allem von Banken übernommen wurden, die darin ihre kulturellen Einrichtungen unterbrachten. So löste das Kapital die Industrie als Kunstmäzen ab.

Doch die auch international Aufsehen erregende Blüte des Modernismo um die Jahrhundertwende darf nicht darüber hinwegtäuschen, daß die wirtschaftliche Erholungsphase sich nur in Katalonien abspielte. Mit der Weltgeltung Spaniens war es dagegen weiter bergab gegangen. Kurz vor Ende des 19. Jahrhunderts verlor man die letzten überseeischen Provinzen Kuba, Puerto Rico und die Philippinen. 1923 inszenierte General Miguel Primo de Rivera im Einverständnis mit dem König einen Putsch und errichtete eine Diktatur. Die Mancommunitat und mit ihr alle Autonomiebefugnisse wurden abgeschafft. Doch das Volk leistete zähen Widerstand gegen die reaktionären Militärs. Das galt auch und vor allem für Katalonien.

Berühmt wurde der ehemalige Heeres-General Francesc Macià. Er hatte den Dienst nach einer politischen Affäre, in die Offiziere seine Korps verwickelt waren, quittiert. Bald danach übernahm er die Führung der katalanischen Nationalistenbewegung. Gegen die Diktatur de Riveras stellte er in Frankreich eine kleine Truppe auf, wurde aber entdeckt. Das spanische Regime drängte die französische Regierung, Macià den Prozeß zu machen, doch dieser nutzte die Gerichtsverhandlung geschickt dazu, die internationale Öffentlichkeit auf die Diktatur und die Unterdrückung der Völker in Spanien und Katalonien aufmerksam zu machen.

Der Kampf um die Autonomie

De Riveras Regime geriet immer mehr in die Defensive, gab schließlich auf. Das Volk trotzte dem König Alfons XIII. Gemeinderatswahlen ab. Die gewannen republikanisch ausgerichtete Parteien derart deutlich, daß er abdankte und ins Ausland floh. Bereits vor diesen Wahlen war Macià nach Katalonien zurückgekehrt, hatte ein Wahlbündnis aller katalanischen Nationalisten geschmiedet und rief, nachdem das Bündnis praktisch einstimmig von den Katalanen gewählt worden war, die Katalanische Republik aus. So weit konnte Madrid ihnen zwar nicht entgegenkommen, aber in den Verhandlungen mit den Führern der zweiten spanischen Republik handelte man ein weitreichendes Autonomiepaket aus, das im wesentlichen dem heute geltenden entspricht. Die katalanische Sprache war wieder zugelassen, Ende 1932 wählten die Katalanen ihr erstes, freies Regionalparlament.

Macià hat diesen Triumph nicht lange überlebt. Ende 1933 starb er. Sein linksgerichteter Nachfolger Lluís Companys erklärte sich ein Jahr später mit Streiks solidarisch, die asturische Bergarbeiter gegen die konservative Zentralregierung in Madrid begonnen hatten. Madrid schlug harte Töne an, Barcelona antwortete mit der Loslösung und der erneuten Proklamation der selbständigen Katalanischen Republik. Doch Truppen der Zentralregierung beendeten den Streit, das Autonomiestatut wurde suspendiert.

1936 wendete sich das Blatt erneut. Die Linksparteien gewannen die Wahlen zur Zentralregierung und setzten als eine der ersten Amtshandlungen die Autonomierechte für Basken und Katalanen wieder in Kraft. Die Regionalregierung nahm ihre Arbeit auf. Doch sie konnte nur wenige Monate amtieren. Die Ermordung eines rechtsgerichteten Politikers nahm der seit Jahren putschwillige und deshalb auf die Kanarischen Inseln verbannte General Francisco Franco zum Anlaß, seine Pläne zu realisieren. Er begann seinen Aufstand in Marokko und zog Spanien in einen Bürgerkrieg, der fast drei Jahre dauern und rund eine Million Menschen das Leben kosten sollte, der die Welt in Atem hielt und zur Einmischung sowohl des faschistischen Deutschland als auch der linksgerichteten Internationalen Brigaden führte.

In Katalonien wurde sofort nach Beginn des Aufstandes der Widerstand organisiert. Gleichzeitig explodierte der über viele Jahrzehnte aufgestaute soziale Sprengstoff. Die Generalitat wurde faktisch entmachtet, an ihre Stelle eine ›anarcho-syndikalistische Miliz‹ gesetzt. Das hatte mit Anarchismus nichts zu tun, sondern umschreibt eine sozialistisch ausgerichtete, weitgehende Selbstverwaltung der Arbeiter. Im Verlauf des Bürgerkriegs verloren die Milizen allerdings die Macht Zug um Zug an die Zentralregierung. Die hatte sich mittlerweile wegen der militärischen Erfolge Francos zunächst nach Valencia und dann nach Barcelona zurückgezogen. Die Entscheidungsschlacht am Ebre 1938 zählt zu einer der blutigsten Auseinandersetzungen in der an Greueltaten wahrlich nicht armen Bürgerkriegsgeschichte. Franco gewann, und am 26. Januar 1939 brach er den zweieinhalbjährigen Widerstand der Katalanen mit seinem Einmarsch in Barcelona.

Der Diktator rächte sich bitter. Schon während des Bürgerkriegs hatte er Lleida bombardieren lassen – an einem Markttag. Nach zeitgenössischen Darstellungen war das Massaker ebenso fürchterlich wie die Bombardierung Guernicas. Aber im Gegensatz zu diesem Kriegsverbrechen im Baskenland geriet der Terrorangriff auf Lleida in Vergessenheit – vielleicht, weil es keinen Picasso gab, der ein Vergessen verhindern konnte. Nach seinem Sieg ließ Franco über zehntausend Katalanen hinrichten. Er verbot rigoros jede kleinste Regung des katalanischen Autonomiebestrebens. Katalanisch wurde selbst für den privaten Gebrauch (!) verboten, sogar der Volkstanz Sardana untersagt.

Franco errichtete die letzte Diktatur in Zentraleuropa, und trotz der Ächtung durch die Vereinten Nationen – Spanien war viele Jahre von der UNO ausgeschlossen – hielt sich das Regime bis zu Francos Tod 1975. Der kleinwüchsige General war besessen von der Idee eines katholischen, oligarchischen und zentralistisch auf Madrid zugeschnittenen Spanien. Er schaffte sämtliche demokratischen Rechte und Einrichtungen ab, konzentrierte alle Staatsmacht auf seine Person und schuf die Voraussetzungen für eine ständisch organisierte Gesellschaft, in der das Militär und die paramilitärische ›Guardia Civil‹ seine eigentlichen Stützen waren.

Doch der Schrecken, den sein Regime noch in den vierziger Jahren verbreiten konnte – verstärkt durch lang anhaltende Hungerperioden –, verlor sich bald. Franco legte die faschistischen Elemente seines Staatssystems ab und versuchte, die Organisation der Gesellschaft modernen Bedingungen anzupassen. Er liberalisierte die Wirtschaft, die daraufhin einen enormen Aufschwung nahm, wollte aber der katholischen Kirche, der Armee, der grotesk ausgeweiteten ›Guardia Civil‹ und der gefürchteten Geheimpolizei sowie der oligarchisch strukturierten Großindustrie weiterhin alle Macht im Staate erhalten. Das konnte nicht gutgehen. Die Wirtschaft florierte, nicht zuletzt dank des Massentourismus, der seit den späten fünfziger Jahren nach Spanien nicht nur viele Peseten, sondern auch ein anderes Lebensgefühl ins Land brachte. Es war deshalb kein Wunder, daß der Widerstand gegen die staatliche Bevormundung immer stärker und bald nicht mehr nur untergründig geleistet wurde.

Trotzdem konnte Franco zumindest nominell die Fäden bis zu seinem Tod 1975 in den Händen halten. Bereits 1947 hatten die Spanier in einer Volksabstimmung dafür plädiert, nach dem Ende der Franco-Diktatur die Monarchie wieder einzuführen. 1969 hatte Franco den damaligen Prinzen Juan Carlos de Bourbón zum künftigen König ernannt – obwohl der Sohn des letzten amtierenden Königs Alfons XIII., Don Juan, eigentlich legitimiert gewesen wäre. Don Juan war ein erklärter Franco-Gegner, hatte das Land auch verlassen müssen.

Doch Juan Carlos I. verblüffte In- und Ausland mit der Entschlossenheit, mit der er die autoritäre Monarchie in eine demokratisch verfaßte, konstitutionelle Monarchie umwandelte. Schon 1977 wählten die Spanier ihr erstes freies Parlament seit 1936, ein Jahr später nahmen sie die liberale Verfassung in einem Volksentscheid an. 1981 bewies Juan Carlos, wie ernst es ihm mit der Demokratie ist. Sein mutiger persönlicher Einsatz ließ einen Putsch francistischer Offiziere unter Führung des Majors Tejero ins Leere laufen. Ein weiteres Jahr später wurden letzte Zweifel an der demokratischen Struktur Spaniens zerstreut, als Monarch, Kirche, Armee und Polizei die Wahl einer sozialistischen Regierung unter Felipe Gonzales akzeptierten. Im gleichen Jahr stimmten die Spanier dem Beitritt zur NATO zu, 1986 wurde das Land Mitglied in der EG.

Für die Katalanen brachte die Demokratie die Wiedereinsetzung in ihre alten Autonomierechte. Während der Franco-Diktatur war der Widerstand der Bevölkerung immer stärker geworden. Große Meriten erwarben sich dabei die Mönche auf dem Montserrat, die während all der Jahre der Diktatur eine Zeitschrift in katalanischer Sprache erscheinen ließen, den katalanischen Nationalisten Räume für verbotene Treffen zur Verfügung stellten, ihnen Asyl gewährten und sich auch durch Repressionsmaßnahmen des Franco-Regimes nicht einschüchtern ließen.

In den sechziger und vor allem siebziger Jahren pflegten die Katalanen ihre Sprache und Kultur immer offener, und als dann nach den ersten Parlamentswahlen die Verfassung ausgehandelt wurde, gingen am 11. September 1977 nicht weniger als 1,7 Millionen Menschen in Barcelona auf die Straße, um für ihre Autonomie zu demonstrieren. Es sollte nicht umsonst gewesen sein. Im Autonomiestatut, dem ›Estatut de Sau‹, konnten die Katalanen weitgehende Rechte aushandeln. So wurde das Katalanische gleichberechtigt neben das Kastilische gestellt – auch bei Behörden und in der Schule. Für Bildung, Kultur, Kommunalverwaltung und Infrastruktur erhielt Katalonien die ausschließliche Kompetenz, beim Straf- und Verwaltungsrecht ist es eingeschränkt souverän. Lediglich bei Polizei und Armee behält sich Madrid die alleinige Zuständigkeit vor.

Nach wie vor strittig zwischen Katalonien und Madrid sind die Steuerkompetenzen. Jordi Pujol, Gründer der rechtskonservativen ›Convergencia i Unió‹ und seit 1980 katalanischer Regionalpräsident sehr verschieden zusammengesetzter Regierungen, mahnt bei jeder sich bietenden Gelegenheit an, stärker über das eigene Steueraufkommen verfügen zu können. So sind die Katalanen bislang noch nicht einmal für die Eintreibung der Steuern zuständig. Doch Pujol beißt mit seinen Vorstößen in Madrid noch auf Granit. Das ist aus Madrider Sicht so unverständlich nicht. Zwar ist Katalonien das am stärksten verschuldete Land der siebzehn autonomen Regionen Spaniens, aber auf internationaler Bühne – wo die Katalanen mitunter nur ihre, und nicht zumindest auch die Flagge Spaniens hissen lassen – weist Pujol stolz darauf hin, daß seine Region zu den ›vier Motoren Europas‹ gehöre, zusammen mit Rhône-Alpes, der Lombardei und Baden-Württemberg.

Streit gibt es aber auch zwischen dem charismatischen Bürgermeister (›Alcalde‹) von Barcelona, dem Sozialisten Pasqual Maragall, und der Regionalregierung. Maragall, der seit 1987 Barcelona vorsteht, knüpft nämlich nicht ohne Erfolg an einer Verbindung der Metropole mit den umliegenden Gemeinden. ›Corporació metropolitana‹ nennt er das. Diese würde der heute schon dominierenden Metropole weiteres Gewicht verschaffen. 3,2 der 6,5 Millionen Katalanen leben in Barcelona, nimmt man das Umland hinzu, kommt man auf über vier Millionen.

**Barcelona –
Eine Stadt prägt die Region**

Barcelona ist noch immer die größte Stadt am Mittelmeer. Diese Führungsrolle ist sie gewohnt, obwohl sie anfänglich gegen mächtige Konkurrenz kämpfen mußte. Keltiberer waren wohl die ersten, die diesen Flecken besiedelten. Sie suchten sich dazu den Montjuïc aus, da er leicht zu befestigen war. Damals soll er Laye geheißen haben. Wann und warum die Siedlung von den Römern später den Namen Barcino bekommen hat, ist nicht geklärt. Den Namen – auch geschrieben als Barkeno – fand man zuerst auf Münzen. Am häufigsten stößt man auf die Theorie, der karthagische Feldherr Hamilcar Barcas, Sohn des berühmten Karthagers Hannibal, habe als Namensgeber fungiert, als er eine Siedlung auf dem Berg Tabor – auf ihm steht heute die Kathedrale – gründete. Andere sagen, es seien die Phönizier gewesen, die ihre dortige Gründung ›Barkeno‹ getauft hätten. So ist nicht endgültig geklärt, woher ›Barcino‹ kommt.

Jedenfalls gaben die Römer ihrer neuen Eroberung diesen Namen, als sie 218 vor unserer Zeitrechnung Gnaeus Cornelius Scipio an diese Küste schickten. Julia Faventia Augusta Paterna Barcino – so lautete der komplette offizielle Name, den Scipio der neuen römischen Siedlung verlieh. Die Römer bauten Barcelona rasch aus. Sie errichteten Häuser und Thermen, Aquädukte und vor allem eine Stadtmauer, die mehr als einen Kilometer lang war. Trotzdem war die Siedlung für die Römer nicht so wichtig wie Tarragona oder Empúries. Auch unter den folgenden Besatzern – Westgoten, Mauren und schließlich Franken – mußte sich Barcelona mit der Funktion einer Garnisonsstadt begnügen. Jetzt hieß sie allerdings bereits Barcelona – die Mauren hatten diesen Namen kreiert.

Erst als Wirtschaft und Handel wichtiger wurden denn kriegerische Auseinandersetzungen, begann der Aufstieg Barcelonas. Das hatte auch mit seiner geographischen Lage zu tun: Die Übergänge von Barcelona in das katalanische Hinterland waren leicht zu überwinden. So entstand eine Kettenreaktion: Der Hafen erlangte eine immer stärkere Bedeutung. Händler verlegten ihre Kontore, Ritter ihren Sitz nach Barcelona. So kamen die Waren an ihre Abnehmer, der Geldumlauf begann, ein regelrechter Boom setzte ein. Davon profitierte auch der Hof, der ab dem 12. Jahrhundert eine Steuer auf jede Ware erhob, die durch den Hafen eingeführt wurde. Die Prosperität Kataloniens war seit dieser Zeit immer und zuallererst die Prosperität seiner Metropole – ein Zusammenhang, der bis heute unverändert geblieben ist.

In Barcelona fielen auch alle für Katalonien wichtigen Entscheidungen. Dort wurden 1068 die Usatges unterzeichnet, jene Sammlung von Rechten und Pflichten, die die Gewalt der Grafen von Barcelona und der anderen Grafschaften Kataloniens beschnitt. Dort wurde 1258 ein Kodex ausgearbeitet, der bis heute die Grundlage des internationalen Seerechts darstellt. Und auch die Buchdruckerkunst wurde in Spanien zuerst in Barcelona eingeführt.

Aber Barcelona erlebte natürlich nicht nur den Aufstieg Kataloniens als erste und am stärksten von allen Ortschaften, sondern auch den Abstieg. Dieser Verfall hing eng mit der vormaligen Funktion als ›Boomtown‹ zusammen. Wie ein Magnet hatte nämlich damals die blühende Wirtschaft Menschen aus dem Hinterland angezogen, die in Barcelona ihr Glück versuchten. Im 14. Jahrhundert war die Landbevölkerung bereits derart ausgedünnt, daß die Nahrungsmittelproduktion in Katalonien beinahe zum Stillstand gekommen wäre, als eine Pestepidemie die Bevölkerung weiter dezimierte. Die Barceloneser erlebten damals ihre erste große Hungersnot. Seit diesen Zeiten wurde die Stadt immer wieder von Unruhen, Epidemien oder von Hungersnöten heimgesucht. Als sich Katalonien im Bürgerkrieg von 1462 bis 1472 auf die ›falsche‹ Seite schlug und als Kolumbus mit der Entdeckung Amerikas den Mittelmeerhandel empfindlich traf, ging es mit Barcelona rapide bergab.

Doch die Barcelonesen ließen sich nicht unterkriegen. Obwohl es mit ihrer wirtschaftlichen Bedeutung nicht mehr so weit her war, pflegten sie ihren Stolz gegenüber den kastilischen Herrschern, die sich nach der Vereinigung von Aragón/Katalonien mit Kastilien auch immer stärker der katalanischen Metropole bemächtigten. Zeitgenössische Berichte schildern erstaunt, mit welchem Prunk katalanische Abgesandte in die Madrider Zentrale fuhren und mit welcher Distanz sie den kastilischen Herrschern begegneten.

Dieses selbstbewußte Auftreten konnte nur so lange gutgehen, wie Madrid keinen Anlaß sah, die Freiheiten beschneiden zu müssen. Als der Anlaß durch den Schnitterkrieg gekommen und Katalonien samt Barcelona bezwungen war, ließ der damalige Herrscher Philipp V. die komplette Vorstadt Ribera mit über 1200 Häusern abreißen und an ihrer Stelle eine gigantische Zwingburg errichten. Achttausend Soldaten hielten die Barcelonesen in Schach. So ist es nicht weiter verwunderlich, daß die Stadtbewohner die Zwingburg bei der erstbesten Gelegenheit wieder abrissen: Im 19. Jahrhundert hatten sie wieder so viel Selbständigkeit errungen, daß sie diesen Schritt wagen konnten. Heute erinnert nur noch der Name ›Parc de la Ciutadella‹ an diesen unglückseligen Teil der Stadtgeschichte.

Auch am Spanischen Erbfolgekrieg beteiligte sich Katalonien. Wie üblich, setzte man auf den späteren Verlierer. Fast ein Jahr lang wurde Barcelona belagert, ehe es am 11. September 1714 eingenommen wurde. Aus der Metropole wurde ein Provinznest. Doch die Kaufleute erwiesen sich als wahre Stehaufmännchen. Jeder wirtschaftliche Ertrag wurde in die Stadt investiert, die langsam wieder an Bedeutung gewann. So errichtete man Mitte des 18. Jahrhunderts einen komplett neuen Stadtteil, Barceloneta, der mit seinem schachbrettartigen Grundriß die damals gängige Stadtplanung geradezu revolutionierte. Schon Ende des 18. Jahrhunderts hatte Barcelonas Wirtschaft wieder zur verhaßten Metropole in Kastilien aufgeschlossen, sie sogar auf einigen Gebieten überholt. Kein Wunder, daß in Barcelona das erste Dampfschiff vom Stapel gelassen wurde, daß die erste Eisenbahnstrecke auf der iberischen Halbinsel Barcelona mit Mataró verband.

Barcelona setzte weiter Maßstäbe. Als die Stadtmauern, die bereits zweimal seit der Römerzeit erweitert worden waren, die Entwicklung wieder hemmten, entschloß man sich, sie endgültig niederzureißen und in einem großen Wurf Platz zu schaffen. Ein Architektenwettbewerb wurde ausgeschrieben, zwei Entwürfe kamen 1859 in die engere Wahl. Sie sind heute im Museu d'Història de la Ciutat zu sehen: der hochmoderne Stadtplan Antoni Rovéra i Trias und der Plan ›Eixamples‹ (›Erweiterung‹) von Ildefons Cerdà – nicht ganz so gewagt. Nach einigem Hin und Her erhielt Cerdà den Zuschlag und die Eixamples wurden gebaut – auf einem Gebiet, das sechsmal so groß war wie das damalige Barcelona.

Cerdà hatte ein streng geometrisch ausgerichtetes Stadtviertel entworfen, dessen Häuserblocks nicht im rechten Winkel aufeinanderstießen, sondern jeweils mit einem Querbau. Dadurch entstanden achteckige Plätze, die Cerdà zu Begegnungsstätten der Bürger machen wollte. Außerdem sollten jeweils nur drei Seiten der Häuserblocks bebaut werden, so daß Parks das Häusermeer auflockern konnten, dessen Straßen mit Ausnahme der Hauptachsen durchgängig zwanzig Meter breit sind. Zu Beginn wurden Cerdàs Pläne auch getreu umgesetzt. Im wesentlichen entstanden einzeln stehende Einfamilienhäuser, die sich an die Vorgabe hielten, nicht höher als zwei Stockwerke und von einem Park umgeben zu sein.

Doch die Bedürfnisse eines stetig boomenden Barcelonas machten Cerdàs Vision zunichte: Die Karrees wurden bald an allen Seiten bebaut und die als Inseln der Ruhe gedachten Plätze nehmen mittlerweile die Autofahrer dankbar in Besitz: Dort wird geparkt, wenn es nicht anders geht, auch in zweiter Reihe. Allerdings besinnen sich die Stadtväter heutzutage wieder auf die ursprüngliche Konzeption Cerdàs. Wo immer möglich, werden die Häuserschluchten mit Parks aufgebrochen – übrigens nicht nur dort. Die Schaffung von Grünanlagen steht ganz oben auf der politischen Prioritätenliste. So verdoppelte sich zwischen 1987 und 1992 die Gesamtfläche der grünen Erholungszonen im Häusermeer von Barcelona.

Barcelona war um die Jahrhundertwende wieder eine Metropole, auf die man schaute. Es galt als schick, dort zu wohnen und als noch schicker, sich ein Stadthaus von einem der neuen modernistischen Architekten bauen zu lassen. Die Eixamples wurden zum Freilandmuseum. 1888 schaute die Welt auf Barcelona; mehr als zwei Millionen Menschen besuchten die dortige Weltausstellung. Noch heute sichtbare Auswirkung dieser Initiative ist – neben den Ausstellungshallen zu Füßen des Montjuïc – die Rambla de Catalunya. Jahrelang hatte man um die Erweiterung der Ramblas gestritten. Als die Weltausstellung anstand, wurde das Projekt endlich verwirklicht. Damit wurde ein Mechanismus exerziert, der exakt ein Jahrhundert später bei der Vorbereitung der Olympischen Spiele wieder in Kraft treten sollte.

Barcelona war schon lange wieder das wirtschaftliche Zentrum nicht nur Kataloniens. 1930 hatte die Einwohnerzahl bereits die Millionengrenze durchbrochen, im Wirtschaftsboom zwischen 1950 und 1970 strömten allein 750 000 Spanier vor allem aus dem Süden in die Metropole. In Barcelona und dem Industriegürtel schlägt noch heute das wirtschaftliche Herz Kataloniens – und das ist nicht gerade schwach: Rund ein Fünftel des gesamten spanischen Sozialproduktes wird in Katalonien erwirtschaftet; das Pro-Kopf-Einkommen der Katalanen liegt um fünfundzwanzig Prozent über dem Landesdurchschnitt. Fast jeder zweite Arbeiter ist in der Industrie beschäftigt. Damit verfügt Katalonien über eine Wirtschaftsstruktur, die eher Nordeuropa gleicht als Spanien, wo es außerhalb Kataloniens nach wie vor einen sehr starken agrarischen Sektor gibt. Die größten Arbeitgeber sind die Autowerke SEAT, die seit einigen Jahren dem Volkswagen-Konzern gehören, und der Sanitärkeramik-Hersteller Roca. Sechzig Länder unterhalten in Barcelona Konsulate, dreiundzwanzig Wirtschaftskammern.

So kann die Wirtschaftsstruktur Kataloniens als einzige in Spanien den Vergleich mit den hochentwickelten Regionen in Europa wagen – mit einer, wenn auch kleinen, Ausnahme. Nach wie vor halten die kleinen Handwerksbetriebe eine sehr starke Stellung. Fast drei Viertel der knapp 150 000 Unternehmen beschäftigen weniger als fünf Arbeiter. Das beeinträchtigt zwar einige wirtschaftliche Daten, ist dafür aber weniger krisenanfällig, da diese kleinen Betriebe sehr flexibel reagieren können. Außerdem, das zeigt die Baugeschichte der Olympiade, sind sie durchaus in der Lage, sich zu schlagkräftigen Arbeitsgemeinschaften zusammenzuschließen.

Mieten und Immobilienpreise haben in Barcelona bereits europäisches Spitzenniveau erreicht. Seit 1986 die Mietpreisbindung gelockert wurde, dürfen die Mieten im Jahresrhythmus zumindest der Inflationsrate angepaßt werden. So zahlt man in den Vierteln rund um das Stadtzentrum zwischen zwanzig und dreißig Mark Miete pro Quadratmeter (wobei die Wohnungen im oberen Bereich bereits luxuriös renoviert wurden). Wer sich entschließt zu kaufen, muß den Quadratmeter zwischen 2500 und knapp 4000 Mark kalkulieren – wobei man berücksichtigen muß, daß die Barceloneser es gewöhnt sind, in vergleichsweise großen Wohnungen zu leben. Trotzdem sind in den älteren Stadtvierteln noch heute achtzig Prozent der Wohnungen ohne Dusche oder Badewanne und in jeder fünften gibt es noch nicht einmal eine Toilette.

Seit den fünfziger Jahren ist der Tourismus zu einer der wichtigsten Einnahmequellen der Katalanen geworden. Fünfzehn Prozent ihres Bruttosozialproduktes erwirtschaftet dieser Sektor. Allein Katalonien trägt mehr als ein Viertel der Tourismuseinkünfte ganz Spaniens. In Geld ausgedrückt: umgerechnet fünfundzwanzig Millionen Mark. Die Vorgeschichte des Tourismus geht bis in das 19. Jahrhundert zurück. So schrieben 1991 katalanische Zeitungen von ›100 Jahren Tourismus‹. Damals begannen reiche Familien aus Madrid, dem sehr heißen Sommer auf der kastilischen Hochebene an den Atlantik oder das Mittelmeer zu entfliehen. Sie bauten vorwiegend Ferienhäuser. Die Costa Brava zählte schon damals zu den begehrtesten Zielen, vor allem für Künstler und Intellektuelle.
Nach dem Ersten Weltkrieg erkoren immer mehr Spanier die Küste zum Urlaubsziel. Die ersten Hotel- und Appartementkomplexe entstanden, wie die Luxusanlage S'Agaró, die noch heute zu den am meisten bewunderten Feriendörfern der Costa Brava gehört. Damals war der Urlaub an der Küste nur etwas für die Wohlhabenden. Erst der Autotourismus ließ die Costa Brava Anfang der fünfziger Jahre zu einem Massenziel werden. Vor allem die nach den Entbehrungen der Nachkriegszeit wieder zu Wohlstand gekommenen Deutschen entdeckten die Costa Brava als sonnensicheres, und – zunächst – preiswertes Reiseziel. Die Besucherzahlen kletterten unaufhörlich. 1989 haben 15,3 Millionen Touristen Katalonien bereist, fast alle mit dem eigenen Auto. Für sie stehen fast drei Millionen Betten zur Verfügung – übrigens annähernd gleich viel an der Costa Daurada wie an der Costa Brava.
Im Laufe der Jahre haben sich regelrechte Zentren für die verschiedenen Nationalitäten gebildet. So reisen die Deutschen vor allem nach Calella (von den Katalanen deshalb mit liebevollem Spott Calella de los Alemanes genannt), Franzosen zieht es nach Roses, Niederländer nach Malgrat de Mar, Belgier nach L'Escala, Italiener nach Tossa de Mar, Briten nach Blanes und Schweizer nach Cambrils. Die Hoteliers und Restaurantbesitzer der jeweiligen Orte haben sich selbstredend auf die Dominanz der jeweiligen Nation eingerichtet.
Nachdem im politischen Bereich die Autonomie der Katalanen weitgehend erreicht worden war, verlagerte sich die Betonung der Eigenständigkeit auf die Kultur – auch das eine alte Tradition. Vom Wohlstand vor allem der Barceloneser Familien hatten die Künstler traditionellerweise profitieren können. Maler wie Joan Miró oder Salvador Dalí konnten dank der finanziellen Hilfe ihrer Familien ungestört Kunstakademien besuchen. Großzügig fördern noch heute Privatleute wie öffentliche Hand Architekten und Stadtplaner. So konnten in Barcelona ausgefallene Museen entstehen wie das Miró-Museum auf dem Montjuïc oder sehenswerte Diskotheken, die bis in die kleinsten Details durchgestylt wurden. Auch die Stadtverwaltung zeigt außerordentlich großen Mut bei der Gestaltung ihrer Parks, beim Umbau der Hafenanlagen und bei der Aufstellung von Skulpturen, versucht sogar die Verschmelzung von Zweckarchitektur mit Kunst wie bei der Pont de Filip II. über den Bac de Roda. ›Nou Urbanisme‹ nennen die Stadtväter ihre Bestrebungen, die eingestandenermaßen an den Modernismo anknüpfen.
In Barcelona sind darüber hinaus viele junge Künstler angetreten, das Erbe des Modernismo fortzusetzen. ›Look Barceloní‹ nennen sie ihren Stil, der sich – ganz im Sinne der Modernisten – nicht auf eine einzelne Kunstgattung beschränkt, sondern einen umfassenden Ansatz hat. ›Erbe‹ ist übrigens teilweise wörtlich gemeint. So gehören die Nachfahren des Bauherrn der Casa Milà,

Alfonso und Miguel Milà, zur heutigen Architekten- und Designer-Avantgarde Barcelonas. Alfonso wurde sogar die architektonische Gesamtleitung der olympischen Neubauten auf dem Montjuïc übertragen. Auch Lluís Bru, Urenkel des gleichnamigen Gestalters der verschwenderischen Mosaiken im Palau de la Música Catalana, blieb dem Metier treu: Er ist gefragter Designer von Mosaikflächen.

Die Künstler des ›Look Barceloní‹ zeigen dieselbe Unbekümmertheit gegenüber Stilrichtungen und Auftraggebern wie die Modernisten. Sie sind sich beispielsweise nicht zu schade, Diskotheken, Bars oder Geschäfte einzurichten und lassen dann auch die kleinsten Details nicht ungeformt. Als Vorläufer der heutigen Künstler werden Designer-Gruppen angesehen, die sich ab dem Ende der fünfziger Jahre gebildet hatten – nicht zuletzt aus Protest gegen die von Franco verordnete rückwärtsgewandte Monotonie in der Kunst. Sie waren begeistert vom Bauhaus und kämpften auch teilweise für die Wiedererrichtung des Mies-van-der-Rohe-Hauses am Fuße des Montjuïc. Die neue Generation hat sich inzwischen von diesem Einfluß emanzipiert. Wieder schafft sie etwas gänzlich Eigenes, etwas, das es nur in Katalonien gibt.

Die separatistischen Tendenzen Kataloniens wurden durch den großen wirtschaftlichen Erfolg und das weitgreifende Autonomiestatut gedämpft. Die Katalanen haben zudem nie den Haß auf Zentralspanien gehegt, den die unbeugsamen Basken nur schwer ablegen können. So hat es zwar auch in Katalonien eine terroristische Gruppe gegeben, die bereits gegen Franco kämpfte, doch im Gegensatz zur baskischen ETA, die skrupellos mordet und bombt, beschränkten sich die Aktivitäten der katalanischen ›Terra Lliure‹ vorwiegend auf kämpferische Parolen an den Häuserwänden und auf Flugblattaktionen. In den wenigen Terror-Aktionen erschreckte sie zwar durch eine wahllose Brutalität, aber der grauenvollste Bombenanschlag in der Geschichte des modernen Katalonien wurde nicht von ihr, sondern von der ETA verübt. Sie ließ 1978 in einem Supermarkt in Barcelona eine Bombe hochgehen und ermordete dabei einundzwanzig Menschen.

Schon der Name ›Terra Lliure‹ ist merkwürdig zweideutig. Auf der einen Seite bedeutet er zwar ›Freies Land‹, auf der anderen Seite heißt ›Lliure‹ aber auch offen. Genau so ist das katalanische Selbstwertgefühl: Man möchte frei sein, seine eigenen Geschäfte und die eigene Kultur pflegen, ist aber trotzdem aufgeschlossen für jeden, der dabei mitmachen will. Der charismatische Regionalpräsident Kataloniens, Jordi Pujol, definierte das Katalanische einmal sehr pragmatisch: ›Ein Katalane ist ein Mensch, der auf Dauer in Katalonien lebt und arbeitet.‹ Entsprechend hatten die in den Boom-Jahren 1960 bis 1975 aus anderen Teilen Spaniens, vor allem Andalusien, nach Katalonien gekommenen rund zwei Millionen Menschen beste Aussichten, Katalanen zu werden. Sie wurden so offen empfangen, daß sie sogar häufig katalanisch lernten.

Sprache und Sardana – Fremd, aber lernbar

Auch hierin zeigt sich der Unterschied zu den Basken: Deren Sprache ist sperrig und statisch. Katalanisch dagegen war und ist flexibel, paßt sich den veränderten Umständen an – und ist deshalb nie aus dem alltäglichen Umgang verschwunden. Katalanisch ist weder ein Dialekt der spanischen Sprache noch die Sache einer Minderheit. Rund sieben Millionen Menschen sprechen es auf der Welt: in Katalonien, auf den Balearen, im Roussillon, in

Andorra, in einigen angrenzenden Gebieten zu Katalonien und selbst auf Sardinien. Damit ist Katalanisch weiter verbreitet als beispielsweise einige skandinavische Sprachen. Geschrieben sieht Katalanisch sehr hart aus. Die vom Spanischen her gewohnten Endungen werden häufig gekappt (Sant statt Santa), weiche Übergänge in härtere verwandelt (Platja statt Playa). Doch wenn Katalanisch gesprochen wird, entpuppt es sich als samtweich dahinfließende Sprache, teilweise so melodisch wie Portugiesisch.

Die Wurzeln der katalanischen Sprache liegen im Lateinischen, so viel haben die Sprachforscher herausgefunden. Es soll anfänglich das Latein des ›kleinen Mannes‹ gewesen sein, also die Schriftsprache stark vereinfacht haben. Wie andere romanische Sprachen, soll sich das Katalanische im 12. Jahrhundert eindeutig vom Lateinischen gelöst haben, jedenfalls sind aus dieser Zeit die ersten schriftlichen Zeugnisse der Sprache enthalten, es sind Predigtnotizen. Anfang des 13. Jahrhunderts erschien die erste Grammatik des Katalanischen, doch als eigentlicher Wegbereiter des Katalanischen gilt der Schriftsteller und Franziskanerpater Ramon Llull. Er wurde 1232 in Palma de Mallorca geboren und hat in seinem langen Leben – er starb 1315 – mit großem Einsatz die Sprache kodifiziert, für die Verbreitung ihrer Regeln gesorgt und eine ganze Reihe von Gedichten verfaßt, die noch heute zum Standardrepertoire des katalanischen Schulunterrichts gehören. Sein Zentralwerk ist eine Enzyklopädie in katalanischer Sprache, die auf nicht weniger als zweihundert Bände verteilt wurde. Llulls Name sieht man auf vielen Straßenschildern, sein bekanntestes Denkmal steht auf dem Montserrat.

Das Schicksal der Sprache ist eng an das wirtschaftliche und politische Schicksal Kataloniens geknüpft. So konnte man das Katalanische bis in das 15. Jahrhundert durchaus als Weltsprache bezeichnen, immerhin dominierten die Händler aus Barcelona das Mittelmeer und damit die wichtigsten Handelsströme. Als die wirtschaftliche Bedeutung Kataloniens zurückging, als der kastilische Hof in Madrid die Oberhand gewann, plazierte sich das Kastilische zumindest neben das Katalanische – bis die Sprache zum Instrument der Unterdrückung beziehungsweise des Befreiungskampfes wurde. 1716 wurde der Gebrauch des Katalanischen zum ersten Mal verboten, Ende des 19. Jahrhunderts weckten die Dichterwettbewerbe ›Jocs Florals‹ das katalanische Nationalbewußtsein, das auch durch das strikte Verbot des Diktators Franco nicht mehr auszulöschen war. In den kurzen Phasen, in denen das Katalanische erlaubt war, fanden auch die bis heute gültigen Kodifizierungen statt. 1913 veröffentlichte das Institut d'Estudis Catalans Rechtschreiberegeln, zwanzig Jahre später erschien der ›Diccionari General‹.

Heute ist das Katalanische etabliert. Es wird gleichberechtigt neben dem Kastilischen an den Schulen gelehrt, es ist ebenfalls gleichberechtigte Amtssprache, es ist im europäischen Parlament offiziell anerkannt und – der jüngste Triumph der Katalanen – es ist neben Englisch, Französisch und Spanisch offizielle Sprache der Olympischen Spiele. Schilder werden nur noch in katalanischer Sprache aufgestellt, selbst auf den der Zentralregierung unterstehenden Autobahnen wird die kastilische Schreibweise durch die katalanische ersetzt – und wo es zu langsam geht, helfen Katalanen mit der Spraydose nach. Es gibt einen rein katalanischen Fernsehsender, zahlreiche Rundfunksender, die ihr Programm auf katalanisch ausstrahlen und nicht weniger als zehn Prozent der Buchproduktion Kataloniens erscheint in Katalanisch – wobei man wissen muß, daß in Katalonien fast jedes zweite Buch der nicht gerade lesefreudigen Spanier verlegt wird. Daß viele Zeitungen und Zeitschriften auf Kastilisch erscheinen, hat damit zu tun, daß die Blätter auch außerhalb Kataloniens Käufer suchen. Auf der anderen Seite gibt eine der wichtigsten Tageszeitungen Spaniens, ›El País‹, eine gesonderte Ausgabe in Katalanisch heraus.

Ebenso wie eine eigene Sprache pflegen die Katalanen auch einen eigenen Tanz, die Sardana. Es ist eine eigenartige, ein wenig quäkende und ständig den Rhythmus wechselnde Melodie, vorwiegend mit Blech- und Holzblasinstrumenten gespielt. Dazu tanzen die Katalanen im Kreis, man hält sich an der Hand fest. Taschen und andere persönliche Gegenstände werden in der Mitte des Kreises deponiert. Die Musik ist teilweise schwermütig, dann wieder von erfrischender Leichtigkeit, ihre Themen werden schier endlos wiederholt, unvermittelt gibt es Rhythmus- und Tempiwechsel (für die Musikkundigen: vom ¾ zum ⁶⁄₈-Takt).

Die Abfolge der Musikteile ist peinlich genau festgelegt. Fünf Minuten dauert eine Sequenz, dann gibt es einen Bruch, die nächste Sequenz folgt. Normalerweise werden sechs bis acht solcher Sequenzen (die manchmal wieder auftauchen) hintereinander gespielt. Es gibt auch Marathonveranstaltungen, bei denen mehrere Kapellen (›Coblas‹) im Wechsel bis zu drei Stunden spielen. Die Tanzschritte sind ähnlich kompliziert wie die Musik. Nur wenige Schrittfiguren sind es, die die Tänzer einsetzen, teilweise werden sie gehüpft. Aber auf die Abfolge kommt es an – und die ist ungeheuer kompliziert. Auf den ersten Blick scheinen die Schritte auch nicht zur Musik zu passen, nicht im Takt zu sein. Erst allmählich erkennt man die Einheit der Tänzer mit der Musik.

Der Ursprung der Sardana wird im Ampurdán ausgemacht, sie soll von griechischen Tänzen abgeleitet sein. Ihre heutige Form erhielt die Sardana erst im 19. Jahrhundert, als der Komponist Pep Ventura – der gar nicht aus Katalonien stammen soll – die Zusammensetzung der Cobla genau festlegte und die ersten Sardana-Melodien in größerer Auflage verbreitete. Bis dahin hatte jeder Ort, jeder Stadtteil seine eigenen Sardana-Themen – was sich teilweise bis heute erhalten hat. Zentrales Musikinstrument ist ein oboenähnliches Holzblasinstrument, die Tenora, dessen warmer, lauter Ton die Musik überdeckt und führt. Zur nächsten Sequenz wird vom Querflötenspieler, dessen Instrument, die Flabiol, nur drei Grifflöcher hat, übergeleitet. Er ist in der Regel auch der Leiter der Cobla.

Die Katalanen tanzen gern – auch wenn man ihnen dies auf den ersten Blick nicht ansieht. Denn beim Tanzen machen sie ernste, angestrengte Gesichter. Sie wirken konzentriert und auf sich bezogen, trotz des kommunikationsfreudigen Kreises, in dem getanzt wird. Auch wenn man sich an der Hand hält – ein jeder scheint für sich allein zu tanzen. Die Katalanen bestätigen zwar diese Beobachtung, weisen aber die Vermutung, ihnen würde das Tanzen keine Freude bereiten, mit einer Mischung aus Empörung und Belustigung zurück. Ihr ernstes Gesicht, so versichern sie, rühre daher, daß sie sich auf das Mitzählen konzentrieren müßten. ›Das Herz tanzt und der Kopf rechnet‹, beschreibt der Jugendstil-Künstler Santiago Rusiñol dieses Phänomen. In der Tat: Kein Schritt darf zu früh kommen, sonst gerät die wunderbare Einheit des Kreises aus den Fugen. Außerdem muß die Abfolge der Schritte genauestens eingehalten werden. Denn urplötzlich setzt die Musik den Schlußakkord. Dazu wird ein letzter, hüpfender Schritt ausgeführt, der exakt kommen muß, sonst hängt man, nachdem die Töne verklungen sind, buchstäblich in der Luft.

Die Katalanen versichern, daß jeder willkommen ist, der mittanzen möchte. Er hat sich rechts neben einer Frau einzureihen, denn die Dame und der Herr zu ihrer Linken gehören zusammen – auch im Kreistanz. Doch für einen Außenstehenden ist es natürlich erst einmal unmöglich, der Einladung zum Mittanzen nachzukommen. Dazu muß man erst einmal viel und lange üben – und damit ein halber Katalane werden. So ist die Sardana ein vollkommenes Symbol für den katalanischen Charakter: Er ist eigensinnig, aber nicht weltabgewandt, Fremde werden akzeptiert und aufgenommen, aber sie haben das Katalanische zu ›erlernen‹.

In dem Maße, in dem die Katalanen ihre eigene Kultur pflegen, sperren sie sich gegen Importe aus anderen spanischen Regionen. So wird der Flamenco nur in Touristen-Kneipen gezeigt, er hat nichts mit dem katalanischen Temperament zu tun. Und auch der – in der Regel etwas einseitige – Kampf des Toreros mit dem Stier wird in Katalonien kaum gepflegt. Sicher gibt es in den großen Städten die Plaças de Toros, aber sie werden keineswegs ausschließlich zu Corridas benutzt. So dient das ›Arenes‹ in Barcelona an der Plaça de Braus beispielsweise nur noch als Veranstaltungsort für Rock- oder Popkonzerte. Die wenigen Stierkämpfe sind in das ›Monumental‹ am anderen Ende der Gran Via de les Corts Catalanes verlegt – wobei auch die Gestaltung dieser Arena von dem Modernismo nicht verschont wurde. Blaue und weiße Kacheln zieren die oberen Balkone und auf jeden der Türme setzte man ein riesengroßes Ei: Dalí läßt grüßen.

Der Stierkampf scheint nicht zu dem Charakter der Katalanen zu passen, die mit dem hinter dem Torero-Mythos stehenden Machismo wenig anzufangen wissen. Deshalb ist die Eröffnung der Corrida-Saison oder der Auftritt berühmter Matadore kein gesellschaftliches Ereignis wie beispielsweise in Andalusien. Aber die Minderheit, die sich zu den Stierkämpfen einfindet, ist sehr sachverständig und achtet mit Argusaugen darauf, daß die Kampfregeln eingehalten werden. Und wenn ein Torero einen besonders eleganten ›Kampf‹ gezeigt hat, können auch Katalanen südspanische Begeisterung zeigen.

Trotzdem, mit Ausnahme von Barcelona wären die Stierkämpfe in Katalonien wohl so gut wie ausgestorben, wenn es die Touristen nicht gäbe. Sie füllen die Arenen in Tarragona oder Girona, Lloret de Mar oder San Felíu de Guixols. Nicht zuletzt ihnen zuliebe verzichten die Veranstalter auch immer häufiger auf den Einsatz der ›Picadores‹, die im zweiten Akt des Stierkampfes, der ›Suerte de Vara‹, dem Stier mit Lanzen tiefe Verletzungen im Nacken zufügen und ihn damit häufig so schwächen, daß es anschließend zu einem ›Kampf‹ mit dem Torero gar nicht mehr kommen kann. In einer Corrida ohne Picadores setzt der Torero in der Regel selbst die langen, bunten Widerhaken, die ›Banderillas‹, und stellt sich danach einem voll kampffähigen Stier. Auch reitet in einer solchen Corrida in der Regel einer der drei Toreros zu Pferde. Das ist ein ungeheuer artistischer, in atemberaubender Geschwindigkeit ablaufender Kampf, der sehr viel eher verstehen läßt, wieso viele Spanier dem Ritual Stierkampf mit solcher Begeisterung anhängen.

**FC Barcelona:
Mehr als nur ein Fußballclub**

Doch die wahre Sportbegeisterung der Katalanen gilt dem Fußball. Das hängt nicht nur damit zusammen, daß Fußball der spanische Nationalsport schlechthin ist. Nur der Fußball und insbesondere der FC Barcelona boten in den Jahren der Franco-Diktatur die Möglichkeit, ungestraft nationalistische Begeisterung zu zeigen. Gewann der FC Barcelona, kurz ›Barça‹ genannt, gewann Katalonien, und niemand wagte einzuschreiten, wenn neben der schwarz-blau-gestreiften Vereinsflagge auch zuweilen die gelb-rot-gestreifte Flagge Kataloniens geschwenkt wurde. Teilweise trat die Vereinsflagge sogar gänzlich an die Stelle der katalanischen. Kein Katalane, der nicht hinter Barça stand. Hier stimmt das Klischee endlich einmal: Der FC Barcelona ist mehr als nur ein Sportclub.

Gegründet 1899 von gerade einmal zweiunddreißig Mitgliedern – an der Spitze übrigens ein Schweizer, Hans Gamper –, stieg er zum mitgliederstärksten Fußballverein der Welt auf. Knapp einhunderttausend Menschen besitzen heute den blau-schwarzen Mitgliedsausweis, für den sie rund achthundert Mark Aufnahmegebühr und rund einhundert Mark pro Jahr zahlen müssen. Damit haben sie gleichzeitig ein Recht auf einen Stehplatz im Stadion erworben. In ganz Spanien gibt es knapp dreihundert Unterstützervereine, die ›Penyes‹, die Fahrten zu den Spielen organisieren und den Mythos hochhalten. ›Penyes‹ gibt es auch im Ausland, sogar in Rußland. Die sportlichen Erfolge der Fußballmannschaft sind so groß, daß die mehr als achthundert errungenen Pokale und Ehrenzeichen mehrere Stockwerke des Museums im vereinseigenen Stadion Nou Camp an der Travessera de les Corts ausfüllen.

Der FC Barcelona hat als einzige Mannschaft bislang in jedem Jahr an einem der europäischen Pokalwettbewerbe teilnehmen können, und er ist fast immer bis in die Endrunde gekommen. 1979 mit dem österreichischen Torjäger Hans Krankl, 1981 mit Udo Lattek als Trainer, und 1988 konnte Barça die begehrte Trophäe des Europapokals der Pokalsieger denn auch erringen, häufiger scheiterten die Katalanen allerdings in teilweise tragisch verlorenen Endspielen. Dreimal errangen sie zudem den Vorläufer des UEFA-Cups, der als ›Cup der Messestädte‹ ausgetragen wurde, und einmal den UEFA-Cup selbst.

Noch erfolgreicher war der FC Barcelona in innerspanischen Wettbewerben. Nicht weniger als sechsundzwanzig Mal wurde er seit 1901 spanischer Meister (zuletzt 1991), dreiundzwanzig Mal holte er den spanischen Pokal – oder besser die Pokale, denn auf der iberischen Halbinsel werden zwei Pokale ausgespielt. Fußball-Legenden wie Johann Cruyff, der von 1973 bis 1978 bei Barça spielte und die Mannschaft seit 1988 coacht, Diego Maradona, der allerdings nur ein kurzes Gastspiel gab, Bernd Schuster, der nicht weniger als neun Jahre in Barcelona verbrachte, oder Gary Lineker spielten im schwarz-blauen Trikot. Neben Lattek wurden international renommierte Trainer wie Rinus Michels, Hennes Weisweiler, Helenío Herrera oder der argentinische Fußball-Intellektuelle César Luís Menotti verpflichtet. Aber Barça ist nicht nur Fußball. Die vielen anderen Sport-Sektionen sind ebenfalls erfolgreich, allen voran die Basketballer, die auch international zur Spitze zählen.

Doch seit Katalonien seine Autonomie erhalten hat, befindet sich auch Barça auf dem Weg zu einem ganz normalen Fußballclub. Ein Schuster wird nicht mehr mit den übelsten Beschimpfungen versehen, nur weil er zu einer Madrider Mannschaft wechselte (allerdings tat er das auch nicht zu dem verhaßten Club ›Real Madrid‹, sondern zu dessen Konkurrenz ›Atlético‹), und die 120 000 Plätze des größten europäischen Stadions Nou Camp sind keineswegs immer gut gefüllt.

Ein wenig zum Abstieg beigetragen hat auch der schillernde, ungemein ehrgeizige Bauunternehmer Lluís Núñez i Clemente, der 1978 die Präsidentschaft von Barça übernahm. Núñez ist immer mal wieder in Skandale und Skandälchen verwickelt. Nicht zuletzt als Ausgleich dafür initiierte der Vorstand auch karitative und künstlerische Aktionen. So wurde Miró dafür gewonnen, ein Plakat für Barça zu entwerfen, und seit einigen Jahren wird ein Foto- und Kunstwettbewerb durchgeführt, die Biennal del FC Barcelona. Dabei sind einige außergewöhnliche Arbeiten mit Sport-Motiven entstanden – zu besichtigen in den etwas ruhigeren Ecken des Barça-Museums.

Die Olympischen Spiele – Mit einem Satz an die Spitze

Das Stadion Nou Camp ist auch Austragungsort der Olympischen Spiele – die für das Selbstbewußtsein der Katalanen eine kaum zu überschätzende Wirkung haben und die ihre Metropole Barcelona in einer Weise umgestalten, wie es seit dem Bau der Eixamples Mitte des 19. Jahrhunderts nicht mehr der Fall war.

Dieses Kapitel ist geschrieben worden, bevor die Olympischen Spiele stattgefunden haben. Doch das ist unerheblich. Olympia – das bedeutet für Barcelona und Katalonien weniger sportliche Wettkämpfe, zu denen die ›Jugend der Welt‹ anreist. Olympia – das ist vielmehr die mit großer Entschlossenheit genutzte Chance, der ruhmreichen Stadt Barcelona einen Schub zu geben, der sie innerhalb weniger Jahre in den Kreis der wichtigsten Städte der Welt katapultieren soll. Allenfalls München hat 1972 etwas Ähnliches geleistet, und die bayerische Metropole zehrt noch heute davon. Barcelona wird es nicht anders ergehen.

Der 17. Oktober 1986 ist in die Geschichte Barcelonas als ›Magischer Tag‹ eingegangen. Es war exakt 13.31 Uhr, als der Präsident des Internationalen Olympischen Komitees, Juan Antonio Samaranch (pikanterweise selbst Katalane), in Brüssel verkündete, daß Barcelona zum Austragungsort der Olympischen Spiele 1992 gewählt wurde. In Barcelona wurde an diesem Tag nur noch gefeiert. Die Straßen waren voll jubelnder Menschen und getaucht in die Flagge Kataloniens. Wildfremde Einwohner lagen sich in den Armen, der Oberbürgermeister Pasqual Maragall hatte Tränen in den Augen, als er nach der Bekanntgabe der Wahl seiner Stadt im Brüsseler Palais Beaulieu aufsprang. Der denkwürdige Tag wurde mit einem riesigen Feuerwerk abgeschlossen.

Es war nicht nur vordergründiger Stolz, die Olympischen Spiele zu beherbergen oder die Aussicht auf große Profite, was die ansonsten eher reservierten Katalanen so aus dem Häuschen geraten ließ. Sie sahen in den Olympischen Spielen die entscheidende Möglichkeit, der Welt zu zeigen, daß man eine eigene Nation innerhalb Spaniens ist, daß man nicht ›schon zu Afrika gehört‹, sondern mitten in das moderne Europa. Millionen Zuschauern an den Fernsehgeräten in aller Welt sollte demonstriert werden, zu welchen Leistungen die Katalanen in der Lage sind. Die Olympischen Spiele von Barcelona, von Katalonien, von Spanien – in dieser Reihenfolge werden sie angekündigt und so werden sie auch verstanden.

Es war nicht das erste Mal, daß Barcelona mit den Olympischen Spielen in Berührung kam. Bereits in der Antike stammte ein Olympiasieger aus Katalonien:

227 nach Christus gewann im historischen Olympia der als ›Barceloneser‹ eingeschriebene Lucius Minicius Natalis Quadronius Verus ein Wagenrennen. Auch hatte sich Barcelona schon mehrmals als Austragungsort beworben. So 1913, dann 1924, schließlich 1972 – jedes Mal vergeblich. 1936 hatte man sich sogar schon auf eine Olympiade vorbereitet. Zwar war Berlin als Austragungsort bereits bestimmt, doch die damalige Links-Regierung in Spanien wollte der faschistischen Heerschau eine ›Olympiade des Volkes‹ gegenüberstellen. Die Vorbereitungen waren weit gediehen, viele Nationen und Einzel-Sportler hatten zugesagt, doch dann machte der Ausbruch des Bürgerkrieges den Plan zunichte.
Nach der Nominierung 1986 machten die Katalanen rasch klar, daß sie nicht nur die sportlichen Aktivitäten wichtig nahmen, sondern ebensosehr die kulturellen Aspekte. Schon das Emblem ist gedacht als bewußter Gegensatz zu den bislang vorherrschenden Olympia-Designs. Auch das Maskottchen der Spiele, der Hund Cobi, sorgte bei seiner Präsentation für Aufregung. Cobi ist dem Gos d'Atura nachempfunden, einem Schäferhund, der in Katalonien weit verbreitet ist. Doch die eigenwillige Kreation des Katalanen Javier Mariscal wollte so gar nicht zu den ›Disney-verwöhnten Ansichten der Leute‹ passen, wie sich eine Mitarbeiterin des Olympischen Komitees erinnert. ›Aber wir wollten bewußt gegen die Regeln verstoßen, Avantgarde sein‹ – typisch katalanisch. So blieben sogar die 1972 in München geschaffenen und seither unveränderten Piktogramme nicht verschont: Die neuen sind nicht mehr so minimalistisch wie ihre Vorbilder, sondern dynamisch, spielerisch. Sie sind ohne Zweifel schöner, aber teilweise auch schwieriger zu entziffern.
Die Nominierung löste einen so gewaltigen Boom in Barcelona aus, wie ihn die Stadt seit einem Jahrhundert nicht mehr erlebt hatte. Die Barcelonesen sind bekannt dafür, daß sie innerhalb kürzester Zeit eine ungeheure Arbeit leisten können. Die Weltausstellung 1888 wurde beispielsweise in nur wenigen Wochen vorbereitet. Den Stadtvätern ging es nicht nur darum, moderne Sportstätten zu errichten. Immerhin standen in Barcelona bereits über 1300 Sporteinrichtungen. Man hatte das Stadion des FC Barcelona für die Fußballweltmeisterschaft 1982 auf 120 000 Plätze erweitert und am Vall d'Hebron 1984 für die Radweltmeisterschaft ein Velodrom gebaut. Drei Viertel der für die Olympiade notwendigen Einrichtungen waren zumindest grundsätzlich bereits vorhanden.
Doch die Stadt sollte einer kompletten Renovierung unterzogen werden. ›Wir haben alles das, was wir seit Jahren vor uns hergeschoben haben, auf einmal angefangen‹, lästerte ein Mitarbeiter des Olympischen Komitees. So wurde der Flughafen auf internationalen Standard ausgebaut – das Projekt lag seit den sechziger Jahren in den Schubladen. Zwei vielspurige Ringstraßen entlasten den Stadtkern – eine jahrzehntealte Forderung der Lärm- und Abgas-geplagten Einwohner. Sie sollen die schier unvorstellbare Masse von 130 000 Autos pro Tag aufnehmen können und die großen Einfallstraßen Diagonal und Avinguda Gran Via de Les Corts Catalanes um zwanzig Prozent entlasten. Eine Ringkanalisation mit Kläranlage sorgte endlich für saubere Abwässer. In das nun wieder einigermaßen saubere Meer können die Barcelonesen an insgesamt vier Kilometern neu geschaffenem oder gereinigtem Strand gehen. Der Kai und die Hafenanlagen wurden komplett umgestaltet und dadurch Barcelona erst richtig mit dem Meer verbunden.
Um auch für die Zeit nach den Olympischen Spielen gerüstet zu sein, wurde ein funkelnagelneues Konferenz-Zentrum errichtet am Ende des Passeig Carlos I.

Das große Auditorium bietet über zweitausend Zuhörern Platz, daneben gibt es vier kleinere Hallen und alle Einrichtungen, die man heutzutage braucht, um internationale Kongresse abhalten zu können. Die vielen Sehenswürdigkeiten Barcelonas wurden samt und sonders renoviert, neue Parks angelegt. Und schließlich wurde mit dem Olympischen Dorf an der Avinguda Icària nicht nur ein weiterer Stadtteil mit direktem Zugang zum Meer angelegt, sondern mit den über zweitausend Wohnungen die Wohnungsnot in der Metropole verringert.

Bei der Anlage dieses ›Nova Icària‹ hat übrigens die Idee der Eixamples von Cerdà Pate gestanden. Nicht weniger als fünf Kilometer Küste umfaßt dieser neue Stadtteil, der auf einem ehemaligen, jahrelang brachgelegenen Industriegelände entstanden ist. Von fast jedem Punkt der Stadt aus sichtbar sind die neuen Wahrzeichen dieses Stadtviertels: zwei Hochhäuser, mit jeweils 136 Metern die höchsten Gebäude Barcelonas. Da muß schon der noch fehlende Hauptturm der Sagrada Familia gebaut werden, um sie zu übertreffen. Die zweiundvierzigstöckigen Hochhäuser bergen ein Luxushotel, Appartements und Büroräume.

Kein Wunder also, daß die Barcelonesen es mit Engelsgeduld ertrugen, daß ihre Stadt seit 1987 eine einzige Baustelle war, die Zahl der Baukräne die der Kirchtürme um ein Vielfaches übertraf und der Lärm von Preßlufthämmern, Betonmischern und Lkw's schier kein Ende nehmen wollte. Kein Wunder aber auch, daß die Stadtverwaltung entschlossen ist, den Schwung zu nutzen. ›Wir bauen für 1993‹, heißt es allüberall. So wird denn auch die völlige Umgestaltung der Hafenanlagen in hochmoderne Terminals mit direktem Anschluß an das europäische Hochgeschwindigkeitsnetz erst Mitte der neunziger Jahre fertig sein.

Umgerechnet knapp acht Milliarden Mark wurden wohl zwischen 1987 und 1992 verbaut – so genau weiß das niemand, da die Finanzierung aus vielen Töpfen kam. Wie auch immer, dem Anspruch, die größten Investitionen in Europa zu tätigen, sind die Barcelonesen wohl gerecht geworden. Immerhin konnte damit auch die hohe Arbeitslosenquote in Katalonien drastisch gedrückt werden. Die eigentlichen Kosten der Olympischen Spiele (also ohne die sonstigen Bauten und Infrastrukturmaßnahmen), werden auf umgerechnet gut zwei Milliarden Mark geschätzt – wobei die Verantwortlichen (es sind die Stadt Barcelona, die Generalitat, das Nationale Olympische Komitee und die spanische Zentralregierung) mit einem Defizit rechnen. Allen Beteiligten war wichtig, die Spiele als Anstoß zur Aufmöbelung Barcelonas zu verstehen und nicht als Profitunternehmen wie beispielsweise 1984 in Los Angeles. Sollten doch Gewinne anfallen, werden sie in Sportstätten investiert. Den gewichtigsten Teil der Finanzierung stellen wie seit Jahren die TV-Rechte (dreiunddreißig Prozent), es folgen mit zweiundzwanzig Prozent die Sponsorengelder, mit zwanzig Prozent die Erlöse aus Andenkenverkauf und Spenden. Die Ticketeinnahmen stellen nur sieben Prozent.

Die bereits dichtbesiedelte Tiefebene von Barcelona machte es unmöglich, alle Sportarten in oder zumindest nahe der Stadt auszutragen. Siebzehn Austragungsorte wurden über ganz Katalonien und sogar teilweise darüber hinaus verlegt – bis hinunter nach Valencia, wo die Fußballer Vorrundenspiele austragen und bis hinauf auf La Seu d'Urgell, einem Ort am Südwestrand der Pyrenäen nahe der französischen Grenze, wo die Kajakfahrer ihre Wettkämpfe bestreiten.

In Barcelona selbst schuf man vier Zentren: Die Diagonal, den Vall d'Hebron, den Parc de Mar und den Montjuïc. Wichtigster Ort ist zweifellos der Montjuïc, wo die schönsten Neubauten entstanden sind. Das Olympiastadion stammt bereits aus dem Jahr 1929. Offizieller Anlaß war zwar die Weltausstellung gewesen, aber man hoffte insgeheim bereits darauf, 1936 die Olympiade oder zumindest eine Gegenveranstaltung zu Berlin abhalten zu können. Doch nach dem Zweiten Weltkrieg verfiel das Stadion zusehends. Für den größten sportlichen Zuschauermagneten, den Fußball, war es nicht nur unnötig, sondern auch viel zu klein: Das Nou Camp des FC Barcelona faßt 120 000 Zuschauer, das alte Stadion auf dem Montjuïc noch nicht einmal 40 000. Zudem wurde der Berg wegen seiner zahlreichen Senken und Höhlen von den Barcelonesern als Müllkippe mißbraucht — kein schönes Umfeld für sportliche Feste.

Trotzdem stand von Anfang an fest, daß das Stadion auf keinen Fall abgerissen werden darf — obwohl dies um einiges billiger gekommen wäre. Ein internationaler Architektenwettbewerb wurde ausgeschrieben, den schließlich der Barceloneser Alfonso Milà und der Italiener Frederico Correa gewannen. Sie ließen den Innenraum des Stadions elf Meter tief ausheben und schufen somit ein neues Stadion, ohne die alten, mächtigen Eingangs- und Seitenportale anzutasten.

In Nachbarschaft errichtete der japanische Star-Architekt Arata Isozaki mit dem Palau d'Esports Sant Jordi das architektonisch interessanteste Bauwerk auf dem Montjuïc. Die Mehrzweckhalle faßt nicht weniger als siebzehntausend Menschen und erscheint dem Besucher trotzdem heimelig und klein. Diesen Eindruck erzeugt die aus mehreren Lagen geschaffene, leichte Decke. Sie erfüllt aber nicht nur ästhetische Kriterien. Da sie aus vielen Schichten besteht und außerdem der gesamte Innenraum nur wenige Ecken kennt, ist die Akustik hervorragend. So wird der Palau Sant Jordi auch als Konzertarena benutzt, die selbst Opernstars zusagt. Verbunden werden die Sportstätten auf dem Montjuïc durch großzügige Plätze, die mit aufsehenerregenden Plastiken versehen sind. Mittelpunkt ist ein großer Brunnen, von dem das Wasser quer über den Platz geleitet wird. Die großen Türme strahlen abends ein mildes Licht aus.

Das Schwimmstadion ist ebenfalls ein Um- und Ausbau. 1969 diente es als Austragungsort der Schwimm-Europameisterschaften. Trotzdem ist es rundum renoviert und erweitert worden. Zehntausend Zuschauer finden dort einen Sitzplatz. Das weitaus spektakulärere Stadion werden allerdings die Turmspringer und Wasserballer benutzen: Es ist das alte städtische Schwimmbad am Hang des Montjuïc. Wie angeklebt liegt das Stadion am Berg, und man kann sich gar nicht vorstellen, wie sich ein Turmspringer angesichts der überwältigenden Aussicht auf Barcelona überhaupt auf seinen Sprung konzentrieren soll.

Einen Vorgeschmack auf die Zeit nach Olympia bietet der Palau Municipal d'Esports. Dort hat sich die Sporthochschule Barcelonas eingerichtet — und nicht nur das. Barcelona wurde dazu auserwählt, zum Zentrum aller Sport-Universitäten von Europa zu werden. Schmuckstück dieses Zentrums, das vor allem administrative Aufgaben wahrnehmen wird, ist die größte und am besten ausgestattete Sport-Bibliothek der Welt: IOC-Präsident Samaranch hat als Grundstock seine persönliche Bibliothek gestiftet. Der Palau Municipal d'Esports wurde von dem Katalanen Ricardo Bofill geschaffen, der auch den neuen Flughafen entworfen hat. Bofill orientierte sich erkennbar an Vorbildern aus dem Stadtzentrum, auch wenn er strenge Formen vorzog. Das Baumaterial ist zwar üblicher Beton, wurde aber mit einer Spezialsäure behandelt, so daß der Eindruck erweckt wird, es handele sich um Naturstein.

So sind die Katalanen bestens gerüstet, um die Welt zu empfangen und auf sich aufmerksam zu machen. Wieder einmal sind es eher wirtschaftliche denn politische Mittel, mit denen die Katalanen ihre Eigenständigkeit betonen. Und genau darin sehen sie auch ihre Zukunft. Die Autonomie innerhalb Spaniens ist gar nicht mehr so wichtig, eine vollkommene Eigenstaatlichkeit schon gar nicht mehr. Spanien und mit ihm Katalonien gehören zur EG. Und dort wollen sie gleichberechtigt sein: Eine Region in Europa. In einem Europa der Regionen.

Die Bilder

Diesen Blick hat man von der Kolumbusstatue am Hafen, auf die man mit einem Fahrstuhl fahren kann. Wie eine grüne Narbe ziehen sich die Bäume der Ramblas durch das Häusermeer Barcelonas.

Die Statue des Kolumbus steht am Beginn der Ramblas am Hafen. Im Winter, wenn die Blätter auf den Bäumen fehlen, gibt das kahle Astwerk der Alleebäume den Blick auf das über einundfünfzig Meter hohe Denkmal frei.

Gleich zu welcher Jahres- oder Tageszeit – die Ramblas, zwölfhundert Meter lange Promenierstraßen zwischen dem Hafen und der Plaça Catalunya, sind immer gut bevölkert.

Katalonien in einer Stunde – wer wenig Zeit hat, braucht trotzdem nichts zu versäumen. In dem hübsch am Berghang gelegenen Torrelles de Llobregat westlich von Barcelona sind alle Sehenswürdigkeiten des Landes aufgestellt – im Kleinformat. Catalunya en miniature ist nicht Legoland, sondern eine wirklich schöne und informative Modell-Schau der alten und neuen Denkmäler Kataloniens – auf unserem Bild die Sagrada Familia. Jede der einhundertsiebzig Sehenswürdigkeiten ist genau erläutert, und damit auch der Spieltrieb nicht zu kurz kommt, gibt es Eisenbahnen, Schiffe, Autos und manches mehr, das durch die Mini-Landschaft fährt.

Das ganze Jahr lädt hoch über den Dächern von Barcelona der Rummelplatz des Tibidabo ein.

41

Irgendwann einmal soll an der Stelle des fest verankerten Krans an der Sagrada Familia ein einhundertzwanzig Meter hoher Turm stehen, der nicht nur die Kathedrale überragen würde, sondern eines der höchsten Bauwerke in ganz Barcelona wäre. Doch noch weiß niemand, ob es jemals soweit kommen wird.

Unübersehbar steht diese Skulptur, Dona i Ocell (Frau und Vogel) von Joan Miró, im Parc de l'Escorxador. So nennen die Barcelonesen jedenfalls die Parkanlage, an deren Stelle früher einmal der Schlachthof (Escorxador) gestanden hat. Offiziell ist der Park mit seiner über zweiundzwanzig Meter hohen Miró-Figur aber nach dem katalanischen Künstler benannt.

So schön wie in Catalunya en miniature läßt sich die Kathedrale in Barcelona gar nicht sehen – denn in der Realität ist die Kirche eng umstellt von umliegenden Häusern.

Solch idyllische Innenhöfe wie der in der Casa de l'Ardiaca neben der Kathedrale findet man immer wieder in den älteren Vierteln Barcelonas.

Obwohl die Plaça del Rei sehr klein ist, zählt sie zu den interessantesten Plätzen in Barcelona. Im Hintergrund sind die Mauern des Palacio Real Mayor zu erkennen, rechts die ehemalige Schloßkapelle Santa Agueda. Im linken Gebäude ist das Archiv der Krone von Aragón untergebracht. Im Sommer dient der Platz häufig als Freilichtbühne für Konzerte oder Theatervorstellungen.

Das Portal de la Pietà, einer der Eingänge zum Kreuzgang der Kathedrale in Barcelona.

Inmitten der Plaça Reial thront dieser Springbrunnen. Seit die Autos von dem größten Platz im Barrí Gotic verbannt sind, läßt sich auf ihm trefflich verschnaufen.

An der Ecke Rambla Sant Josep/Carrer de la Petxina liegt einer der schönsten Modernismo-Läden der Stadt, die Antiqua Casa Figueras, 1902 von Antonio Rori Güell errichtet und 1986 restauriert. Die in diesen prachtvollen Räumen untergebrachte Konditorei ›Christian Escribá Pastisseria‹ gehört einem Familienunternehmen, das weit über die Grenzen Barcelonas hinaus bekannt ist – jedenfalls bei Naschfreunden.

Der jetzige Patron, Antoni Escribá, hat in jahrelanger Tüftelarbeit ein Verfahren entwickelt, mit dem er Schokolade in nahezu jede Form bringen kann. Es heißt, daß Picasso derart begeistert von dieser Kunst gewesen sei, daß er eines seiner Bilder gegen eine Schokoladenplastik von Escribá eingetauscht habe. Sein Können kommt übrigens nicht von ungefähr. Spanien verfügte nach Entdeckung der Kakaopflanze in der ›Neuen Welt‹ über das Handelsmonopol in Europa. Trotzdem gehören die Katalanen nicht gerade zu den naschfreudigsten Völkern.

Die Plaça Catalunya wird in der warmen Jahreszeit von Pflastermalern erobert, die in mühevoller Arbeit und mit zum Teil beachtlichem Geschick Werke großer Meister nachzeichnen.

Jung und Alt tanzt die Sardana, den Nationaltanz der Katalanen. Hauptsächlich wird sie Sonntags nach der Messe getanzt – wie hier auf der Plaça de Sant Jaume – oder bei den Ortsfesten, aber auch zu allen möglichen anderen Gelegenheiten.

Was des Zuhörers Herz begehrt – die Straßenmusikanten in Barcelona haben ein breitgefächertes Repertoire. An geeigneten Plätzen – hier der Plaça de Sant Josep Oriol – fehlt es im Barrí Gotic jedenfalls nicht.

Nur einige Schritte von der Plaça Reial entfernt, in der Casa Bofarell, liegt Los Caracoles, eine sehenswerte Gaststätte im Barrí Gotic. Außen, an der Ecke des Hauses, werden die Hähnchen gebraten, deren Duft verheißungsvoll durch die Gassen zieht. Im Inneren ist die Gaststätte mit ›Reliquien‹ (bukolischen Portraits des verstorbenen Inhabers, Fotos berühmter Gäste und allerlei Nippes) geradezu überladen. Doch trotz der Lage mitten im Touristenzentrum Barrí Gotic wird die Gaststätte auch von Einheimischen gern besucht – kein Wunder, denn das Essen ist unverfälscht katalanisch und schmeckt ausgezeichnet.

Impression von der
Plaça de Sant Cugat in
Barcelona.

52

Carrer dels Mestres:
Wäsche und Pflanzen –
die typischen
Merkmale der engen
Gassen des Barrí Gotic.

Auf das Dach der ›Pedrera‹ setzte Gaudí furchteinflößende Gestalten, deren eigentliche Aufgabe aber schlicht die Entlüftung des Hauses ist.

Mit der Casa Milá errichtete Gaudí sein drittes und letztes Wohnhaus. Schon vor der Beendigung der Baumaßnahmen 1910 konzentrierte sich Gaudí aber nur noch auf den Weiterbau der Sagrada Familia (von der er damals schon wußte, daß er sie nicht fertigstellen würde). Die Casa Milá wurde von Mitarbeitern vollendet; strenge Gaudí-Experten kritisieren denn auch Teile, die nicht im Sinne des Meisters gestaltet worden seien. Trotzdem zeigte Gaudí in der Casa Milá, die vom Volk bald den Spitznamen ›Pedrera‹ (›Steinbruch‹) bekam, noch einmal sein großes Können als Architekt: Das gesamte Gebäude ist in eine Stahlträgerkonstruktion praktisch eingehängt – was die wellenförmige Gestaltung der Fassade, die keinerlei Stützaufgaben hat, überhaupt erst ermöglichte.

Die Casa Batlló, ein ehedem unscheinbarer Bau in den Eixamples, wurde von Gaudí komplett umgebaut. Vor allem wegen der Fassade gehört sie neben der ›Pedrera‹ zu seinen eigenwilligsten Wohnhausbauten. Dabei geht diese gar nicht einmal allein auf das Konto von Gaudí. Sie wurde vielmehr im wesentlichen von dessen wichtigstem Mitarbeiter, Jordi Jujol, gestaltet. Auf Jujols Einfallsreichtum gehen einige Bauwerke zurück, die heute gemeinhin Gaudí zugesprochen werden, wie beipielsweise die berühmten geschwungenen Bänke im Parc Güell.

Die Kontraste von Barcelona: Im Bildvordergrund sind die skurrilen Eingangsgebäude zum Parc Güell zu erkennen, von Gaudí verschwenderisch mit Ornamenten ausgestattet, dahinter die Hochhaus-Monotonie des Stadtteils Horta. Gaudís Idee einer Gartenstadt am damaligen Stadtrand von Barcelona setzte sich nicht durch – ebensowenig wie sein Traum vom ökologischen und gleichzeitig künstlerischen Bauen. Das ständige Bevölkerungswachstum brachte ganz im Gegenteil die aus aller Welt bekannten Zweckbauten in die Stadt.

Drei Jahre hat Lluis Domènech i Montaner am Palau de la Música Catalana gebaut. 1908 wurde er der Öffentlichkeit übergeben und seither gehört das vor Ornamenten und Detailarbeiten überquellende Musikhaus zu den größten Attraktionen des Modernismo. Der Palau sollte Höhe-, aber auch Abschlußpunkt dieser Stilrichtung sein.

Torre de la Creu: Von Gaudís ›Pedrera‹ soll Jordi Jujol inspiriert gewesen sein, als er dieses Wohnhaus im Stadtteil Sant Joan Despi errichtete. Jujol war einer der engsten Mitarbeiter des berühmtesten Modernismo-Vertreters Gaudí.

Ob Vögel oder Kaninchen, Blumen oder Zeitungen, Nippes oder Gemälde – die Ramblas dienen von alters her auch als Standplatz für Händler.

Auch beim Telefonieren wird das Geschäft nicht vernachlässigt. Den Hering könnte man vielleicht noch ein wenig attraktiver präsentieren, denn das Angebot in Barcelonas Markthallen ist üppig und die Konkurrenz schläft nicht.

Überquellende Stände in der Boqueria, der bekanntesten Markthalle Barcelonas, an den Ramblas. Eng aneinandergereiht buhlt eine Unzahl von Händlern um Kunden. Da sie nach den verschiedenen Lebensmitteln gruppiert sind, findet man sich schnell zurecht – was angesichts der Fülle des Angebots die Auswahl allerdings kaum erleichtert. Ihren Namen haben die Markthalle und der angrenzende Platz von dem Ziegenmarkt, der dort früher stattfand, genannt Mesas de bocatería. Rund vierzig Markthallen gibt es insgesamt in Barcelona. Nicht jede hat ein so reichhaltiges Angebot wie die Boqueria, aber die meisten lohnen einen Besuch, vor allem, weil sie in der Regel deutlich preiswerter sind als das Touristenziel an den Ramblas.

Museu Maritim: Vom kleinen Fischerboot bis zum originalgetreuen Nachbau der riesigen Galera Reial reicht das Spektrum der Ausstellung in den Drassanes. Beeindruckend auch die Architektur der alten Schiffswerft von Barcelona, die nach Einschätzung von Historikern die breitesten Tonnengewölbe der Gotik besitzt.

Direkt von der Plaça del Rei kommt man in den imposanten Salón del Tinell (oder Salón de Trou). Der eindrucksvolle Raum wurde Mitte des 14. Jahrhunderts erbaut. Dabei bediente man sich der alten Stadtmauer. Der Saal diente den im Palacio Real Mayor residierenden Königen von Aragón als Thron- und Prunksaal. Heute wird er ab und an als Ausstellungsraum genutzt.

60

Aus privater Initiative entstand das Gran Teatro del Liceo an den Ramblas, eines der größten Opernhäuser der Welt. Mehr als viertausend Zuschauer können den Darbietungen beiwohnen. Doch trotz dieser immensen Zahl ist es außerordentlich schwer, Karten für Aufführungen zu ergattern. Vollkommen unmöglich ist es gar, ein Abonnement zu zeichnen. Die Logen werden im großen und ganzen noch immer von den Familien gehalten, die sie bei der Einweihung als Dank für die gegebene Bau-Unterstützung erwerben konnten. Auch ein einfaches Abonnement wird in der Regel vererbt und gelangt selten auf den Markt.

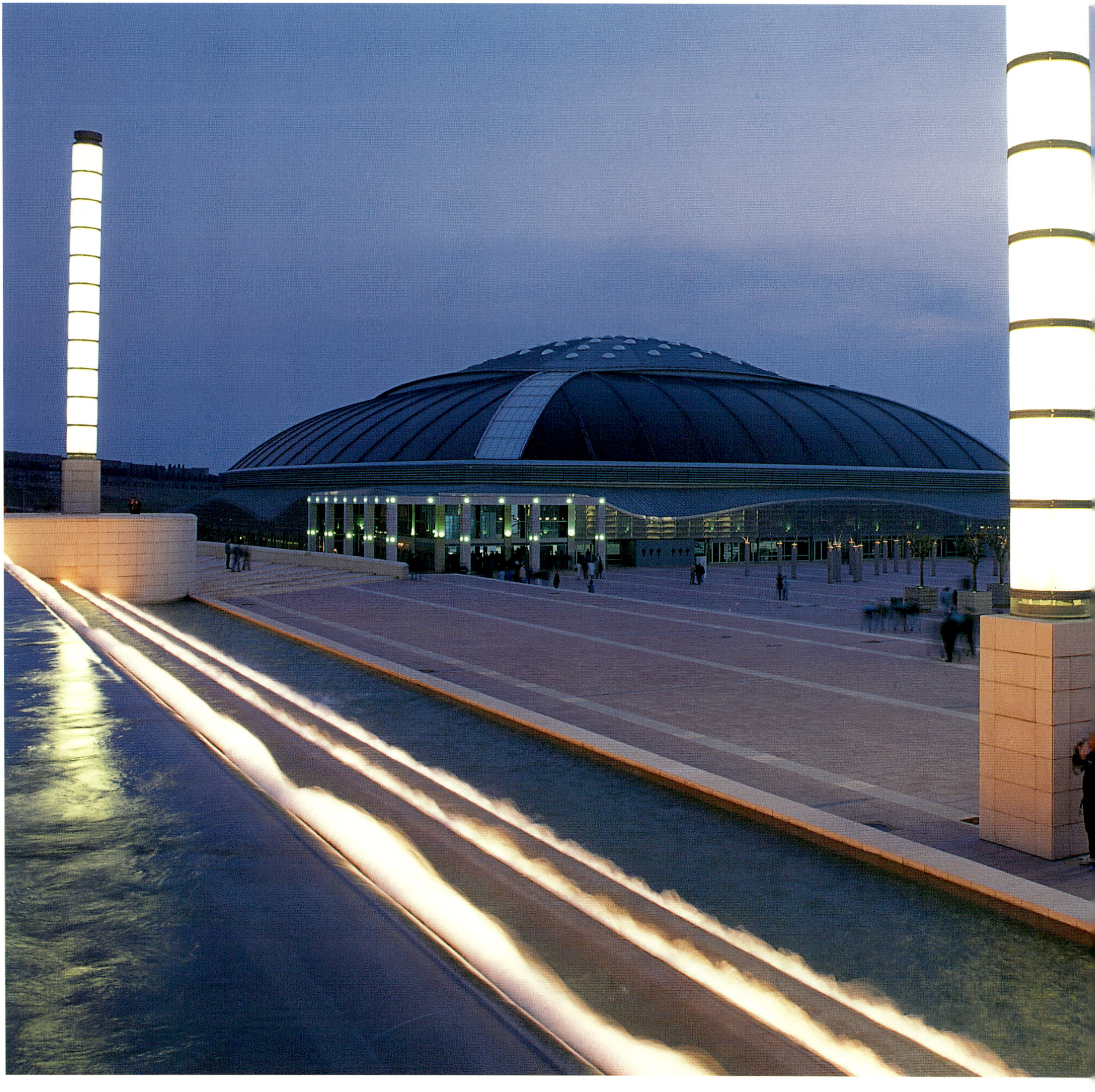

Der japanische Star-Architekt Arata Isozaki entwarf den Palau de'Esports Sant Jordi auf dem Montjuïc. Spektakulär ist vor allem das aus mehreren Schichten bestehende leichte Dach, das am Boden verlegt und anschließend innerhalb von einundzwanzig Tagen auf seine jetzige Höhe gehoben wurde. Die Technik dazu wurde in Japan entwickelt, basiert aber auf Erfahrungen, die 1972 in München beim berühmten Zeltdach des dortigen Olympiaparks gemacht wurden.

Kunst am Bau vor dem Palau Sant Jordi. Die effektvoll aus dem Inneren der Betonsäulen angeleuchteten Stahlkonstruktionen schuf die Frau des Palau-Architekten Isozaki, Aiko Miyawaki.

Das eigenwillige Olympia-Emblem, geschaffen vom Barceloneser Designer Josep Maria Trías, stilisiert einen Wettkämpfer, der über die olympischen Ringe springt. Die Farben sollen das mediterrane Leben repräsentieren: blau wie die See, gelb wie die Sonne und rot wie das Blut. Um elf Meter abgesenkt wurde die alte Sportarena des Olympiastadions, um die Tribünen erweitern zu können, ohne das Stadion komplett umzubauen.

Der Barcelonese Alfonso Milà und sein italienischer Architekten-Kollege Frederico Correau planten den Umbau des bereits 1929 errichteten Stadions auf dem Montjuïc. Die Westfront wurde dabei aber nicht verändert.

Olympiafieber sogar auf dem Schrottplatz. Oder sollte es ironisch gemeint sein?

Ein Leben in Wohnsilos
– bis in den Tod hinein.
Im Vordergrund ist
der Friedhof am Hang
des Montjuïc zu
sehen, der mit der
Einheitsarchitektur am
Stadtrand von
Barcelona zu ver-
schmelzen scheint.

Die Kuppeltürme des
Palau Reial vor der
untergehenden Sonne.

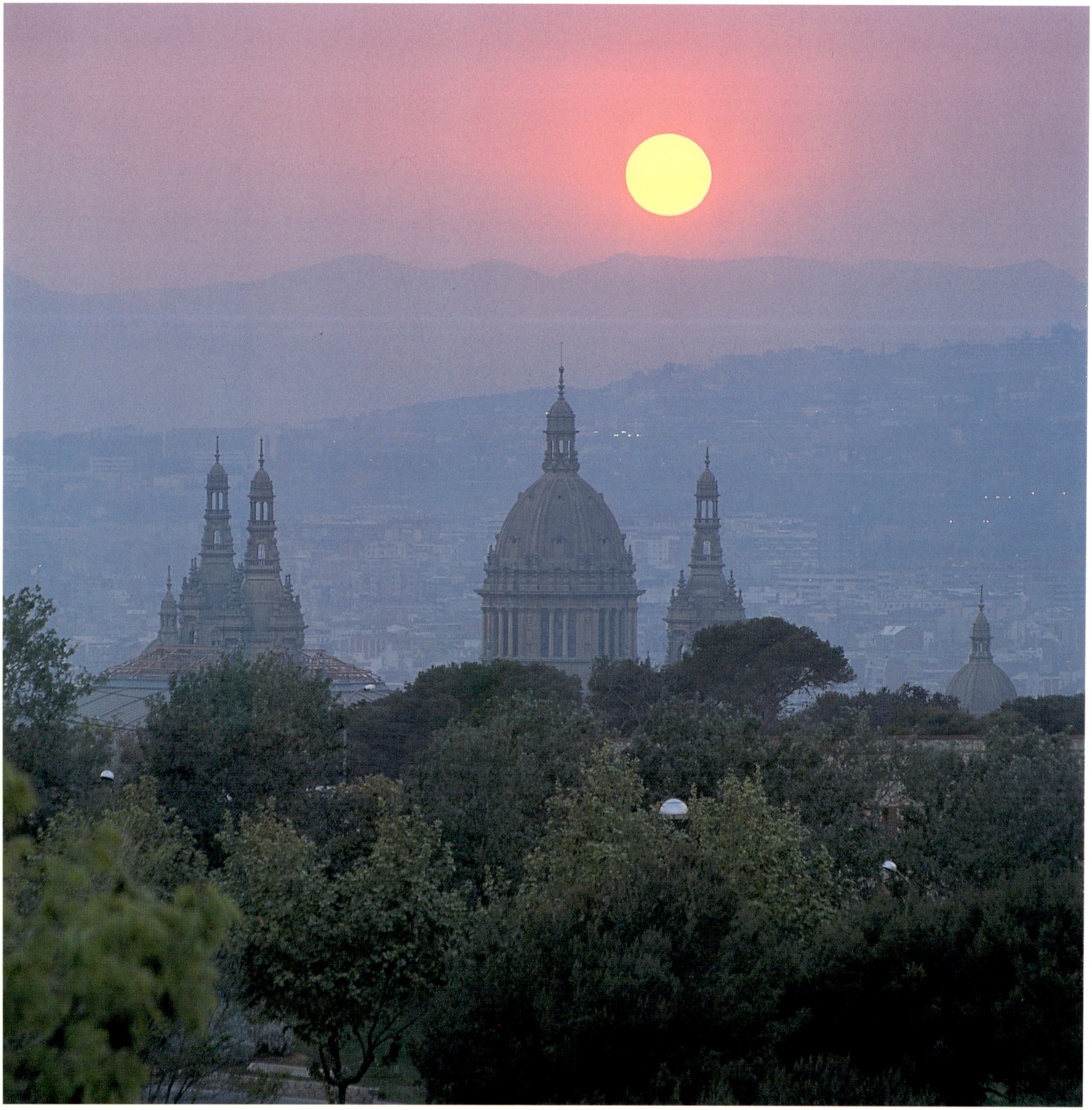

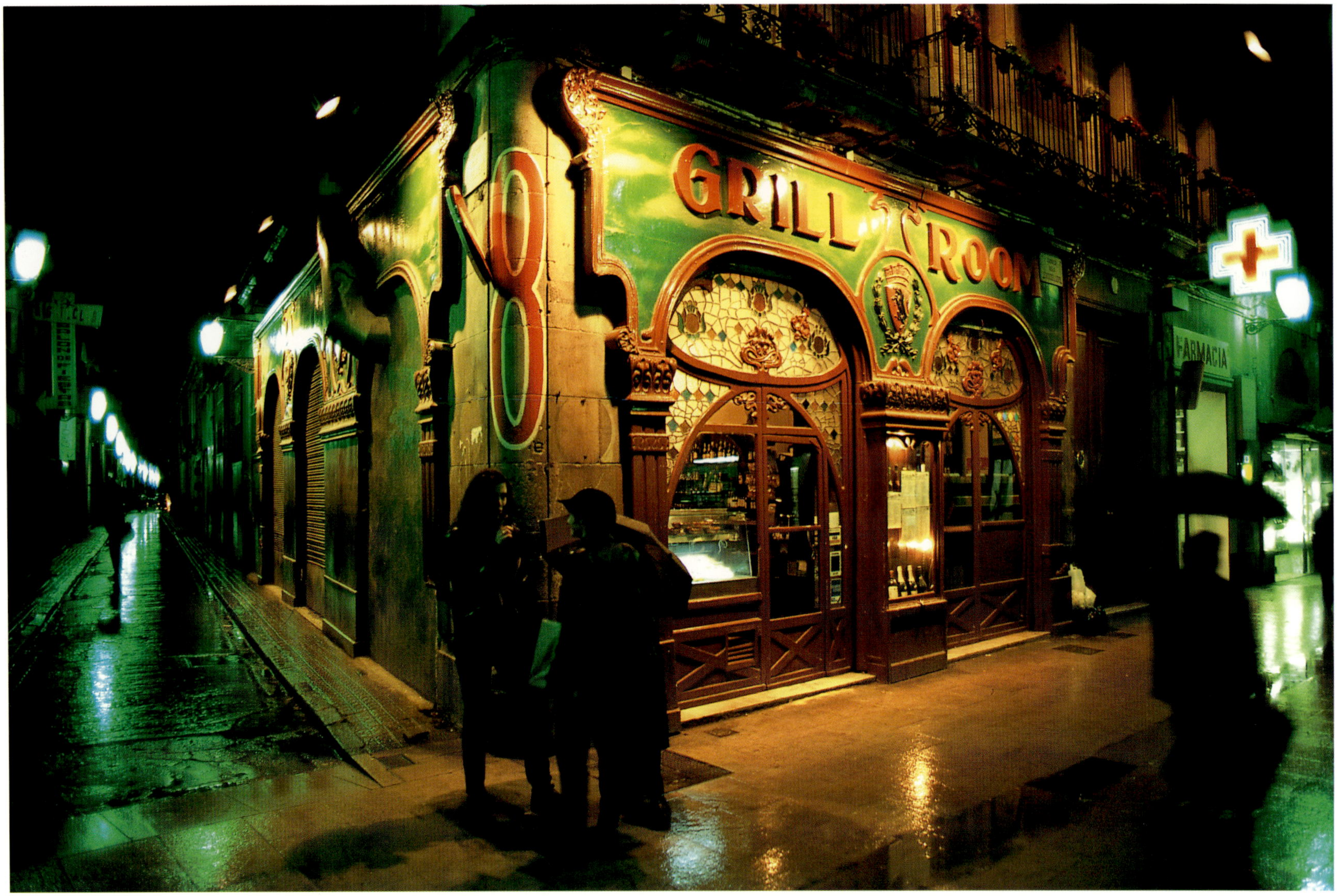
GRILL ROOM
8
FARMACIA

Im Barrí Gotic: Mit großem Aufwand wurden in den vergangenen Jahren die Modernismo-Kleinode Barcelonas renoviert. Das Grill-Restaurant auf der Abbildung links liegt in der Carrer dels Escudellers in der Nähe der Ramblas.

Mondaufgang über
einer der vielen
Einsiedelei-Ruinen auf
dem Montserrat.

Wie an den Felsen
geklebt liegen die
Gebäude des Klosters
Montserrat.

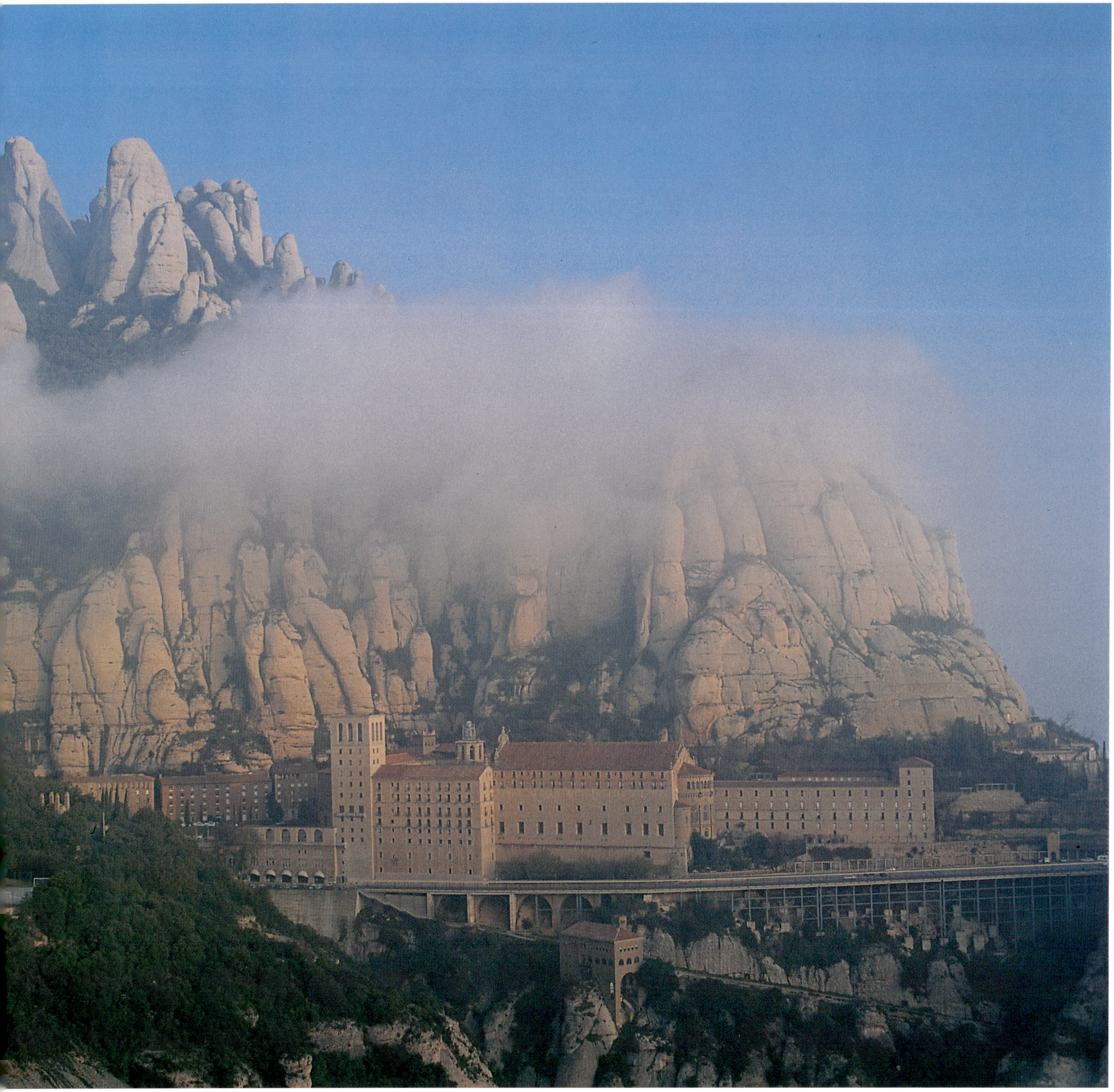

In Montserrat sind die Kerzenständer dicht aneinandergereiht: Für jeden Schutzheiligen steht ein anderer bereit.

Die Statue des Cellisten Pau Casals auf ungewöhnlicher Reise. Bei einem Unwetter war die Skulptur und eine der Zahnradbahnen auf den Montserrat beschädigt worden – Casals mußte restauriert, die Zahnradbahn repariert werden. Während die Statue recht bald wieder auf ihrem gewohnten Platz stand, zog sich die Reparatur an der Zahnradbahn über Monate hin.

Noch immer ist
die Wildheit der Costa
Brava an einigen
Stellen zu genießen –
unverbaut und
unverfälscht zeigt sich
dieser Küstenabschnitt
bei Rosamar.

An diesem Küstenabschnitt bei Tossa begann der Tourismus an der Costa Brava. Noch heute zählt die Bucht zu den schönsten des Touristenparadieses am Mittelmeer.

Bei Tossa: Tief haben sich die Buchten der Costa Brava in die Küste eingeschnitten. Viele sind nur mit dem Boot zu erreichen.

Das eigene Bild
vom Urlaub. Gesehen
in Tossa.

Fischer und Touristen
teilen sich den Strand.

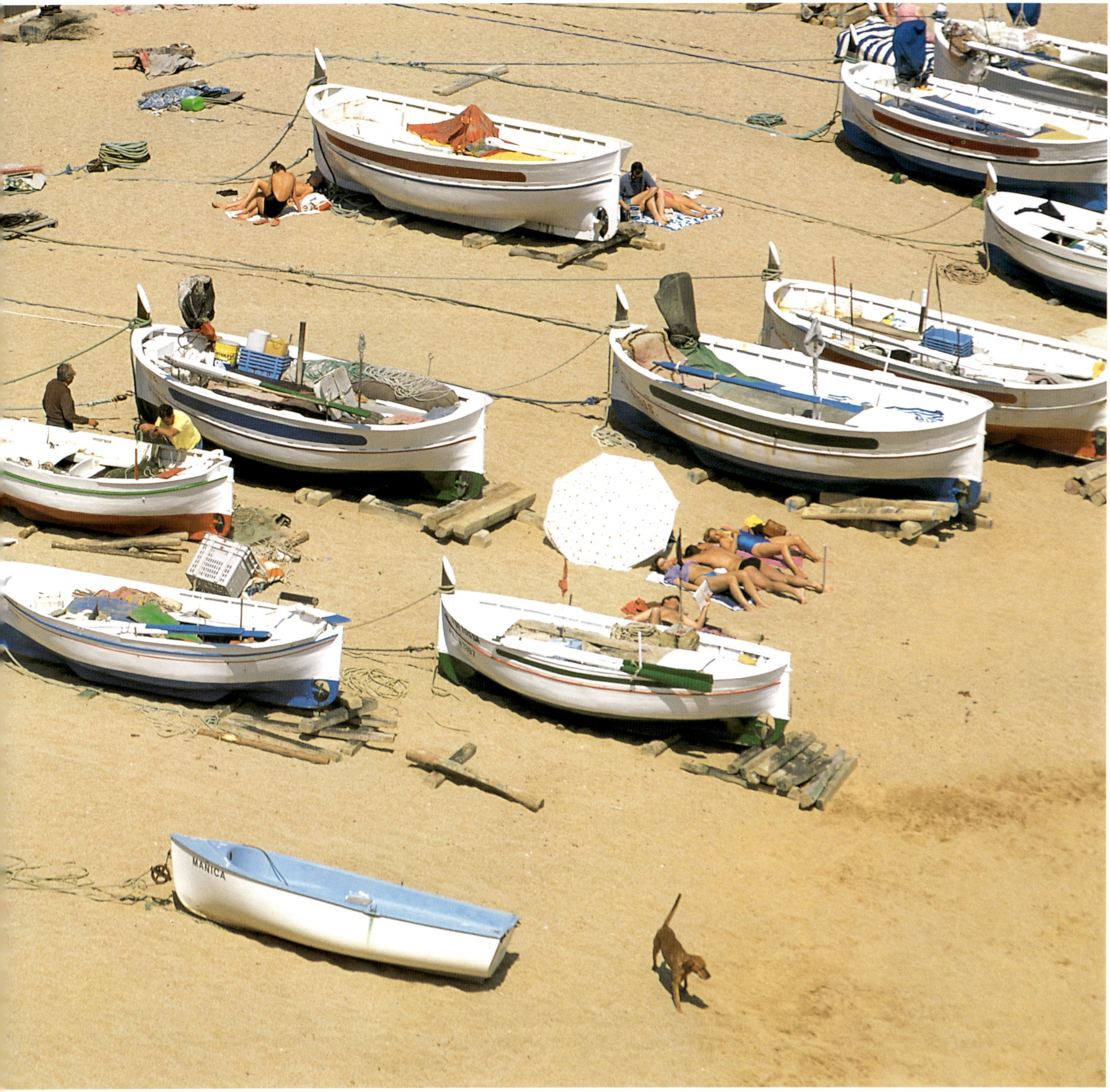
MANICA

Die mittelalterliche Kulisse des originalgetreu erhaltenen Ortes Peratallada.

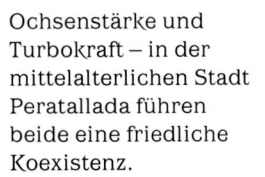

Ochsenstärke und Turbokraft – in der mittelalterlichen Stadt Peratallada führen beide eine friedliche Koexistenz.

Befreit von modernem Putz präsentieren sich die Häuser in Peratallada wieder so, wie sie vor vielen Jahrhunderten errichtet wurden.

Gadaqués bietet nicht nur Dalí und die Bucht, sondern auch malerische, teilweise steil ansteigende Gassen. Wer das hübsche Städtchen freilich so friedlich erleben will, muß schon außerhalb der Saison kommen.

Cadaqués, einer der schönsten Orte an der Costa Brava. Viele Jahre war er nur unter großen Mühen zu erreichen und entsprechend wenig frequentiert, doch mittlerweile wird der Ort häufig von wahren Touristenmassen erdrückt. Der Ruhm Salvador Dalís zieht an – obwohl der Meister des Surrealismus gar nicht in Gadaqués, sondern im benachbarten Port Lligat wohnte.

Nur noch selten zu
sehen: Fischer an der
Costa Brava, hier
am Strand von Blanes.

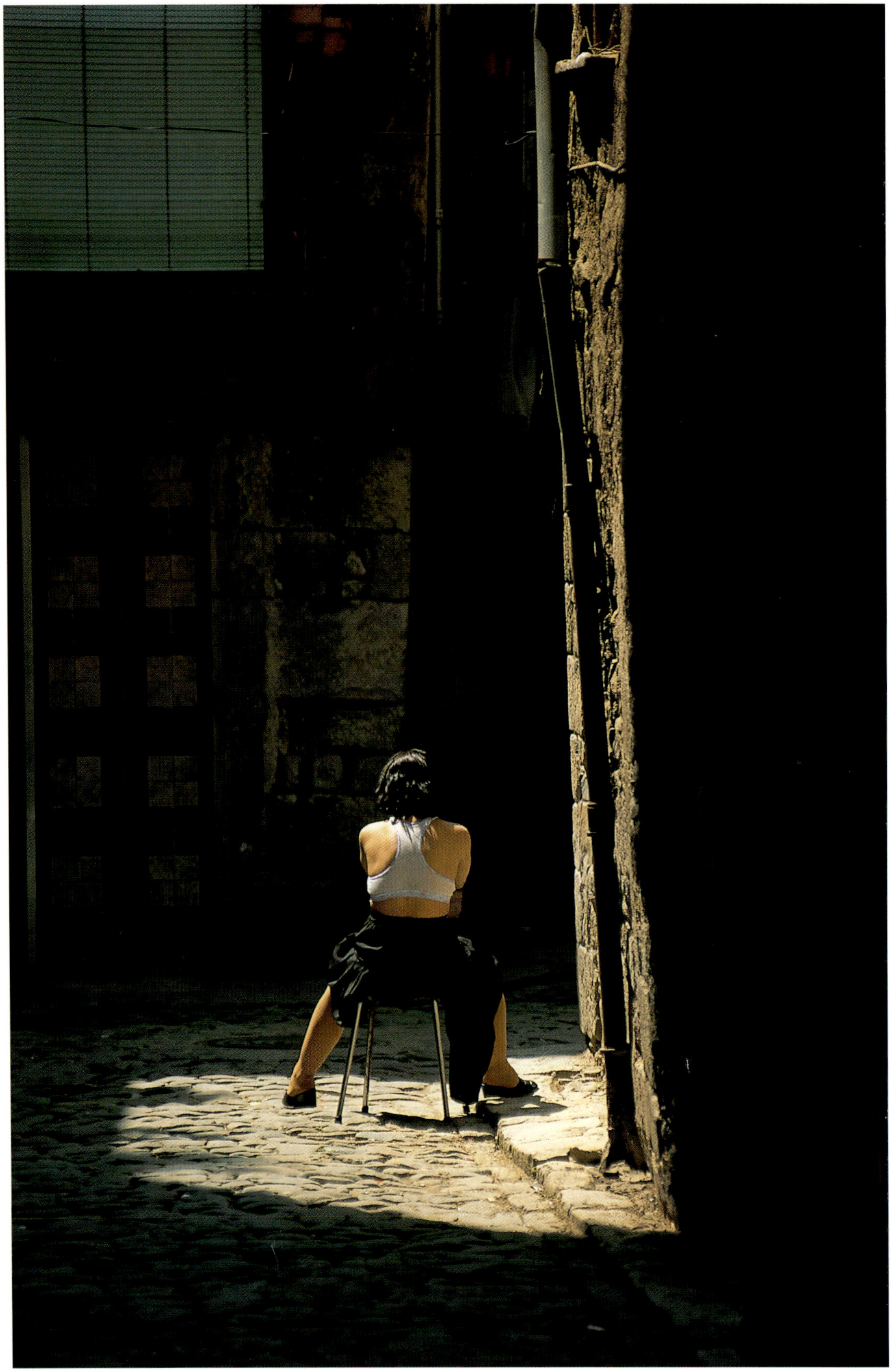

Gegensätze in den
Gassen von Girona.

Als einzigartig gilt der Gebäudekomplex an der Pujada de Sant Domènec in Girona. Die große Treppe führt zur Kirche Sant Martí Sacosta, die im 16. Jahrhundert errichtet wurde.

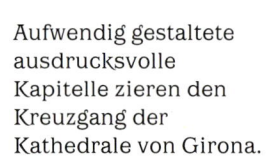

Aufwendig gestaltete ausdrucksvolle Kapitelle zieren den Kreuzgang der Kathedrale von Girona.

Die Altstadt von Girona: Direkt am Ufer des Onyar errichteten die Bewohner Gironas diese Wohnhäuser, hinter denen die riesige Kathedrale aufragt. Als Basis diente die alte Stadtmauer, die den Windungen des Flusses folgte. So erklärt sich die uneinheitliche Baulinie. Die pittoresken Häuser wurden nach einer Zeit des Zerfalls 1983 gründlich restauriert und nach alten Vorlagen neu gestrichen.

Dieser Schöpfungsteppich, Seidenstickerei auf Leinwand, ist im Museum der Kathedrale von Girona zu besichtigen. Er stammt aus dem 11. Jahrhundert und soll einer frühchristlichen Vorgabe ziemlich exakt nachempfunden sein. Die meisten Forscher halten dieses Kunstwerk für das wertvollste, das in Katalonien besichtigt werden kann.

Die Attraktion von Figueras schlechthin ist das Museu Teatro Dalí. Gleich, ob man den Surrealisten als großen Künstler oder als Scharlatan einstuft – es gibt kaum ein kurzweiligeres Museum als dieses Gesamtkunstwerk in dem ehemaligen, 1850 errichteten Stadttheater von Figueras.

Die Mosaiken der
ehemaligen römischen
Häuser in Empuriés
gehören zu den
am besten erhaltenen
Teilen dieser
gigantischen
Ausgrabungsstätte.

Wie eine Festung liegt das Kloster Sant Pere de Rodes am Berghang oberhalb von Port de la Selva. Es wurde bereits im 8. Jahrhundert gegründet.

Als Ausguck diente das Castell de Sant Salvador den Mönchen des Klosters Sant Pere de Rodes oberhalb des Cap de Creus in früheren Zeiten. Wer den spektakulären Ausblick genießen will, muß allerdings einen rund halbstündigen anstrengenden Aufstieg von den Klosterruinen in Kauf nehmen.

Auf dem größten Binnensee Kataloniens bei Banyoles schippern diese altmodischen Ausflugsdampfer, deren Bug ein überdimensionaler Schwan ziert. Der spiegelglatte See, gespeist durch unterirdische Quellen, dient als Austragungsort der olympischen Ruderwettkämpfe.

Mehrere Anläufe scheint die Brücke von Besalú zu unternehmen, um den Ríu Fluvià zu überspannen. Mittlerweile ist das ungewöhnliche Bauwerk zu einem Wahrzeichen der herrlich restaurierten mittelalterlichen Stadt geworden.

Verschnaufpause unter der Felswand von Castellfollit de la Roca. Nur fünf Prozent der katalanischen Bevölkerung arbeiten noch in der Landwirtschaft. Trotzdem können die Bauern einen Großteil ihrer Produkte exportieren, vor allem Obst, Gemüse und Kartoffeln.

In schwindelerregender Lage sind in Castellfollit de la Roca einige Häuser errichtet: Der steil aufragende Felsen wurde von zwei Flüssen in das Basaltgestein geschliffen. Er ist exakt einen Kilometer lang und ragt über fünfzig Meter hoch hinauf. Wenn sich in der Abenddämmerung das letzte Tageslicht mit der Kunstlichtbeleuchtung der Felsen mischt, wirkt die Szenerie, als sei sie nicht von dieser Welt.

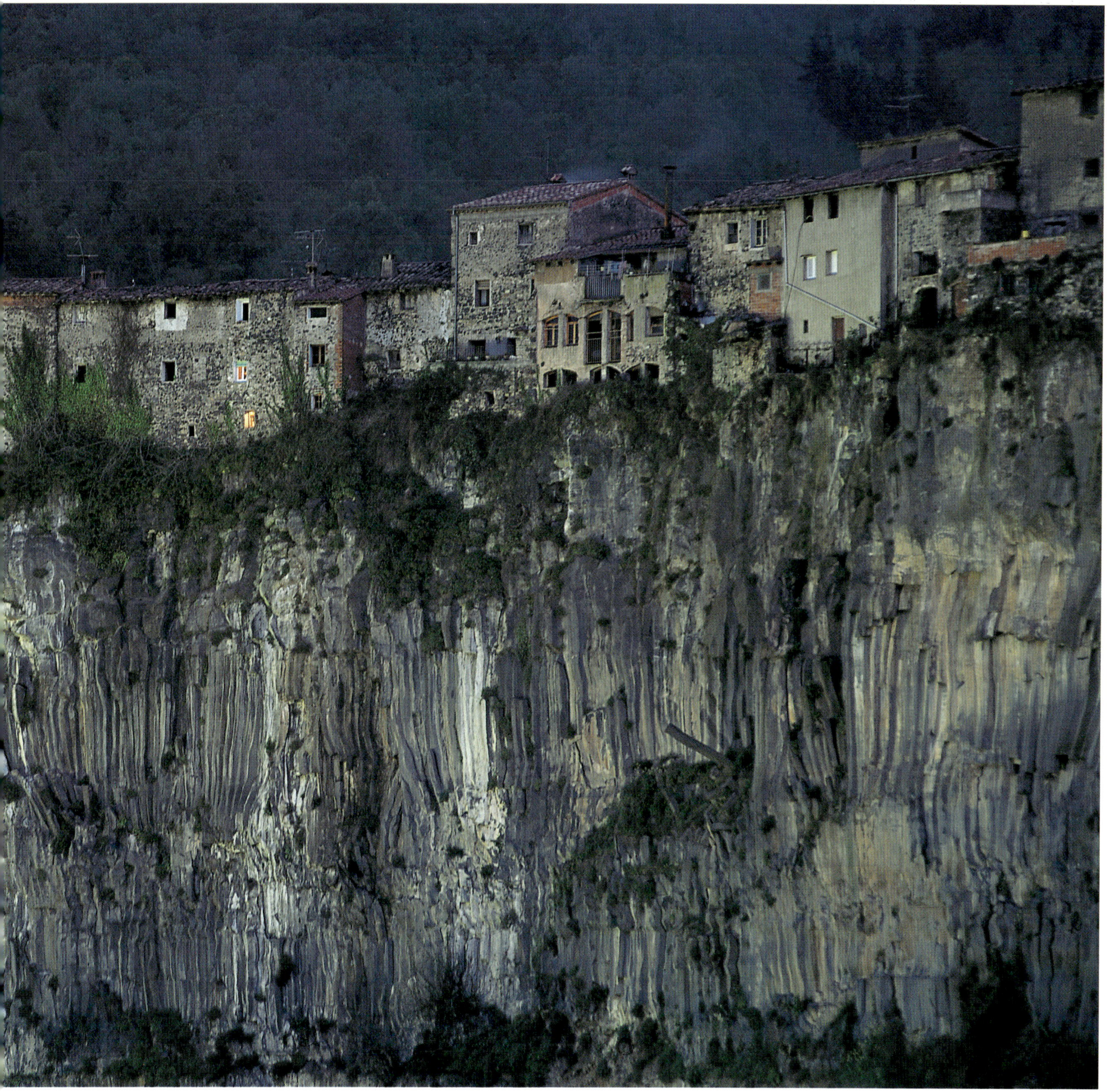

›Triumphbogen der Christenheit‹ wird diese Allegorie des katholischen Glaubens am Portal des Monasterio de Santa Maria in Ripoll gern genannt. Bei genauem Hinsehen erkennt man eine Struktur, die sich an der Zahl Sieben ausrichtet: Sieben Bögen und sieben horizontale Bereiche gliedern die Skulpturen, überragt von einer Zone, die das himmlische Reich darstellt.

Mitte des 13. Jahrhunderts wurde diese Figurengruppe des ›Allerheiligsten Mysteriums‹ von einem Laienbruder des Klosters in Sant Joan de les Abadesses geschaffen. Die lebhafte, fast dramatische Szene scheint eher aus modernen Zeiten zu stammen. Dem sehr expressiven und kraftvollen Stil vermag sich kein Besucher zu entziehen.

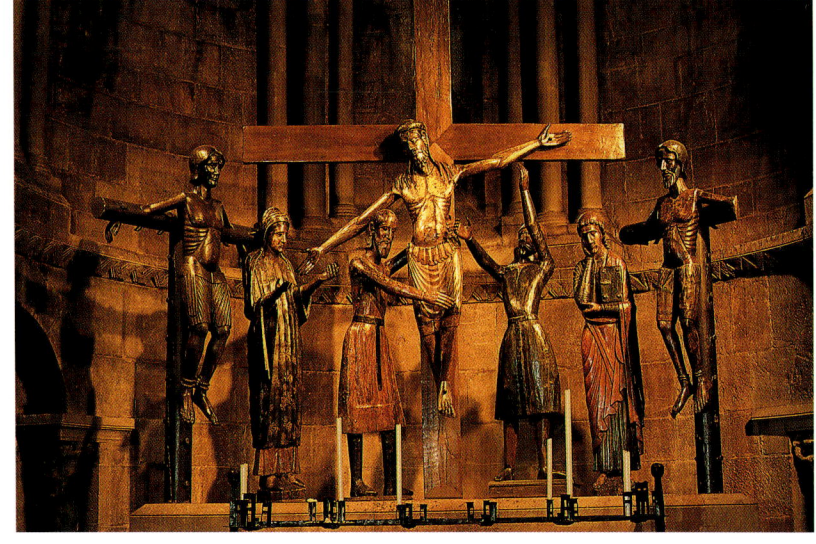

Auch in den ältesten Gemäuern haben sich die Katalanen eingerichtet. Ohne den altehrwürdigen Eindruck des mittelalterlichen Ortskerns von Sant Pau zu stören, leben die Einwohner in modernen Wohnungen.

Nach wie vor bewohnt sind die meisten Dörfer in den Pyrenäen. Diese Aufnahme mit dem typischen schlanken Kirchturm entstand in Beget bei Campodron.

Es gibt eigene Tanzschritte für die ungestümen jungen Tänzer und für die gesetztere Generation, und sogar als Sport wird die Sardana betrieben. Dann vollführen die Tänzer wahre akrobatische Meisterleistungen, beispielsweise beim Überkreuz-Springen.

In die Berglandschaft um La Pobla del Segur zieht der Frühling ein. Wie grüne Flammen schießen die Pappeln in die Höhe und setzen einen lichtvollen Kontrast zu den dunklen Steinbauten.

In diesem künstlichen Wildbach bei La Seu d'Urgell tragen die Kanuten ihre olympischen Wettkämpfe aus.

Im Frühling werden die Bäche in den Pyrenäen zu reißenden Gewässern. Sogar Rafting ist dann möglich, wie hier auf dem Ríu Noguera Pallaresa.

Katalanisches Selbstbewußtsein: Die Olympischen Spiele sind zunächst einmal die Spiele von Katalonien. Deshalb findet man – wie hier an den Skihängen des Vall de Boí – häufig nur die katalanische Flagge an der Seite der olympischen Ringe.

›Park der tausend
Seen‹ wird der Nationalpark d'Aigüestortes
i Sant Maurici auch
genannt. Fernab von
Straßenlärm und Zivilisation läßt sich dort
noch unberührte Natur
auf Wanderungen
entdecken.

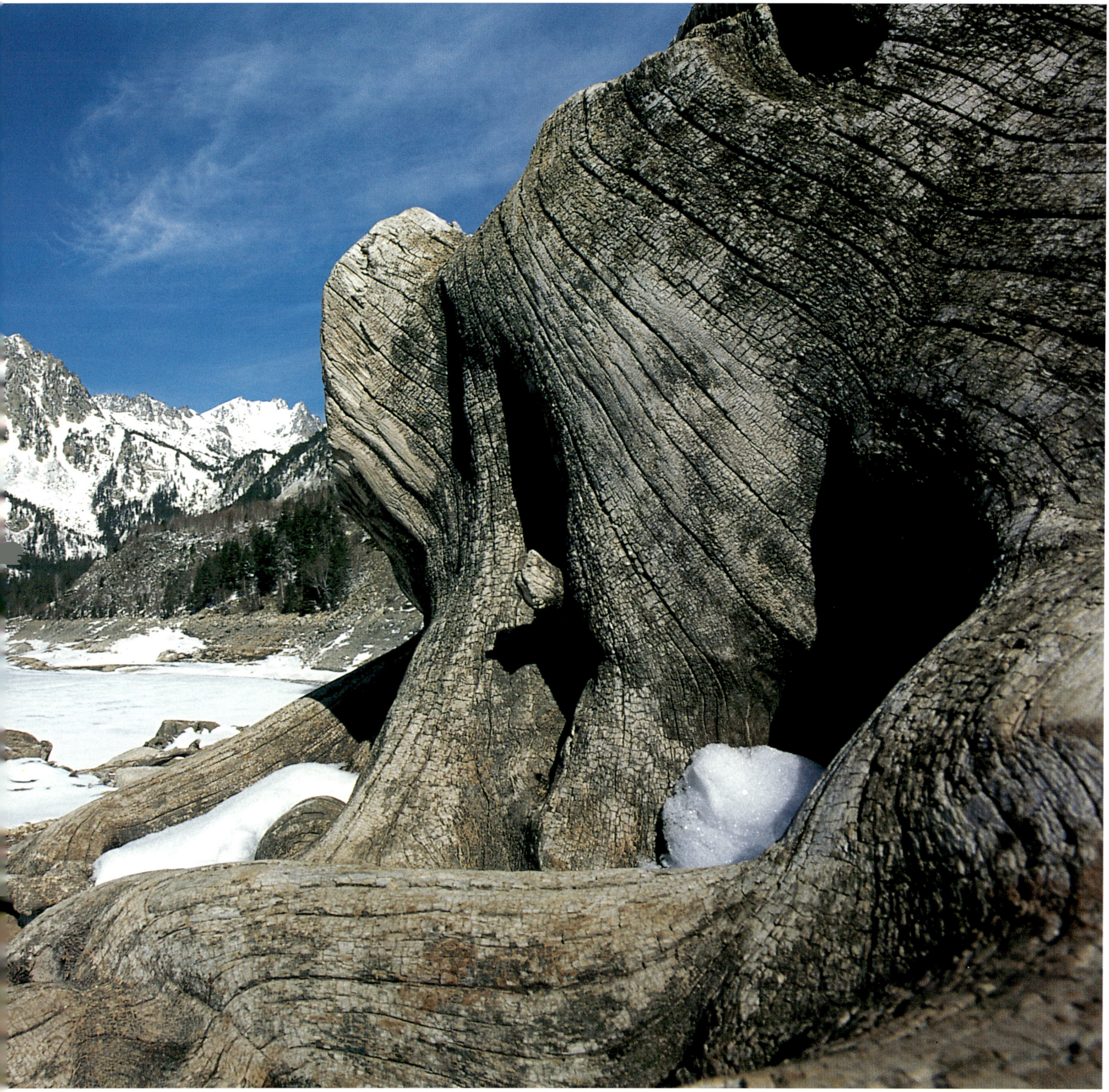

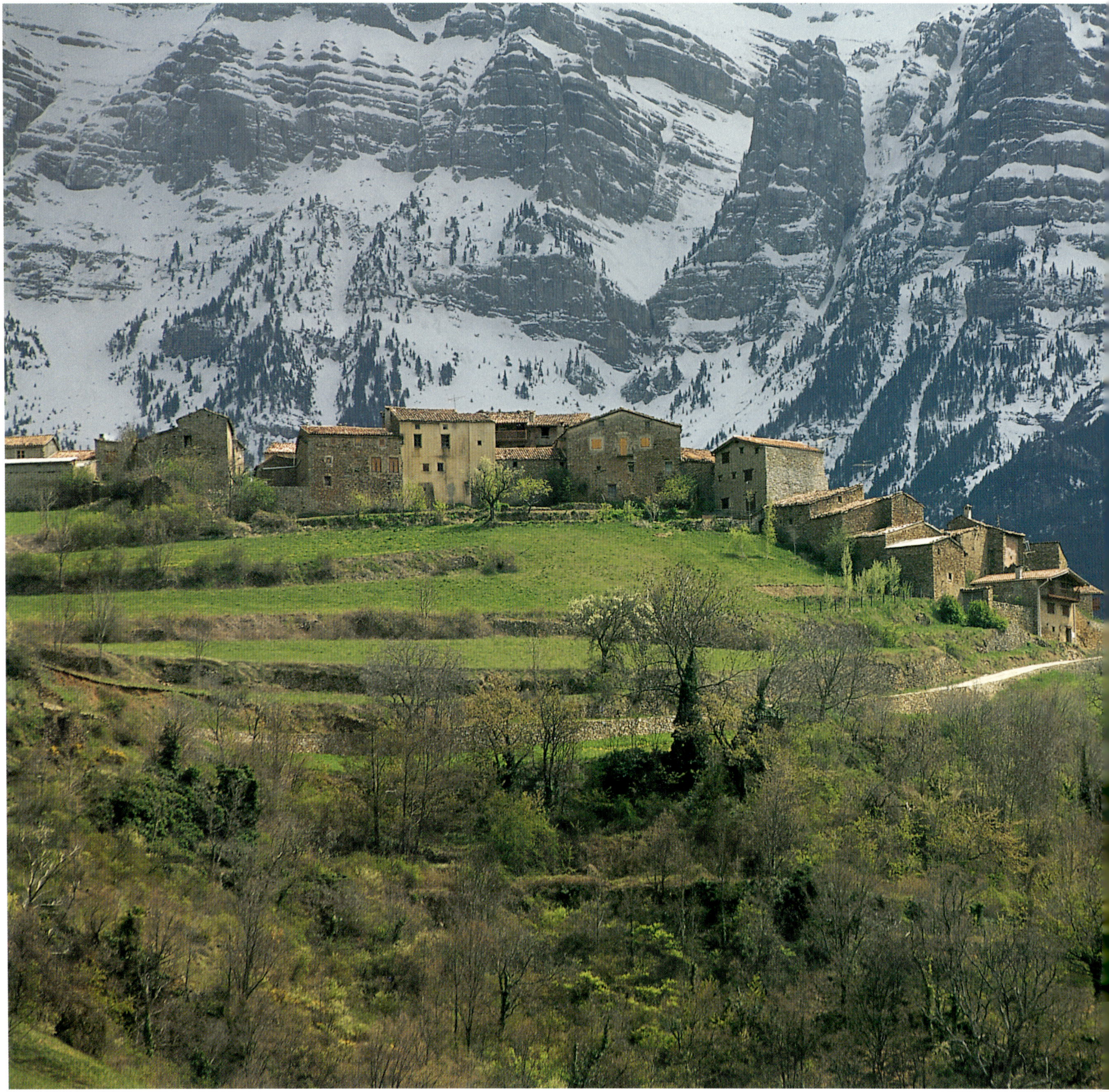

Ein gewohntes Bild
in südlichen Breiten:
Alte Menschen
beobachten von ihrer
Sonnenbank aus
das geschäftige Treiben.
Diese Bank steht
im Zentrum von La Seu
d'Urgell.

Bis weit in den Frühling
hinein liegt auf den
Nordhängen der Serra
del Cadí Schnee.
Die Bauern aus Arse-
guel haben zu dieser
Zeit ihre Felder schon
längst bestellt.

Nahe Camarasa:
Der Segre im Frühling.
Majestätisch windet
sich dieser Fluß über
Lleida hinunter
zum Mittelmeer, wo er
in einem breiten,
faszinierenden Delta
mündet.

Im Frühling verwandeln
Tausende von Bäumen
das breite Tal des
Ríu Noguera bei Palau
de Noguera in ein
grünes Meer.

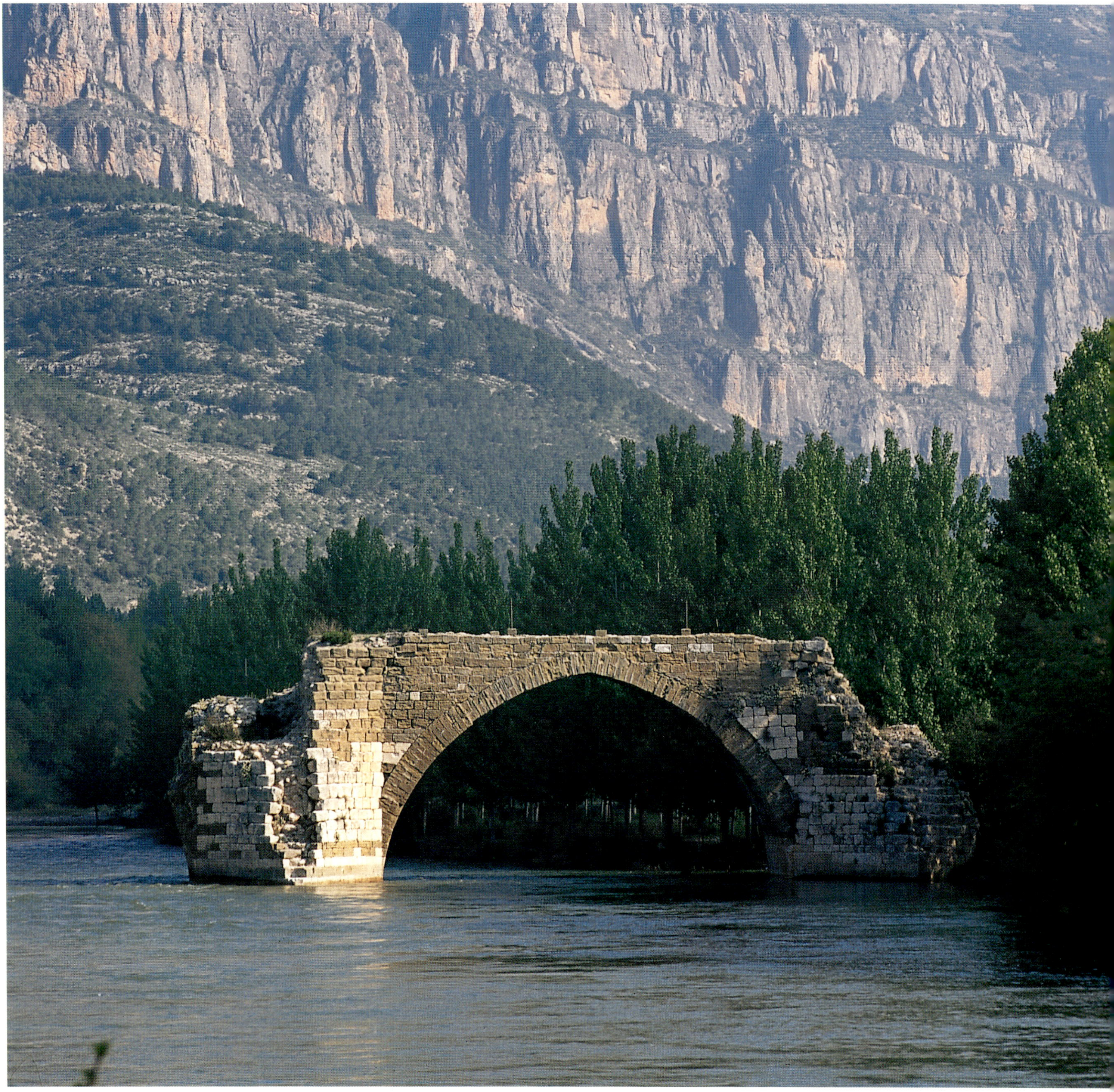

Frühling am Ríu Noguera bei Llavorsí.

Bei Camarasa ragt dieser Brückenrest in den Segre. Nichts erinnert bei diesem Bild an das zwanzigste Jahrhundert. Die Zeit scheint still zu stehen.

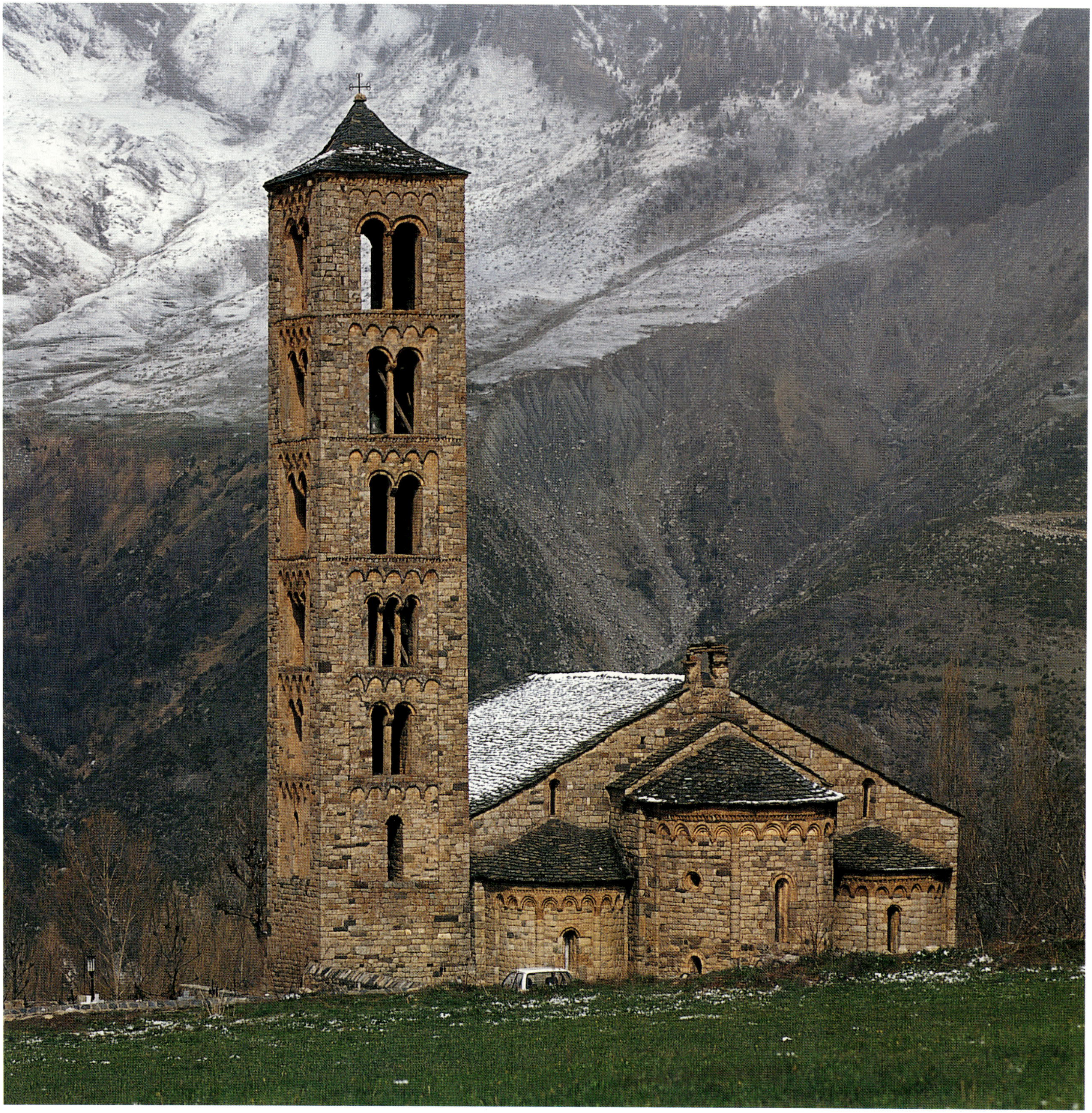

Kuhweide bei Taüll.

In Taüll steht die Kirche Sant Clement. Sie besitzt den nach Meinung der meisten Historiker schönsten Kirchturm in den Pyrenäen. Schlank und elegant erhebt sich der erkennbar von den italienischen Campaniles beeinflußte Turm vor der Gebirgslandschaft.

Nach einem reinigenden Gewitter taucht die Abendsonne die Landschaft bei Tremp in ein biblisches Licht.

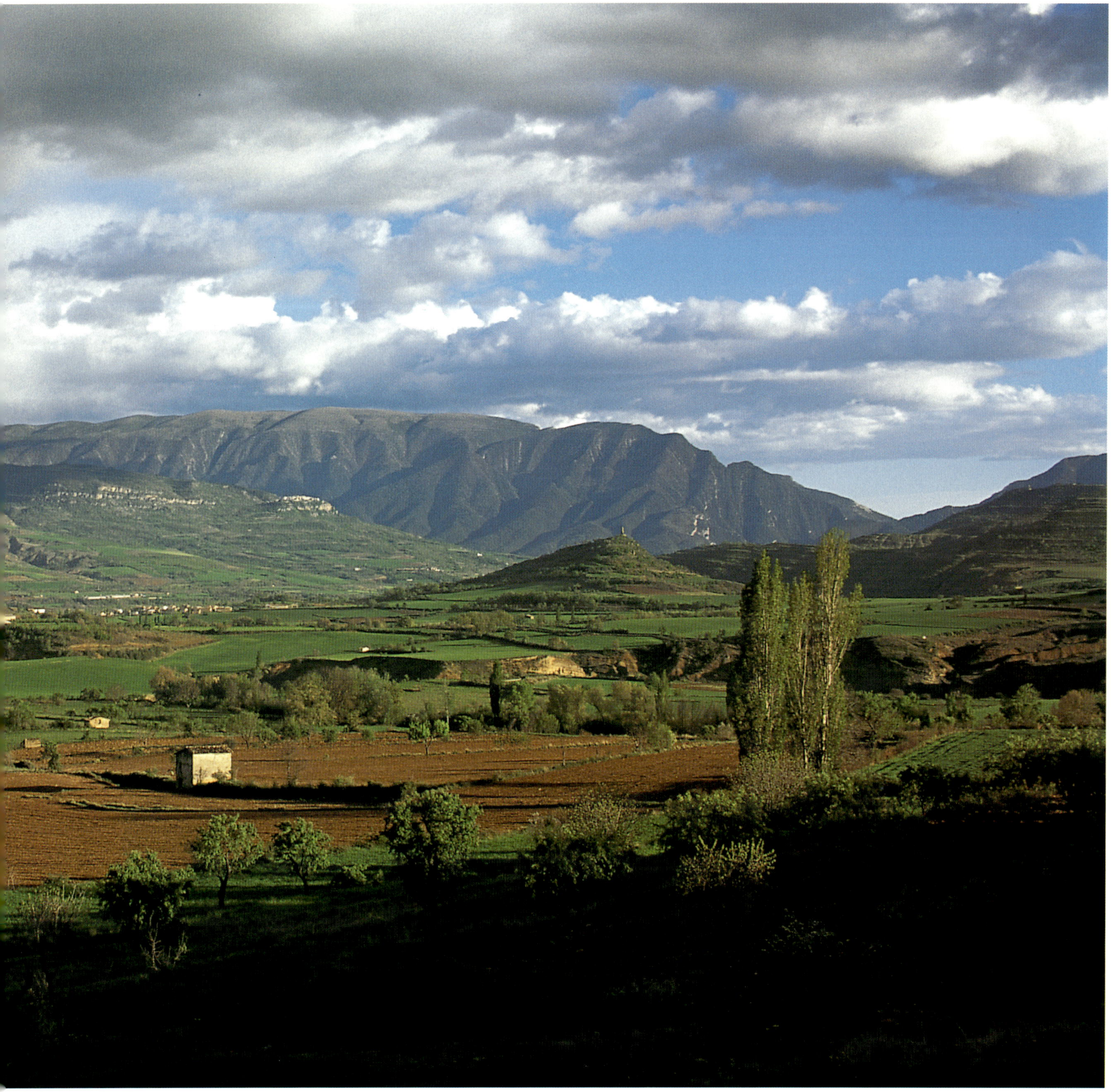

Einen der außergewöhnlichsten Kreuzgänge von Katalonien gibt es in der Kathedrale von Lleida zu besichtigen. Nirgendwo anders ist das Maßwerk derart aufwendig gearbeitet. Historiker führen dies auf den in Katalonien sonst eher spärlichen Einfluß der Mauren zurück.

Seu Vella: Wie abgebrochen wirkt die Turmspitze der Kathedrale von Lleida.

Rosen und Bücher: An jedem 23. April begehen die Katalanen den Todestag des Dichters Cervantes und ehren zugleich den Drachentöter Sant Jordi, ihren Nationalheiligen.

Wildromantisch ist die Gegend um den kleinen Ort Falset. Skurrile Sandstein-Formationen inmitten einer nur spärlich besiedelten hügeligen Landschaft laden den Naturfreund zu Erkundungsgängen ein. Eine Einsiedelei, die sich an den roten Fels schmiegt, ist ein vortrefflicher Aussichtspunkt, von dem aus man das immer wiederkehrende Schauspiel des Sonnenunterganges beobachten kann.

Irdischen Genüssen waren die Zisterzienser in Poblet nicht abgeneigt. Dieser prächtige Weinkeller mit seinem eindrucksvollen Gewölbe ist noch gut erhalten.

Dreißig Mönche leben
heute noch in Poblet.
Es ist der letzte
Zisterzienserorden
in ganz Spanien.

Mächtig erhebt sich das Kloster Poblet hinter knorrigen Weinstöcken. Die gewaltigen Bauten waren einmal Sinnbild für die weltliche Macht der Zisterzienser-Mönche. Sie übten im 14. und 15. Jahrhundert die Herrschaft über etliche Dörfer in ihrer Umgebung aus.

Üppiges Grün erwartet
den Besucher im
neuen Kreuzgang von
Santes Creus.

Der altehrwürdige
Kreuzgang des
Zisterzienserklosters
Santes Creus.

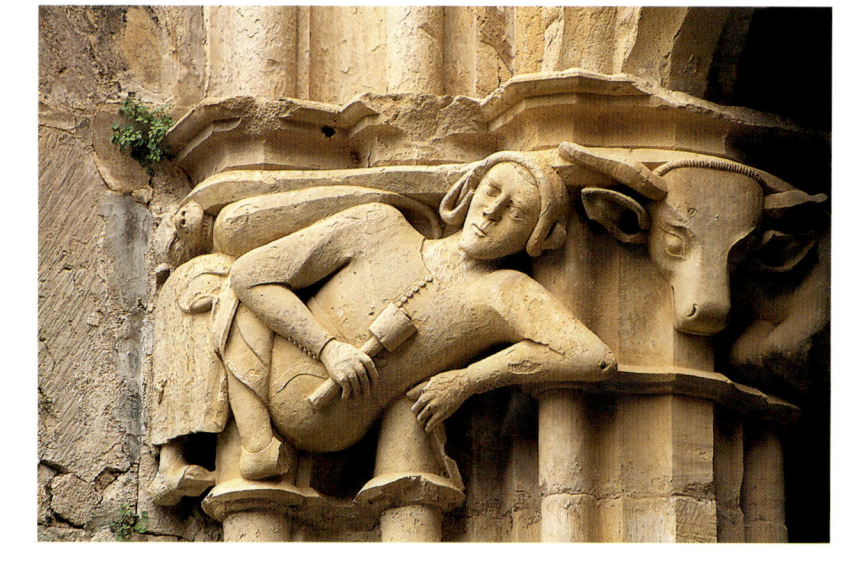

Im Zisterzienserkloster
Santes Creus hat
sich mutmaßlich ein
Meister der Bildhauerei
in einem der Kapitelle
selbst verewigt.

Hinter dem Can Bach (eintausend Meter) liegt inmitten einer wildromantischen Landschaft der Bac de Sau. Dort wartet der luxuriöse Parador von Vic, von dem man diesen idyllischen Blick hat, auf Besucher. Weitab vom Lärm der Zivilisation kann man die Seele baumeln lassen.

Tief hängen die Wolken über der Felslandschaft am Coll de Jou. Im Hintergrund sind die verschneiten Berge der Serra del Cadí zu erkennen.

Taghell erleuchtet
ist das Innere
der Kathedrale von
Tarragona dank
der hohen Kuppel.

Die Semana Santa:
In der Karwoche ziehen
jeden Abend Prozes-
sionen durch die Dörfer
und Städte – wie
hier in Tarragona.

Zuweilen führt die Bauwut der Katalanen zu merkwürdigen Ergebnissen. In diesen Betonkäfig werden die Flanierer am Strand von Cubelles gezwungen. Fraglich, ob dann jeder Besucher »schööön« ausruft, wie es der berühmteste Sohn von Cubelles zu tun pflegte: José Andreo Rivel, besser bekannt als Charlie Rivel.

In der Kirche von Santa Maria de l'Estany liegt dieser Kreuzgang. Er ist berühmt für seine Kapitelle. Dies allerdings weniger wegen der Darstellung des Leidensweges Christi (der nicht in der richtigen Reihenfolge dargestellt wird; wahrscheinlich war der Kreuzgang nach einem Erdbeben im 15. Jahrhundert etwas planlos wiederaufgebaut worden), als aufgrund der ungewöhnlichen Darstellungen, die sich der Künstler auf der Nordseite des Kreuzganges leistete. Dort sind Fabeltiere zu sehen, die Flöte spielen oder miteinander tanzen sowie Szenen, die unzweifelhaft das beleuchten, was man ›höfisch‹ nennt: Eine Frau kämmt sich die Haare, ein Paar küßt sich, eine Verlobung – Szenen, die überall hingehören, nur nicht in einen Kreuzgang. Die Kunsthistoriker wissen denn auch nicht so recht, ob sie nun empört oder belustigt sein sollen.

Ein wahrer National-
sport, zumindest
bei der Jugend, ist das
Skateboardfahren.
Viele Gemeinden haben
den Akrobaten auf dem
kleinen Brett Beton-
schüsseln errichtet, in
denen sie ihre Künste
trainieren können.
Auf der Uferpromenade
von Sitges muß auch
schon mal der Abfall-
eimer herhalten.

Auf eine lange und ruhmreiche Vergangenheit kann die Stadt Vic zurückblicken. Heute zeugen nur noch wenige Bauten von der einstigen Größe des traditionsreichen Inlandszentrums.

Wer Glück hat, macht in Andorra auch heute noch sein Schnäppchen.

Nicht nur die bekannten Kreuzgänge lohnen einen Besuch. Beschauliche Orte findet man immer wieder, wie hier in der Casa de Sant Benet bei Manresa, in der man neben der Kunst meist auch den Vorzug vollkommener Stille genießen kann.

Keine Berührungsängste hat dieses kleine Mädchen, das an Karfreitag in der Kirche des hübschen Ortes Montblanc vor der Kamera ihrer Mutter posiert. Die zwei ›Römer‹, die den gekreuzigten Christus flankieren, haben nichts dagegen. Die Katalanen praktizieren ihren Glauben nicht in ehrfürchtiger Distanz.

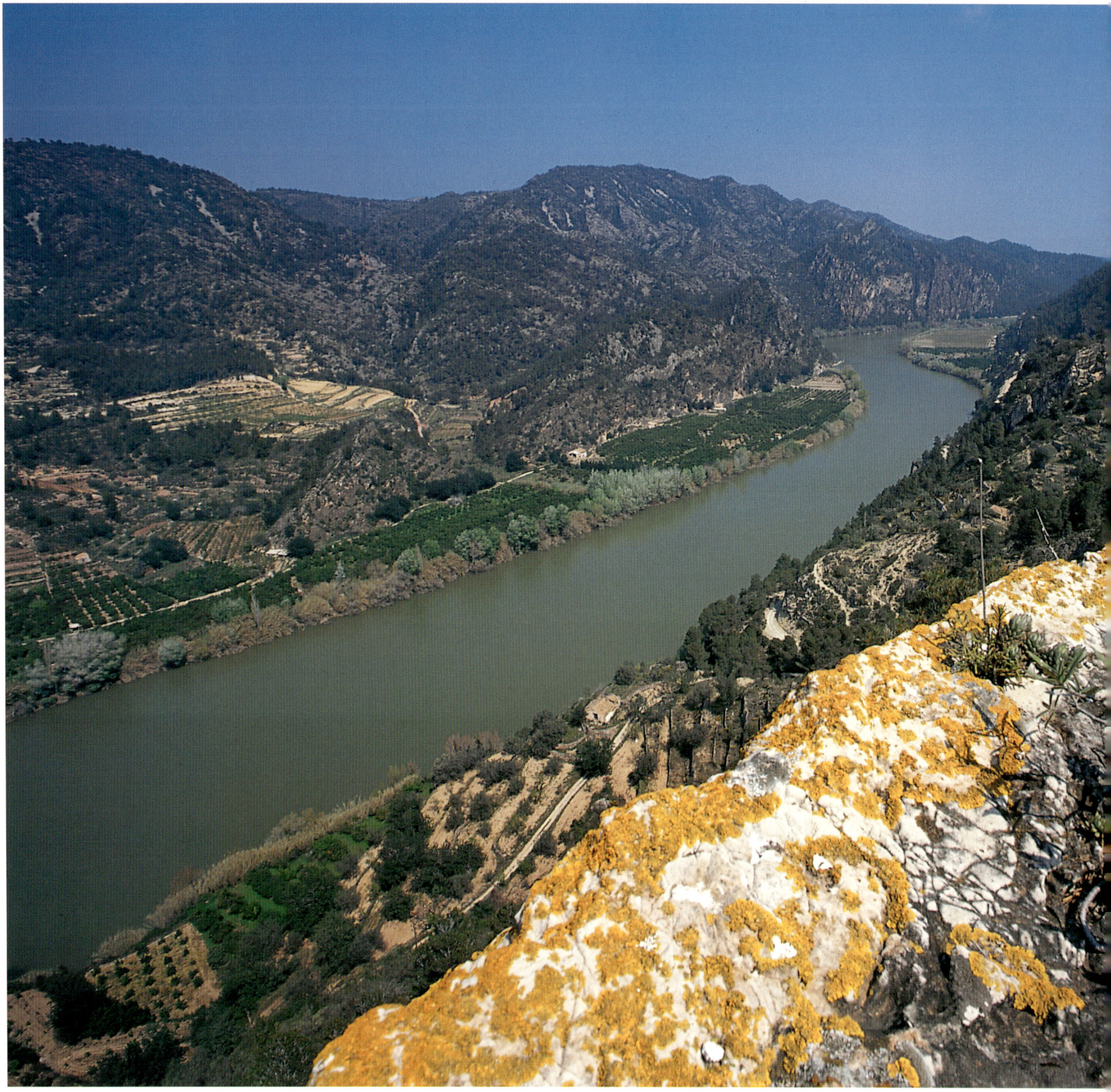

Zahllose Vogelarten sind im Ebre-Delta zu Hause. Hier sonnt sich ein Kormoran auf einem Ast.

Fruchtbare Felder säumen den Flußlauf des Ebre.

Auch auf dem Fischer-
boot im Ebre-Delta
darf die katalanische
Flagge nicht fehlen.

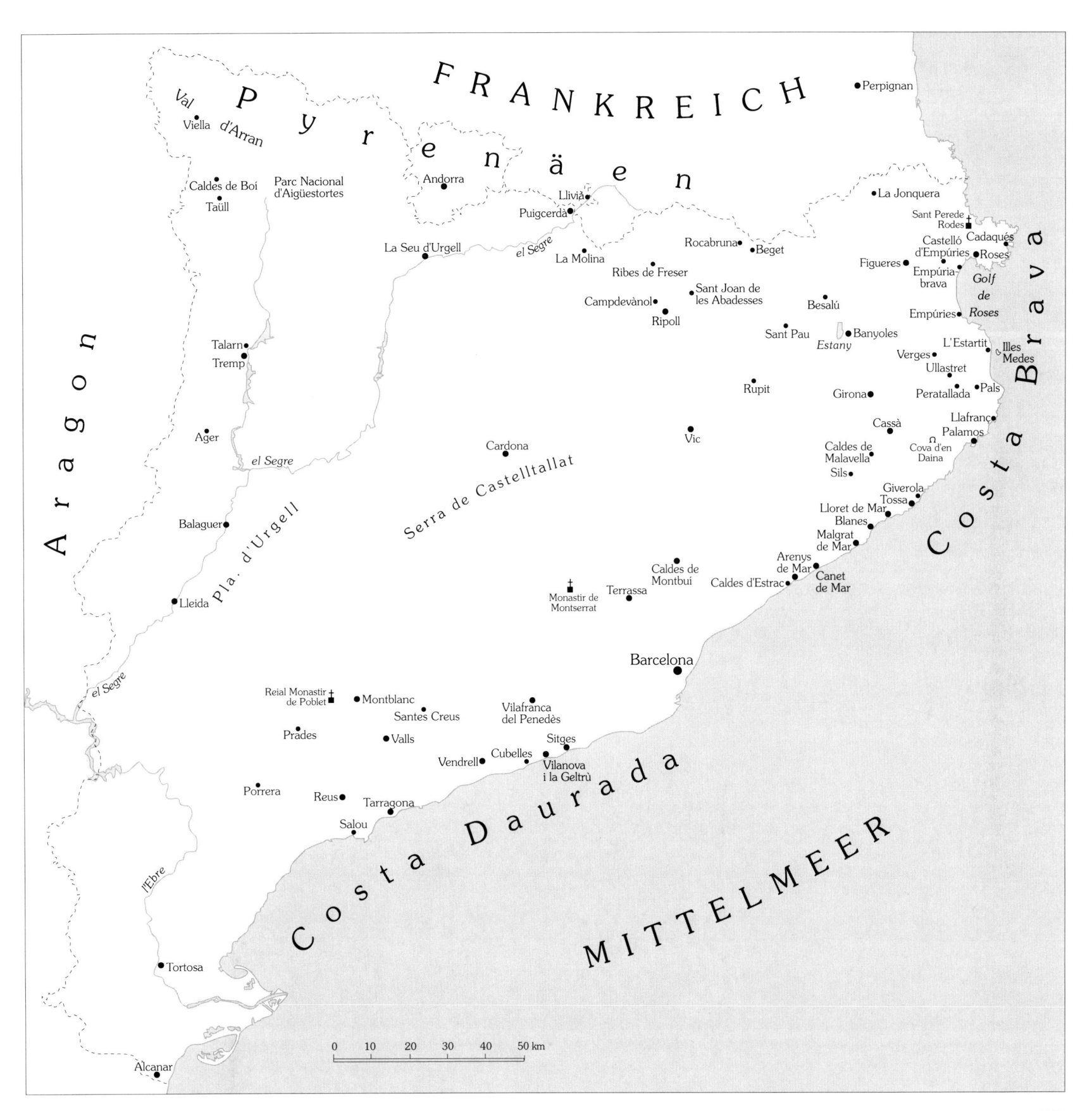

Reisen durch Katalonien

Allgemeines zu Katalonien

Urlaubszeit ist in Katalonien immer – es kommt halt drauf an, wie man seinen Urlaub verbringen will. Zum Baden an der Mittelmeerküste kann man vom Frühling bis zum Herbst fahren. Im Sommer wird es mitunter recht heiß, selten allerdings bis vierzig Grad, aber auch kältere Tage inklusive Regen- und Gewitterschauer sind möglich. Mittlerweile haben viele Hotels und Pensionen auch im Winter geöffnet, wo es sich an den dann menschenleeren Stränden herrlich wandern läßt.

Die Kulturschönheiten des Landes lassen sich am besten im Frühling oder Herbst erkunden. Das Hinterland, in dem die schönsten Baudenkmäler stehen, ist im Sommer häufig sehr heiß – sicher nicht jedermanns Geschmack. Zudem bieten sich gerade die herrlichen Flußtäler und Mittelgebirgslandschaften mit ihrem üppigen Grün zum Wandern an, was ja auch nur bei gemäßigten Temperaturen ein ungetrübter Genuß ist. Auch im Winter läßt sich diese Landschaft bewundern, verbunden mit einem Skiurlaub in den Pyrenäen. In den vergangenen Jahren galt der Ausbau des Ski-Tourismus das Hauptaugenmerk der Behörden und privaten Investoren. Dabei wurden Fehler, wie sie in den Alpen mit dem rücksichtslosen Abholzen der Hänge gemacht wurden, nicht wiederholt.

Katalonien ist ein klassisches Auto-Ziel. Mit Bahn oder Flugzeug kommt nach wie vor nur eine Minderheit der Touristen dorthin. Wer nicht während der Anfahrt in Italien oder vor allem Frankreich noch Ziele aufsuchen möchte, sollte aber überlegen, ob es nicht sinnvoller ist, wenigstens den Autoreisezug zu nehmen. Er fährt bis in das französische Narbonne, von dort ist es nur noch ein Katzensprung nach Katalonien. Auf jeden Fall ist es unerläßlich, die neuesten Straßenkarten mitzunehmen. Nach wie vor ist der Straßenbau in Spanien ungeheuer dynamisch; es gibt keinen öffentlichen Sektor, der sich so schnell und durchgreifend wandelt. Mit älteren Karten findet man sich häufig nicht mehr zurecht (das gilt übrigens nicht zuletzt wegen der Schilder, die immer häufiger nur in katalanischer Sprache beschriftet sind).

Die Autobahnen in Spanien sind gebührenpflichtig, allerdings kommt man auf ihnen deutlich schneller voran als auf den Nationalstraßen, selbst wenn diese ausgebaut sind. Denn die Nationalstraßen führen häufig noch durch große Städte, wo man immer in Staus hängenbleibt. Die Spanier und auch die Katalanen sind recht ruppige Autofahrer – reine Nervensache. Eine Besonderheit ist das Links-Abbiegen. Vor allem von größeren auf kleinere Straßen fährt man dazu erst einmal nach rechts auf eine Warteschleife, um dann die Straße zu überqueren. Auch beim Auffahren auf eine größere Straße wird man häufig erst einmal auf eine Wartestraße geschickt. In der Regel gibt es aber eine längere Mittelspur, auf die man fahren kann, wenn von links kein Verkehr mehr kommt, um sich dann in den rechts fahrenden Verkehr einzufädeln.

In Städten sollte man das Fahrzeug möglichst frühzeitig abstellen. Es ist überall eine äußerst nervenaufreibende Angelegenheit, sich in dem Chaos zurechtzufinden, das die Katalanen mit großem Geschick auf den Straßen anrichten. Auch gibt es fast nirgendwo in den innerstädtischen Bereichen Parkplätze, selbst die wenigen Tiefgaragen und Parkhäuser sind in der Regel von Pendlern besetzt. Falschparken ist risikoreich: Die Stadtverwaltungen haben mittlerweile überall Polizisten zur Überwachung des ›ruhenden Verkehrs‹ eingestellt, die falsch parkende Autos schnell abschleppen lassen – auch bei Touristen wird da keine Ausnahme gemacht.

Legendär sind mittlerweile die Berichte über das Diebstahlunwesen an der Küste und in den großen Städten. Einen hundertprozentigen Schutz dagegen gibt es nicht; aber man kann einiges tun, um eventuelle Schäden wenigstens zu minimieren. Im Auto sollten sich keinerlei Gegenstände befinden – zumindest sollten sie nicht sichtbar verstaut sein. Autoradios gehören beim Aussteigen stets mitgenommen, auch bei kürzeren Aufenthalten, beispielsweise im Restaurant. Wer das Radio nicht herausnehmen kann, sollte es besser noch zuhause ausbauen lassen. Elektronische Sperren sind kein Hinderungsgrund mehr für Diebstähle – sie erschweren dem Hehler nur ein wenig das Geschäft.

Wer die Städte und Sehenswürdigkeiten zu Fuß erkundet, sollte so wenig wie möglich mitnehmen. Vom Reisepaß sollte man sich eine Kopie machen und nur diese mitnehmen. Dieser Tip kommt von der katalanischen Polizei, die denn auch die Kopien ebenso wie andere Stellen anstandslos anerkennt. Taschen vor den Körper halten und möglichst nicht direkt am Straßenrand gehen. Anrempeln vermeiden und lieber in der Ungewißheit leben, daß Sie einen Fleck auf Ihrem Hemd haben, als sich diesen durch einen ›hilfsbereiten‹ Fremden entfernen zu lassen. Sollten sie trotz aller Vorsichtsmaßnahmen doch beraubt werden, rät die Polizei, keinerlei Widerstand zu leisten. Häufig würden im Hintergrund Komplizen warten, um einzugreifen, wenn es Schwierigkeiten gibt.

Inhaber von Scheck- oder Kreditkarten brauchen nur sehr wenig Bargeld mit nach Katalonien zu nehmen. Dort gibt es in jedem Ort, auch den kleineren, Bankautomaten, bei denen sich mühelos Geld abheben läßt. Der Kurs ist günstig und die Gebühr nicht höher als bei einem normalen Umtausch. Kreditkarten werden fast überall von allen größeren Unternehmen akzeptiert.

Hotels, Fremdenzimmer und Campingplätze gibt es in der ganzen Region in jeder Preisklasse. Die Klassifizierung mit Sternen wird vom Staat vorgenommen, wesentliche Kriterien sind die Ausstattung der Zimmer. Anderes wird nur am Rande berücksichtigt. So kann es sein, daß ein Drei-Sterne-Hotel zwar ein Bad im kleinen Zimmer hat, aber an einer unerträglich lauten Straße liegt, während das Ein-Sterne-Hostal zwar keine Zimmerdusche besitzt, aber dafür einen Balkon hat und ruhig gelegen ist. Die Klassifizierung ist wichtig für den Preis. Der darf nur innerhalb einer bestimmten Bandbreite schwanken.

Grundsätzlich gilt folgendes: Hotels (H) besitzen ein Restaurant; der Gast ist allerdings in der Regel nicht gezwungen, dort zu essen. Das wird auch nicht erwartet. Hotel Residencial (HR) ist eine neue Kategorie; es gibt dort nur Frühstück, entspricht also unserem Garni. Hostals (HS) sind unseren Pensionen vergleichbar. Pensionen (P) haben in der Regel sehr einfache Zimmer ohne Toilette und Dusche, und schließlich finden sich vor allem in kleineren Orten noch die Fondas (F), gedacht als Übernachtungsmöglichkeit für Durchreisende; es handelt sich um sehr einfache Fremdenzimmer.

Eine Sonderkategorie bilden die Paradores. Das sind staatliche Hotels, die in Gegenden errichtet wurden, wo der Tourismus mangels natürlicher Attraktionen wie Strand oder ähnliches nicht so stark war wie gewünscht. Häufig wurden (und werden) die Paradores in alte Gemäuer wie Burgen oder Klöster gebaut. Paradores sind durchwegs sehr gepflegt, in der Regel gehören sie der Vier-Sterne-Kategorie an, sind aber vergleichsweise preiswert. Sie haben durchgängig eine außerordentlich gute Küche. In Katalonien gibt es die Paradores Tortosa und Cardona, die in alten Burgen untergebracht sind, die modernen Bauten in Viella, Arties, La Seu d'Urgell und Vic sowie den Ausnahme-Parador Aiguablava, hoch über einer der schönsten Buchten der Costa Brava gelegen. Sicher überrascht es nicht, wenn eine rechtzeitige Reservierung empfohlen wird.

Für Campingliebhaber ist Katalonien geradezu ein Dorado. Sowohl an der Küste als auch im Landesinneren gibt es eine ungeheure Zahl an Campingplätzen jedweder Kategorie und Lage. Häufig liegen gerade sie in einer schöneren Umgebung als die Hotels oder Appartementanlagen. Auch bekommt man zur Hochsaison noch immer einen Platz – wenn auch vielleicht nicht gerade dort, wo man es will.

Die Katalanen machen alles sehr zügig. Sie palavern bei Geschäftsterminen nicht lange herum, sondern wollen schnell zur Sache kommen. Sie stehen nicht stundenlang in den Bars und erörtern die Weltlage, sondern nehmen nur rasch einen Kaffee oder ein Bier zu sich. Und sie essen auch in dieser Schnelligkeit. Die Gänge (in der Regel drei) werden ohne Pause hintereinander serviert und erst nach Postres (Nachspeise) und Kaffee gönnt man dem Gast etwas Ruhe.

Überhaupt haben die Katalanen das Essen nicht erfunden. Die Küche ist – von Spitzenrestaurants abgesehen – sehr einfach und wenig abwechslungsreich. Beliebt sind Eintopfgerichte und natürlich Gegrilltes. Fisch wird in der Regel paniert, und mit Ausnahme von gegrilltem Fleisch oder Fisch kommt über alles eine dicke schwere Sauce mit wechselnden Ingredienzen, aber gleichbleibend hohem Sättigungsgrad. Für die meisten Nordeuropäer gewöhnungsbedürftig ist der starke Gebrauch von Olivenöl. Nichts, das an der Olivenölflasche vorbei käme. Selbst das Bocadillo (Brötchen) mit dem herrlichen Jamon Serrano (roher Schinken) erhält als Krönung noch einen Schuß Olivenöl. Olivenöl ist zwar sehr viel bekömmlicher als das Öl, das in unseren Breiten benutzt wird, aber der Magen braucht halt seine Zeit, bis er sich umgestellt hat.

Gewöhnungsbedürftig sind auch die Essenszeiten. Ein Frühstück kennt der Katalane praktisch nicht. Allenfalls eine Süßigkeit und einen Kaffee nimmt er nach dem Aufstehen zu sich. (Das gilt natürlich nicht für die größeren Hotels, wo es ›kontinentales‹ Frühstück oder ein Frühstücksbuffet gibt). So gegen elf Uhr kann ein Bocadillo oder eine Tapa (leckere Kleinigkeiten) hinzukommen. Dazu wird Wein oder häufiger Bier getrunken. Erst gegen 14 Uhr denkt der Katalane an das Mittagessen. Bis gegen 15.30 Uhr oder noch später ist es überall möglich, Essen zu bekommen. Auf dem Land gibt es in den Restaurants mittags häufig Tagesmenüs, die aus drei oder vier Tapas bestehen. Das ist, vor allem an heißen Tagen, eine außerordentlich angenehme Mahlzeit. Bis gegen 17 Uhr ist Siesta; das Abendessen beginnt nicht vor 21 Uhr. Auch dieser Ablauf ist zwar gewöhnungsbedürftig, aber den klimatischen Bedingungen sehr gut angepaßt.

Katalonien stellt vorzüglichen Wein her. Von den Markenweinen gibt es in der Regel auch ›halbe‹ Flaschen, also Abfüllungen von 0,45 Litern. Der Hauswein wird häufig in der großen Flasche serviert, selbst wenn man weniger geordert hatte. Das ist kein Fehlgriff des Kellners. Sie brauchen nur das zu bezahlen, was sie konsumiert haben, und Sorgen um die angebrochene Flasche sind überflüssig. Der nächste Gast erhält sie wieder bis an den Rand gefüllt auf den Tisch.

Die meisten Restaurants bieten, zumindest mittags, ein ›Menu del Dià‹ an. Das ist in der Regel sehr preiswert und vor allem nicht so umfangreich wie ein ›Menu à la Carta‹. Leider gibt es aber die Unsitte, Gästen, die als Touristen erkannt wurden, dieses Tagesmenü erst gar nicht zu präsentieren – teilweise, weil es nicht übersetzt wurde, teilweise aber auch, um zur teureren Bestellung à la Carte zu kommen.

Ein Tip: Einfach nach dem Menu del Dià fragen, dann war alles nur ein Mißverständnis.

Im Kampf um die Anerkennung ihrer Eigenständigkeit (›Katalonien ist nicht Spanien‹ steht an vielen Häuserwänden) sind die Katalanen schon recht weit gekommen. Das betrifft in erster Linie den Gebrauch ihrer Sprache. Deshalb haben wir in diesem Buch für katalanische Orte oder Personen ausschließlich die katalanische Schreibweise verwandt. Nur wenn es um Orte oder Personen außerhalb von Katalonien geht, haben wir auf das Kastilische zurückgegriffen. Dies ist weniger eine politische Entscheidung, als eine praktische. Straßennamen, Schilder, Bezeichnungen, das gesamte öffentliche Leben sind schon auf katalanisch umgestellt. Dort, wo es die Behörden nicht nicht geschafft haben, wird gerne mit der Spraydose nachgeholfen. Selbst an der Autobahn, die zentral von Madrid aus verwaltet wird, tragen die Schilder mehr und mehr katalanische Namen und Schreibweisen.

Deshalb müssen Sie allerdings nicht gleich Katalanisch lernen, um Katalonien besuchen zu können. In den Städten und natürlich den Touristenhochburgen wird Englisch, Deutsch und vor allem Französisch verstanden. Auf dem Land sollte man dagegen schon zumindest über Grundkenntnisse in Spanisch verfügen. Wer sehr gut Spanisch spricht, sollte dies allerdings nicht allzu sehr zeigen: Gegenüber ihren spanischen Landsleuten sind die Katalanen sehr reserviert und sprechen das kastilische Spanisch (das sie alle beherrschen) nur sehr widerwillig. Ausländer aber, die ein nicht ganz perfektes Spanisch sprechen, werden höflich behandelt, und mit ihnen unterhält sich der Katalane auch ohne Probleme auf kastilisch. Deshalb kann ein Akzent gar nicht schaden – auch wenn man stolz darauf ist, ihn abtrainiert zu haben.

Auf denjenigen, der ganz Katalonien kennenlernen will, wartet eine nicht ganz einfach zu lösende Aufgabe: Die Zusammenstellung der Routen. Es ist außerordentlich schwer, Wege zusammenzustellen, die zu sämtlichen Sehenswürdigkeiten dieses Landes führen, ohne daß teilweise Straßen doppelt befahren werden müssen. Auch sollte man sich für dieses Unterfangen Zeit nehmen. Sechs Wochen sind das mindeste, soll das Ganze nicht in Arbeit ausarten. Neben den vielen Baudenkmälern stehen nicht weniger als dreihundert Museen den Besuchern offen. Für die folgenden Routenvorschläge gilt deshalb, daß sie keinesfalls als Tages-Touren gedacht sind. Auch ließen sich Überschneidungen nicht vermeiden.

Barcelona

Allgemeines

Noch sehr viel stärker als bei den allgemeinen Tips zum Besuch von Städten gilt folgendes für die Kapitale: Schonen Sie Ihre Nerven, lassen Sie das Auto vor den Stadttoren stehen oder steuern Sie zumindest ganz schnell ein Parkhaus oder eine Tiefgarage an. In Barcelona versuchen täglich fast zwei Millionen Fahrzeuge, voranzukommen und einen der 500 000 Parkplätze frei vorzufinden. Statistiker haben errechnet, daß die Durchschnittsgeschwindigkeit auf der Diagonal gerade mal vierzehn Stundenkilometer beträgt. Zudem können Sie die meisten Sehenswürdigkeiten Barcelonas mit dem Auto gar nicht unmittelbar erreichen. Die gesamte Altstadt kann nur zu Fuß besichtigt werden, und die Stadtverwaltung wandelt immer größere Gebiete der City in Fußgängerzonen um. Für längere Fahrten steht das sehr gut ausgebaute Netz des öffentlichen Nahverkehrs zur Verfügung. Nach einigen Jahren der Vernachlässigung beginnt die Stadtverwaltung damit, das U-Bahn- und Autobus-Netz dichter zu knüpfen. Die größtenteils hochmodernen Wagen fahren ihre Strecken in einem sehr kurzen Takt. Allein die Metro zählt über einhundert Kilometer. Wegen der einfachen Grundstruktur der Stadt hat man sich im Netzplan auch schnell eingefunden. Wer länger bleibt, sollte sich eine Mehrfach-Streifenkarte zulegen. Zudem warten nicht weniger als elftausend Taxen auf Kundschaft – es gibt keine Stadt auf der Welt, die im Verhältnis zu ihren Einwohnern so viele Droschken besitzt.

Für den eiligen Besucher hat Barcelona einen speziellen Busdienst eingerichtet. Die Linie 100 fährt in Viertelstunden-Abständen einen Kreis um die City von Barcelona zu den touristischen Hauptattraktionen: Olympiastadion, Kolumbusstatue, Parc de la Ciutadella mit Zoo, Parc Güell, Tibidabo, Poble Espanyol, die Ramblas, das Barri Gótic und anderes mehr. Einen halben oder einen ganzen Tag lang kann man an jeder dieser Haltestellen aussteigen, beliebig lange dort bleiben und mit dem nächsten Bus weiterfahren. Mit dem Ticket darf man kostenlos mit der Zahnradbahn auf den Tibidabo oder der Gondel auf den Montjuïc, die Eintrittspreise für viele der angefahrenen Sehenswürdigkeiten sind ermäßigt.

Wer länger in Barcelona bleibt, sollte sich das Nachtleben nicht entgehen lassen, auch wenn die Vorstellungen (gleich welcher Art) frühestens um 22 Uhr beginnen. Es gibt keinen Rock- oder Pop-Musiker, der Barcelona auf einer Spanien-Tournee auslassen würde, und auch internationale Orchester oder Theatergruppen machen in der katalanischen Hauptstadt Station. Den ganzen Sommer über gibt es ein internationales Kultur-Festival, das ›Festival Grec‹. Eine Vorstellung im Freiluft-Theater Grec am Fuß des Montjuïc ist ein unvergeßliches Erlebnis.

Für Nachtclubs gelten dieselben Empfehlungen wie für jede Großstadt: Am besten nur auf seriösen Tip hin besuchen. Ausnahmen sind das El Molino an der Carrer de Vila i Vilà, und das Bagdhad. Im El Molino, weithin erkennbar an seiner überdimensionalen Neonröhren-Mühle, gibt es ein flottes, buntes Showprogramm, dessen Elemente dem Pariser Vorbild Moulin Rouge entlehnt sind und zwischen Varieté und Erotik pendeln. Das Bagdhad an der Ecke von Paral-lel und Carrer Nou de la Rambla steht offen für denjenigen, der es in punkto Erotik deftiger liebt.

Die Stadt

Barcelona erinnert in vielem an Paris – zu Zeiten, als die französische Metropole noch eine Stadt und kein alles zerstörender Moloch war. Die hohen Herrschaftshäuser mit ihren verschwenderisch großen Wohnungen, die gußeisernen Einfassungen der Balkone, Fenster und Dachstühle, die breiten Alleen, auf denen Platanen-gesäumte Fußgängerwege die Fahrbahnen unterteilen – Barcelona kann das französische Vorbild nicht leugnen. Allerdings fehlt dem Leben in Barcelona die gewisse Leichtigkeit, mit der – zumindest früher – die Pariser für den einzigartigen Ruf ihrer Stadt sorgten. In Barcelona wird alles hektisch erledigt.

Da kann selbst die Kunst nicht Selbstzweck sein, wie es anderswo zumindest vorgibt. Junge Maler heben die Preise ihrer Werke schnell in schwindelnde Höhen, wenn sie erste Verkaufserfolge sehen – und die gibt es früh in einer Stadt, wo viel Kapital danach strebt, auch ›künstlerisch wertvoll‹ angelegt zu werden. Selbst die riesigen Malereien, mit denen in Paris die häßlichen Bauplanen an den Baugerüsten verschönt werden, haben in Barcelona Nachahmer gefunden – allerdings wurde zumeist Werbung aufgebracht. Geschäft geht halt vor Kunst.

Der größte Platz in Barcelona und der geographische Mittelpunkt der Stadt ist die **Plaça de Catalunya** – was der riesige Stern in der Mitte symbolisieren soll. In Zeiten, als an Stelle der heutigen Ramblas noch ein Fluß seinen Weg Richtung Hafen suchte, lag der Platz noch außerhalb der Stadtmauern. 1927 wurde er in seiner jetzigen Gestalt eingeweiht. Obwohl er verkehrsumtost ist, läßt sich auf ihm trefflich eine kleine erholsame und überraschend ruhige Pause einlegen. Zwei mächtige Brunnen begrenzen ihn auf der einen, schattenspendende Bäume auf den übrigen Seiten. Kein Tourist versäumt einen Abstecher dorthin – nicht zuletzt, weil von dort auch praktisch alle Stadtrundfahrten beginnen. Die Zahl der Touristen wird denn auch nur noch von der der Tauben übertroffen. An der Nordseite übertragen nicht weniger als vierundzwanzig Lautsprecher vom Gebäude der ›Banco Bilbao Vizcaya‹ zur halben Stunde ein fröhliches Glockenspiel – das weit in der Stadt zu vernehmen ist.

Barrí Gotic

Die Altstadt von Barcelona, das **Barrí Gotic**, ist ein kompliziertes, verschachteltes Gassengewirr, das durch zahlreiche Galerien, die teilweise durch Hinterhöfe führen, noch weiter aufgesplittert wird. Es ist von Ringstraßen, den Rondas, begrenzt, die auf den alten Stadtmauern aus der Römerzeit errichtet wurden. So kann man auch heute noch sehr gut erkennen, welche Ausmaße das römische Barcino hatte. Das Fußgänger-Dorado Barrí Gotic ist eine Gegend, um sich – und wegen der vielen Geschäfte auch viel Geld – zu verlieren. Hohe Häuserschluchten, teilweise atemberaubend eng, an denen aber nirgends der Blumenschmuck vor den Balkonen oder Fenstern fehlt.

Nur auf den ersten Moment ist erstaunlich, daß im ältesten Viertel Barcelonas von dem ältesten Baustil Kataloniens, der Romanik, fast nichts zu sehen ist. Schuld ist die Bauwut, die im 13. Jahrhundert bei den zu Wohlstand gekommenen Bürgern ausgebrochen war. Zu dieser Zeit war die Gotik etabliert, und in ihrem Stil wurden die romanischen Häuser einfach überbaut. Eine vergleichbare große Umbauzeit hat es in den folgenden Jahrhunderten nicht gegeben – Katalonien und mit ihm Barcelona mußten mit dem wirtschaftlichen Niedergang fertigwerden. Aus diesem Grund sind gerade die gotischen Elemente in diesen Gassen in großer Zahl erhalten.

Die **Catedral de la Santa Creu** ist auf der höchsten Erhebung zwischen den Bergen Barcelonas errichtet. Allerdings mißt dieser ›Monte Tabor‹ ganze zwölf Meter. Wie auch immer, diese Höhe reichte, um eine imposante Treppe zu errichten, über die man sich dem Hauptportal nähert. Die jetzige Kathedrale ist ein Neubau. Ursprünglich hat auf diesem Platz einmal eine kleine Kirche gestanden, deren Reste man unter den Fundamenten der jetzigen Kathedrale gefunden hat. Sie sind im Museu d'Història de la Ciutat zu sehen.

Diese erste Kirche soll bereits im 6. Jahrhundert errichtet und während der relativ kurzen Zeit der maurischen Herrschaft Ende des 10. Jahrhunderts zerstört worden sein. Schon wenige Jahre später wurde der Auftrag zur Errichtung einer romanischen Kirche gegeben, von der noch Reliefs an zwei Portalen erhalten geblieben sind: Die Porta de San Ivo an der Carrer dels Comtes und die Porta de San Severo beim Übergang von der Kathedrale in den Kreuzgang. Ende des 13. Jahrhunderts begannen die Arbeiten an der Kathedrale, 1448 war man im großen und ganzen fertig. Das galt allerdings nicht für die Hauptfassade, die erst 1892 errichtet und für die Kuppel, die sogar erst 1913 aufgesetzt wurde.

Der Innenraum der Kathedrale wirkt auf den ersten Blick gar nicht so beeindruckend, wie seine Maße es vermuten lassen. Immerhin ist er 83 Meter lang, 37 Meter breit und bis zu 25 Meter hoch. Wahrscheinlich relativiert er die in die Mitte gesetzte Chor den Eindruck. Trotz des grundsätzlich gotischen Charakters der Kathedrale blieben die katalanischen Meister ihrer Neigung zu schmucklosem Bauen treu, so daß gleich auf den ersten Blick die Harmonie des Raumes auffällt, der auch die vielen Um- und Anbauten nichts anhaben konnten. Das Aussehen der Fassade richtete sich nach dem, was statisch notwendig war. Die Baumeister versuchten erst gar nicht, die Konstruktion hinter aufwendigen Dekorationen zu kaschieren.

In der ersten Kapelle auf der rechten Seite, der Capilla del Sacramento, ist eines der legendenumwobenen Stücke der Kathedrale zu sehen: Ein schwarzes Kruzifix. Wahrscheinlich wurde es im Laufe der Jahrhunderte durch den Rauch der Kerzen so rußgeschwärzt, aber die Fama sagt, dieses Kruzifix habe beim Seekrieg von Lepanto (1571) den Bug des Flaggschiffes von Johann von Österreich geziert. In einer der insgesamt sechsundzwanzig Kapellen ist die Mare de Deu de Montserrat zu sehen, wie ihr Vorbild eine in mattem schwarzen Glanz gehaltene Madonna. Das Spektakulärste der an Sehenswürdigkeiten reichen Kathedrale dürfte der Marmorsarkophag der heiligen Eulalia, Schutzheilige von Barcelona, sein, der in der Krypta aufbewahrt wird. Mitunter wird die Kathedrale auch nach dieser Heiligen genannt. Der Sarg ist aufwendig gearbeitet, die Meister waren wohl italienische Bildhauer.

Im Kreuzgang, der zusammen mit dem Kirchenschiff fertig war, fallen besonders die über und über mit Moos bewachsenen Brunnen auf. Aus dem Brunnen der Font de Sant Jordi, die dem katalanischen Nationalheiligen Sankt Georg gewidmet ist, sprudelt sogar Trinkwasser. Doch das am meisten photographierte Inventar des Kreuzgangs lebt – es ist eine kleine Schar Gänse. Gänse werden seit Menschengedenken dort gehalten, warum weiß niemand mehr. Noch eine nicht sakrale Besonderheit ist in diesem Kreuzgang zu sehen. In der Capilla de Santa Llúcia, die schon 1268 fertiggestellt war und einer der ältesten erhaltenen Teile der jetzigen Kirche ist, sieht man eine Statue des Hofnarren von Alfons V., der dort 1433 beigesetzt wurde. Im übrigen ist die Kapelle noch schmuckloser, ihre Wände und Decken sind noch grober gehalten als die Kathedrale. Nur die Altarseite ist mit einer Tafel und dem Standbild der heiligen Lucia versehen.

Für Freunde sakraler Kunst ist das neben der Kathedrale befindliche **Museu Frederic Marès** ein Muß. Ausschließlich sakrale Figuren sind dort ausgestellt, vorwiegend aus Spanien. Die Ausstellung ist äußerst geschickt angelegt, mit spärlichen, aber effektvollen Akzenten. Die Skulpturen stammen in der Mehrzahl aus der römischen Zeit oder dem Mittelalter. Zusammengetragen hat sie der katalanische Bildhauer Frederic Marès i Deulovol, der sie 1940 dem Museum stiftete. In einigen Räumen des verschachtelten Gebäudes sind auch Gebrauchsgegenstände aus dem 19. und 20. Jahrhundert zu sehen.

Unmittelbar anbei liegt die **Plaça de Sant Jaume**, vielleicht der wichtigste Platz in der Geschichte Kataloniens. Das politische Zentrum Barcelonas hat sich schon immer an dieser Stelle befunden. In römischer Zeit kamen dort die beiden Hauptstraßen von Barcino zusammen, es war das römische Forum. Später feierten die Barcelonesen jeden Schritt zur erstrebten Unabhängigkeit auf diesem Platz. Heute stehen sich dort das Rathaus Barcelonas und die Regionalregierung gegenüber – übrigens nicht nur räumlich, denn der Bürgermeister und der Regionalpräsident lassen sich gerne gegenseitig spüren, wer sich für den Mächtigeren hält.

Mit dem Bau des Rathauses (**Ajuntament**) wurde im 14. Jahrhundert begonnen. Der altehrwürdige Ratssaal aus dem Jahre 1373 (Sala del Consejo de Ciento), der heute nur noch selten benutzt wird und den Ratsherren auch nicht sonderlich viel Komfort bietet, war einer der ersten Räume, die fertiggestellt waren. Die einige Jahre später beendete Fassade wurde im 19. Jahrhundert fast komplett neu gebaut. Heute platzt das Gebäude schier vor Kunst. Keine Decke, die nicht bemalt – teilweise mit drastisch-despektierlichen Szenen – oder mit aufwendigen Holzkassetten versehen wäre, keine Wand, die nicht ein Fresko oder ein Teppich zierte. In allen Ecken stehen Plastiken katalanischer Künstler. Eine der schönsten stammt von Joan Miró.

Gegenüber steht der **Palau de la Generalitat de Catalunya**. Das Gebäude ist im 15. Jahrhundert entstanden und birgt einen Dachgarten, der den blumigen Namen ›Patio de los Naranjos‹ (Orangenhof) trägt. Die Früchte wachsen allerdings wegen des spärlichen Lichts kaum und sind nur zum Anschauen geeignet. Der große Sitzungssaal, in dem das katalanische Regionalparlament tagt, ist mit einer vergoldeten Kassettendecke geschmückt.

Wenige Schritte sind es zum **Museu d'Història de la Ciutat**, ohne dessen Besuch eine Besichtigung von Barcelona unvollkommen bliebe. Denn vor allem über die Vorgeschichte der Stadt wird man nirgends eindrucksvoller informiert. Im Keller des Museums kann man die originalen Ausgrabungsstätten aus der Römerzeit bestaunen – und begehen. Sowohl die Anlage der Häuser, als auch das Straßen- und das pfiffige Kanalisationssystem erschließen sich dem Besucher sofort. Es bereitet nicht die geringste Mühe, sich in das Barcino der Römerzeit zurückzuversetzen.

Anfang der dreißiger Jahre war man auf diese Reste der römischen Siedlung gestoßen, als man die Casa Clariana Padellàs renovieren wollte. Rasch war der Entschluß gefaßt, darin statt des geplanten Wohnhauses ein Stadtmuseum einzurichten. Von dort gruben sich die Archäologen immer weiter durch Barcelona – und wurden fast überall fündig. Allerdings konnte nicht alles so vorbildlich erhalten und der Öffentlichkeit zugänglich gemacht werden. Teilweise gingen die Interessen der Bauherren, auf deren Grundstücken wieder einmal Antikes gefunden worden war, vor.

Im Museu d'Història de la Ciutat sind auch die Stadtmauern aus der Römerzeit zu sehen. Die ersten Mauern waren bereits 8,50 Meter hoch, verfestigt mit Material, das unserem Beton nahekam. Sie zogen sich immerhin 1300 Meter um die Siedlung herum. Der zweite Stadtwall, im 4. Jahrhundert gebaut, bestand aus mächtigen Steinblöcken – wobei auch schon die Idee des Recycling berücksichtigt wurde: Alte Grab- oder Markierungssteine wurden ebenso wiederverwendet wie Bögen oder ähnliches, das bei Häuserabrissen angefallen war. Die rund sechs Meter im Umfang messenden Türme überragten den äußeren Wall um weitere 3,5 Meter. Große Teile der alten Stadtmauern dienten später wiederum als Fundamente für Neubauten, beispielsweise für die Kapelle Santa Agueda.

Die Römer lehrten die Einwohner Barcelonas auch die Grundsätze der Air-Condition. Die Häuser wurden mit einem großen, offenen Eingangsportal und einem hohen Innenhof gebaut. Dadurch entstand ein Luftsog, der für permanente Frischluftzufuhr sorgte.

Teilweise von Musik effektvoll unterstrichen, werden im Stadtmuseum Wohn- und Arbeitshäuser der Römer gezeigt, inklusive der erhaltenen Einrichtung. Das geht bis hin zu einer Ölmühle, die noch so gut erhalten ist, daß nur noch die Arbeiter zu kommen brauchten – sie könnten wohl gleich wieder an die Arbeit gehen.

In den übrigen Räumen des Stadtmuseums sind die verschiedenartigsten Schätze aus der Geschichte Barcelonas ausgestellt. So ein wunderschönes Triptychon, auf dem sämtliche in Barcelona vertretenen Handwerker mit ihrem jeweiligen Schutzpatron dargestellt sind. Oder eine Mappe mit den Konsulaten, die Barcelona im 13. Jahrhundert überall rund um das Mittelmeer unterhielt. Schließlich ist ein Raum dem Architektenwettbewerb gewidmet, der ausgeschrieben wurde, als es um die Erweiterung von Barcelona durch die Eixamples ging. Dabei zeigt sich, daß der Plan von Cerdà, der schließlich verwirklicht wurde, keineswegs die attraktivste Idee gewesen war.

Steinerne Zeugen der römischen Epoche Barcelonas werden auch an der **Plaça de la Vila de Madrid** ausgestellt. In einem tiefer gelegten, kleinen Park, der allerdings nur teilweise zugänglich ist, stehen Tafeln und Wegemarkierungen der Römer. Obwohl noch eine Baulücke der architektonischen Eroberung harrt, zählt dieser Platz wegen seines geschlossenen Gesamtbildes zu einem der zahlreichen Kleinode Barcelonas.

Berühmtester Altstadtplatz ist aber die **Plaça Reial**. Sie war einmal Zentrum der Altstadt und der bemerkenswerteste Platz in ganz Barcelona. Doch seit die Stadtverwaltung immer neue und spektakulärere Plätze anlegt, hat das 56 mal 84 Meter große Areal ein wenig von seiner Anziehungskraft eingebüßt. Die Straßenlaternen hat Gaudí entworfen, der gerne auch dem gesamten Platz ein neues Gesicht verpaßt hätte. Doch das verhinderten die anliegenden Geschäfte und Restaurants.

Inmitten der Altstadt, aber umgeben von kleinen pittoresken Plätzen, liegt **Santa Maria del Mar**. Ein gewaltiges Kirchenschiff empfängt den Besucher, einfach, aber imposant. Die schlanken Säulen und die offenen Kapellen vermitteln das Gefühl, die ganze Kirche bestehe nur aus einem einzigen, gigantisch großen Raum. Beeindruckend, wie solch gewaltige Gewölbe gehalten werden können. Dreizehn Meter stehen die Säulen auseinander – damit stellte die Statik höchste Ansprüche an die Baumeister. Die Wände sind schmucklos, einzig an der Decke wurden die Kreuze der Streben mit kräftigen Farben gestaltet. Die Kirche wurde in der vergleichsweise kurzen Bauzeit von nur fünfundfünfzig Jahren errichtet und 1384 geweiht. Betreiber waren die Zünfte Barcelonas, die mit Santa Maria del Mar ihre starke Stellung im Mittelmeerraum dokumentieren wollten. Übrigens sind die Skulpturen am Altar und einigen Kapitellen nicht alle mit sakralen Motiven ausgestattet. Viele zeigen Arbeiter aus der damaligen Zeit, sowohl Hafenarbeiter, als auch die Erbauer der Kathedrale selbst.

Im einige Schritte entfernten **Museu Picasso** an der Carrer de Montcada begegnet man zunächst nicht Werken des großen Künstlers, sondern Ausgrabungen. 1960 wurde dieses Museum in zwei Adelspalästen aus dem 15. Jahrhundert (Palau Berenguer d'Aguilar und Barón de Castellet) eröffnet. Eines der beiden Häuser beherbergte zu römischen Zeiten ein großes Öl- und Weinlager. Die entsprechenden Urnen sind noch verblüffend gut erhalten und in einem der Höfe gegenüber vom Museums-Café zu besichtigen. Den wunderschönen zweiten Innenhof dominiert eine sehr groß gewachsene Palme.

Im Museum finden sich Picassos Stadtansichten von Barcelona vom Ende des 19. Jahrhunderts, Arbeiten aus der Zeit, als er die Kunstakademie besuchte und von seinen ersten Reisen innerhalb Spaniens sowie Porträts von Freunden und Künstlern aus Barcelona. Teilweise zeigt er sich sogar Modernismo-beeinflußt, vor allem bei den ersten Arbeiten in Paris. Zeichnungen zeugen von Versuchen, seinen Stil weiterzuentwickeln. Dokumentiert ist auch, wie Picasso seinen Lebensunterhalt mit Werbeaufträgen verdiente, beispielsweise für die Caja de Prevísion y Socorro. Erste kubistische Arbeiten datieren aus dem Jahr 1915 – so etwas war damals wohl nur in Barcelona möglich, wo die Künstler geradezu aufgefordert wurden, neue Wege zu gehen. Daran hat sich bis heute nichts geändert.

Das Museum will nicht die gesamte Schaffenszeit Picassos dokumentieren, sondern beschränkt sich im wesentlichen auf die ersten acht Jahre, in denen er vollberuflich als Künstler arbeitete. Dem Museum selbst gehören über eintausend Arbeiten Picassos, die in wechselnder Zusammenstellung ausgestellt werden. In den vergangenen Jahren hat die Beliebtheit des Museu Picasso stark zugenommen. Wurde zuvor immer mit einem Lächeln registriert, daß das meistbesuchte Museum Barcelonas das seines Fußballclubs FC Barcelona sei, konnte Picasso die Sportler mittlerweile überrunden. Fast 400 000 Menschen interessieren sich jährlich für die Werke des Mal-Genies, rund 250 000 besuchen die Trophäen der Ballkünstler.

Die Ramblas

Insgesamt 1500 Meter lang sind die **Ramblas**. Der Name stammt wahrscheinlich von einem verballhornten lateinischen Ausdruck. Die Römer errichteten ihre Stadtmauer nämlich an den Ufern des Flusses, der dort einmal floß. Den nannten sie Arenno, woraus die Mauren einige Jahrhunderte später Ramla machten. Mitte des 19. Jahrhunderts waren die letzten Reste der Befestigungsmauer abgerissen, das Flußbett zugeschüttet und die ersten Bepflanzungen vorgenommen.

Die Ramblas bestehen aus mehreren Straßenzügen. Vom Kolumbus-Denkmal aus gesehen beginnen sie mit der Rambla dels Caputxins, wo recht häufig ein Kunsthandwerksmarkt stattfindet und Porträtisten ihre Künste feilbieten. Auf sie folgen die Rambla dels Flors mit vielen Blumenständen, die Rambla dels Estudies mit Kleintiermarkt und schließlich die Rambla Canaletes, das letzte Stück vor der Plaça de Catalunya. Vor allem auf diesem letzten Teil sind auch die überquellenden Zeitschriften-Kioske konzentriert, die dem Besucher selbst weniger gängige Titel aus seiner Heimat anbieten. Sie haben bis in die frühen Morgenstunden geöffnet. Nachtbummler können sich so auf dem Heimweg von Bar oder Disko mit der Lektüre des gerade angebrochenen Tages versorgen. Etwas versetzt liegt schließlich die Rambla de Catalunya, erst in unserer Zeit zu dem mondänen Straßenzug mit einer Vielzahl von Cafés und Restaurants gemacht.

Rasch nach ihrer Anlage entwickelten sich die Ramblas zu einem der beliebtesten Treffpunkte der Stadt. Sie sind mehr als nur eine Flaniermeile, sie gehören so stark zur Identität der Barcelonesen, daß sie den Straßennamen für andere Tätigkeiten abgewandelt haben. So heißt ›Ramblejar‹ Promenieren, und der ›Ramblista‹ ist jemand, der promeniert. Natürlich fehlte auch von Anbeginn der Handel nicht, die Ramblas liegen ja schließlich in Barcelona. Dazu gehören nicht nur die vielen Marktstände und Zeitungskioske, sondern auch ein skurriles Überbleibsel aus der Anfangszeit. Damals stellten pfiffige Händler nämlich Stühle auf, für deren Benutzung sie einen Obolus verlangten. Diese (geringe) Gebühr muß man noch heute für einen der metallenen Sitzplätze auf der Rambla oder der Plaça de Catalunya zahlen.

1778 wurde der **Palau de la Virreina** für den Vizekönig von Peru errichtet, der ihn seiner Frau widmete. Dort finden wechselnde Ausstellungen statt, die sich in der Regel mit stadtgeschichtlichen Aspekten befassen. Im 13. Jahrhundert begann man mit dem Bau von **Santa Maria del Pi**, zwei Jahrhunderte später war die Kirche vollendet. Die Beschädigungen, die ihr während des Bürgerkrieges zugefügt wurden, sind erst im Zusammenhang mit der gigantischen Stadtrenovierung zu den Olympischen Spielen endgültig beseitigt worden.

Das **Gran Teatre del Liceu** hat einen militärischen Ursprung. Ein Hauptmann der Bürgerwehr hatte Anfang des 19. Jahrhunderts die Idee, seinem Bataillon durch die Abhaltung von Soiréen Gelder zukommen zu lassen. Dazu gründete er eine Theatergruppe (Liceo Dramático de Aficionados), die zunächst in einem Kloster auftrat, aber sehr schnell so erfolgreich wurde, daß man expandieren mußte. An der Rambla dels Caputxins erwarb man die Gebäuderuine eines ehemaligen Klosters (es war abgebrannt) und baute es als Theater wieder auf. Die Bürgerwehr war mittlerweile aufgelöst, aber der Kunstverein lebte als Stiftung weiter. Bis 1847 dauerten die Bauarbeiten und bescherten Barcelona eines der größten Opernhäuser der Welt.

Immer wieder trifft man beim Schlendern durch die Seitenstraßen der Ramblas auf kleine, beschauliche Plätze, deren Straßencafés zur kleinen Pause einladen, wie beispielsweise auf der **Plaça de Sant Josep Oriol**. Ganz in der Nähe läßt sich auch beobachten, welch seltsame Blüten die Lust zum Ornament mitunter treibt: An der **Plaça de la Boqueria**, Ecke Rambla de Sant Josep, wo jetzt eine Bank residiert, hatte früher ein Regenschirmgeschäft geöffnet – was dessen Besitzer durch Mosaiken, Drachen und jede Menge bunter Schirme auch an der Fassade der Casa Bruno Quadros dokumentierte. Die Bank hat die chinesische Inneneinrichtung unverändert gelassen – ein Ambiente, das für finanzielle Transaktionen nicht gerade typisch ist.

Barrio Chino

Von der Rambla de Sant Josep führt die Carrer de Sant Pau direkt zur Kirche **Sant Pau del Camp**. Dieser Weg grenzt an das Rotlichtviertel (Barrio Chino) Barcelonas. Zwar ist es tagsüber ungefährlich, dort zu flanieren, und an der Plaça Salvador Seguí sorgt eine Polizei-Station für ein Gefühl der Sicherheit, aber trotzdem ist so ein Viertel nicht jedermanns Sache. Wer es lieber meidet, kommt von der Anvinguda del Paral-lel ebenfalls rasch zu Sant Pau del Camp.

Die Carrer de Sant Pau hat im 12. Jahrhundert, als die Kirche erbaut wurde, noch aus den Stadtmauern herausgeführt, deshalb der Name ›del Camp‹, was ›auf dem Lande‹ bedeutet. Sie ist allerdings nicht das erste kirchliche Bauwerk an diesem Platz. Schon Anfang des 10. Jahrhunderts stand dort ein Kloster. Gerne wird der Mythos hochgehalten, selbst dieses Kloster habe nicht den Beginn gesetzt, sondern eine Religionsgemeinschaft, die im 5. Jahrhundert von niemand Geringerem als dem Apostel Paulus gegründet worden sei. Die heutige Kirche ist von einfachem Stil, aber ausgewogen in den Partien und hat einen kleinen, idyllischen Kreuzgang, der im 13. Jahrhundert entstanden ist und eine verblüffende Phantasie bei der Gestaltung der Kapitelle zeigt.

Mit dem **Palacio Güell**, der ersten großen Arbeit für seinen Förderer Eusebi Güell, zeigte Modernismo-Star-Architekt Antoni Gaudí bereits seine ganze Meisterschaft und seine schier unerschöpfliche Phantasie. Der luxuriöse Stadtpalast, den er an der Carrer Nou de la Rambla errichtete, setzte sich über alle damals üblichen Bau- und Stilgesetze hinweg. So lagen die Reitställe gleich unterhalb des Eingangs. Die reichhaltig gestaltete Halle zieht sich über mehrere Stockwerke hindurch. Gaudí gab ihr soviel Platz, weil Güell diese Stadtresidenz vor allem für Empfänge und kulturelle Abende nutzen wollte. Da außerdem wegen der engen Bebauung in der Altstadt keine großartigen Aussichten möglich waren, sollte der Patio umso auffälliger und heller sein. Auf der Rückseite schuf Gaudí Platz für einen schönen Dachgarten. Nicht weniger als vierzig verschiedene Säulentypen hat Gaudí im Palacio Güell verarbeitet. Dort setzte er auch zum ersten Mal die Bruchstück-Keramik ein. Sie sollte rasch zu seinem Markenzeichen werden. Heute beherbergt der Palacio Güell das Theatermuseum und kann in diesem Rahmen wenigstens teilweise besichtigt werden.

Am Hafen

Das **Museo Maritim** ist in den **Drassanes** untergebracht, eine der größten Schiffswerften des Mittelalters und die größte noch erhaltene. Rund fünfhundert Jahre baute man an dieser gewaltigen Anlage, die sich rühmen darf, eines der breitesten Tonnengewölbe der Gotik zu besitzen. Die damaligen Schiffsbauer konnten an dreißig Galeonen gleichzeitig arbeiten.
Viele Nachbildungen von antiken Schiffen und Modellen sind im jetzt dort untergebrachten Schiffsmuseum (das noch gar nicht die gesamte mögliche Ausstellungsfläche nutzt) zu sehen. Darüber hinaus gibt es einige Gemälde mit maritimen Themen, wie eine von der Seeseite her gemalte Ansicht von Genua aus dem 18. Jahrhundert. Schön zu sehen, wie dicht die Bucht damals schon bebaut wurde und wie viel Handel bereits getrieben wurde. Die ersten bekannten Stadtansichten von Barcelona, geschaffen von Anthonius von den Wyngaerde und gesehen vom Montjuïc und vom Meer aus dem Jahr 1563, sind ebenfalls ausgestellt. Deutlich zu erkennen, daß es noch keinen künstlichen Hafen gab und daß Barcelona seine Stadtmauern immer weiter versetzen mußte, um mit der Bevölkerungsentwicklung mithalten zu können. Gut zu sehen auch, wie groß bereits die Schiffswerft Drassanes war.
Im Zentrum des Museums steht eine maßstabsgetreue Nachbildung der Galera Reial – sechzig Meter lang, an der höchsten Stelle mißt sie über elf Meter. Auch dieses Schiff wurde 1568 in den Drassanes gebaut. Es war das Hauptkampfschiff in der Schlacht von Lepanto (am Eingang zum Golf von Korinth), wo 1571 christliche gegen türkische Flotten kämpften. Achttausend Christen und dreißigtausend Türken fanden dabei den Tod. Spanien war damals ein Bündnis mit Venedig und dem Papst eingegangen, um sich dem scheinbar unaufhaltsamen Vordringen der Türken entgegenzustellen. Nachdem die bis dahin als unbesiegbar geltende türkische Flotte in einer mehrtägigen, blutigen Schlacht bezwungen wurde, besaß Spanien wieder die Herrschaft im Mittelmeer.
Zur Weltausstellung 1888 errichteten die Stadtväter von Barcelona das **Kolumbus-Denkmal** am Hafen, das von den meisten Punkten der Stadt aus zu sehen ist. Die Verehrung von Kolumbus durch die Barceloneser mutet ein wenig merkwürdig an. Der Entdecker der neuen Welt ist zum einen definitiv nicht in der katalanischen Metropole geboren, sondern wahrscheinlich in Genua; er ist nicht von Barcelona aus Richtung Westen gestartet, und seine Reise war ein wesentlicher Grund für den Niedergang der auf das Mittelmeer konzentrierten Handelsmacht Barcelona. Das einzige, was Kolumbus direkt mit Barcelona verbindet, war der Empfang durch die Katholischen Bischöfe im Salo Tinell an der Plaça Reial nach seiner ersten Fahrt. Trotzdem halten die Barcelonesen Kolumbus in hohen Ehren. Sie sagen gerne, daß sich Kolumbus auf katalanisches Wissen gestützt habe, als er seine Reise plante und daß nicht zuletzt Katalanen es waren, die sich in der ›Neuen Welt‹ ansiedelten.
Das Denkmal am Hafen ist in drei Teile untergliedert. An der Basis befinden sich acht Reliefs, die die wichtigsten Fahrten von Kolumbus beschreiben. Es sind allerdings nicht mehr die Originalarbeiten. Diese mußten 1929 durch Kopien ersetzt werden. Der unterste Teil des Schaftes ist übersät mit Skulpturen, Allegorien und Ornamenten. Unter anderem sind die Königreiche von Katalonien/Aragón, Kastilien und León symbolisiert. Darauf schließt sich der eigentliche Schaft an, exakt 51,3 Meter hoch, wobei auch an dessen Beginn Allegorisches gesetzt wurde: Europa, Asien, Afrika und Amerika vereint. Die Kolumbus-Statue selbst ist noch einmal 7,6 Meter hoch. Sie zeigt – was immer wieder zu Spötteleien Anlaß bietet – in die falsche Richtung, nämlich nach Osten, immerhin aber auf das Wasser. Unterhalb der Skulptur ist eine kleine Aussichtsplattform installiert, die mit einem Aufzug erreicht werden kann.

Der **Hafen** mißt rund dreihundert Hektar. Mehr als vierzig Millionen Tonnen Güter werden dort jährlich umgeschlagen. Obwohl er schon in den vergangenen Jahren umgestaltet wurde, liegt seine eigentliche Renovierung noch vor ihm. Ab 1993 soll man sein zukünftiges Gesicht erkennen können. Noch vor wenigen Jahre waren Barcelona und das Meer durch Baracken der Handelsgesellschaften, die auf dem Kai errichtet waren, praktisch getrennt. ›Wir lebten mit dem Rücken zum Meer‹, lautete ein geflügeltes Wort der Barcelonesen. Noch vor dem Zuschlag für die Olympischen Spiele, aber durch ihn noch einmal mächtig angespornt, eroberten sie sich das Meer zurück.
Die Baracken wurden abgerissen und auf dem Gelände der Moll de la Fusta errichtet, eine erhöhte Flaniermeile mit allerlei Restaurants und viel Grün. Wieder bewiesen die Stadtväter Mut und ließen den jungen Architekten und Designern des ›Look Barceloní‹ freie Hand. Diese gestalteten – ganz in der Tradition der Modernisten – Bars inklusive Tischen und Stühlen. Xavier Mariscal, einer der am meisten gefeierten jungen Künstler, setzte auf das von ihm erbaute ›Gambrinus‹ einen stilisierten, überdimensionalen und augenscheinlich lächelnden Hummer.
Mitte 1991 folgte eine noch drastischere Änderung: Der Durchgangsverkehr im Küstenbereich wurde unter die Erde verlegt. Weit vor den Hafenanlagen nimmt ein zwölf Kilometer langer Tunnel die Automassen auf. Am Passeig de Colom, der über viele Jahre eine unbeschreiblich verstopfte und stinkende Straße war, legt sich seither nicht gerade Ruhe, aber immerhin nur noch so viel Verkehr, daß ein Flanieren möglich ist. 90000 Autos donnern täglich durch die neue Röhre – zuvor quälten sie sich durch die Hafenstraße.
Doch damit ist die Hafenumgestaltung noch nicht zu Ende. Die Moll de la Fusta wird noch erweitert durch die Moll de Bosch i Alsina, auf der fünf Restaurants ihre Dienste anbieten sollen, die Moll de Barcelona, auf der ein vierzig Meter hohes internationales Handelszentrum errichtet wird, das allerlei Attraktionen wie Amphitheater und Panoramakino anbieten wird, und die Moll de la Barceloneta, mit der die Einwohner von Barceloneta ebenfalls eine Flaniermeile am Hafen erhalten werden. Die dort früher vorhandene wilde Bebauung mit kleinen Werften ist komplett abgerissen worden. Die Werften werden an der Moll Nou und der Moll del Rellotge wieder aufgebaut. Am Moll del Dipòsit, zwischen Barcelona und Barceloneta, wurde der mächtige Bau ›Magatzem

Generals del Comerç‹ aus dem 19. Jahrhundert komplett umgebaut. Dort sind jetzt Geschäfte, Restaurants und Büros untergebracht, vor den Anlagen können über siebenhundert Privatyachten ankern. An den Drassanes sind die alten engen Gäßchen ›durchlüftet‹ worden: In dieses, als Ciutat Villa bezeichnete Gebiet wurden breite Boulevards vom Hafen aus geschlagen, üppig mit Bäumen versehen, jeder Platz ist untergraben, um einer Parkgarage Platz zu machen. Grünflächen und kleine Ruhezonen lockern das Stadtbild auf. Doch diese Arbeit ähnelt der des Sisyphos. Nur wenige Schritte von den frisch renovierten Plätzen reihen sich wieder dunkle, brüchige Fassaden in den engen Gassen. Es dürften noch Jahre vergehen, bis dies der Vergangenheit angehört – wobei die Bewohner des ›Kiez‹ die Verschönerungsaktivitäten gar nicht so gerne sehen. Es ist nämlich gut möglich, wenn nicht sogar geplant, sie durch besserverdienende Mieter zu verdrängen.

Große Veränderungen stehen auch dem kommerziellen Hafen bevor. Dort sind riesige Kaianlagen abgerissen worden, um modernster Technik Platz zu machen. Mit einem Tunnel wird die Autobahn – und damit der Flughafen – angeschlossen, und vor allem erhält der Hafen als erster in Spanien einen Anschluß an das europäische Eisenbahn-Hochgeschwindigkeitsnetz. Dazu wird eine Trasse in der europäischen Norm (die schmaler ist als die spanische) von Frankreich nach Spanien gelegt. Allein dieser Anschluß dürfte die Handelsströme von und nach Barcelona massiv erhöhen.

Der Nachbau der Kolumbus-Barke ›**Santa Maria**‹ hat im Zuge der Hafenrenovierung mehrfach seinen Platz gewechselt. Aber das gedrungene, wuchtige Schiff ist immer gut auszumachen. Es ist 1893 für die Weltausstellung in Chicago gebaut worden. Nach Schluß dieser Schau segelte die neue ›Santa Maria‹ über den Atlantik (vierzig Tage soll sie dafür gebraucht haben) und fand in Barcelona ihren endgültigen Ankerplatz.

Die (unkommentierte) Hafenrundfahrt hat einen Stop. Am Ende der Kais, dort, wo Barcelonas Hafen unweigerlich zu Ende ist, hält die Golondrina an und bietet die Möglichkeit, auszusteigen und mit einer späteren Passage zurückzukehren. Wer den kurzen Aufenthalt nicht in der Bar verbringen will, kann den Anglern zuschauen, die am Rande der kilometerlangen Mole ihre konzessionierten Angelplätze haben.

Am Parc de la Ciutadella

Im **Parc de la Ciutadella** liegt das **Museu d'Art Modern**. Gezeigt werden ausschließlich katalanische Maler, wobei die Moderne für dieses Museum ungefähr Mitte des 19. Jahrhunderts beginnt. Schön zu sehen, wie sich die katalanischen Realisten von Kunstrichtungen vor allem aus Frankreich zwar inspirieren ließen, immer aber ihren eigenen Stil beibehielten. Das gilt vor allem für Bilder unter Einfluß des Impressionismus, die teilweise Pariser Flair vermitteln – und doch eindeutig nicht an der Seine entstanden sind.

Beeindruckend auch die quasi im fotorealistischen Stil gehaltenen Porträts von Ramon Casas (1866-1932). Casas war einer der Initiatoren eines Freundeskreises, der sich regelmäßig im Café ›Les Quatr Gats‹ (Carrer Montsió) traf und das Leben der Bohème in Paris imitierte. Auch Pablo Picasso fühlte sich eine Weile sehr wohl in dieser Umgebung. Das Café, zwischenzeitlich mehrfach renoviert, lohnt noch immer einen Besuch. Die wahre Moderne kommt im Museu d'Art Modern allerdings ein wenig zu kurz. Vielleicht ändert sich das, wenn es nach seinem Umzug in den Palau Nacional am Montjuïc über eine größere Zahl von Räumen verfügt.

Im Parc de la Ciutadella gibt es einen botanischen Garten. Er ist zwar sehr schön angelegt, aber die Auswahl der Pflanzen enttäuscht ein wenig angesichts der klimatischen Möglichkeiten, die Barcelona bietet. Neben einigen Skulpturen ist vor allem ein gigantischer Wasserfall zu sehen, der Cascade del Parc. Er ist, despektierlich gesagt, eine Mischung aus Brandenburger Tor und Disneyland. Der Wasserfall selbst ist sehr schön mit seinen über und über bewachsenen Felsen – wenn nur nicht die Schaumgeborene über ihm thronen würde und Zeus und Fabelgestalten und Echsen und und und… Am Modernismo scheiden sich halt bis heute die Geschmäcker. Gestaltet wurde die Statue von Venanci Vallmitjana, aber für die Barcelonesen ist wichtiger, daß ihm damals ein junger Assistent zur Seite stand, der noch von sich reden machen sollte: Antoni Gaudí. Der Park war Mittelpunkt der Weltausstellung von 1888. Damals wurde unweit am Passeig Lluís Companys ein Triumphbogen errichtet, und Lluís Domènech i Montaner schuf ein fremdartiges Gebäude, in dem er ein riesiges Restaurant unterbringen wollte. Das Haus sieht aus wie ein Kastell und erinnert durch seine Zinnen an mittelalterliche Bauwerke – nicht gerade überraschend bei einer Bewegung, die sich als Fortsetzung der Mittelalter-Verehrung, der Renaixença, verstand. Domènechs Pläne ließen sich allerdings nicht gänzlich umsetzen. Sein Gebäude beherbergt heute ein zoologisches Museum. Anselm Clavé schuf 1988 auf der Wiese vor dem Museum eine ›Hommage an die Weltausstellung 1888‹, eine zweiteilige, von Wasser umgebene Skulptur, deren unterer Teil aus riesigen Zahnrädern besteht, auf denen eine scheinbar federleichte Collage diverser Materialien montiert ist.

Der **Zoo** von Barcelona, ebenfalls im Parc de la Ciutadella, beherbergt eine zoologische Rarität ersten Ranges: einen Albino-Gorilla, dem die Barcelonesen den hübschen Namen Schneeflocke (Copito de Nieve) gaben. Über 1,1 Millionen Menschen besuchen jährlich Schneeflocke und seine Kumpane – damit ist der Zoo die meistbesuchte Sehenswürdigkeit von ganz Barcelona.

In der Nachbarschaft des Parks liegt der **Estació de França**. Als dieser Bahnhof 1929 eröffnet wurde, durfte er sich ›Größter Bahnhof Europas‹ nennen. Doch damit war es bald vorbei, vor allem, weil Barcelona wegen der breiteren Eisenbahnspur nie in das europäische Zugnetz integriert werden konnte. In den siebziger Jahren wurde der Bahnhof schließlich stillgelegt und 1988 in ein Kulturzentrum umgewandelt. Doch dieses sollte nicht lange bestehen. Anläßlich der Olympiade wurde der Bahnhof aus seinem Dornröschenschlaf geweckt und wieder seiner ursprünglichen Bestimmung zugeführt. Die Züge fahren jetzt allerdings durch einen Tunnel ein. Zwei Gleise sind auch für die schmalere europäische Spur ausgelegt, so daß erstmals Züge aus Frankreich bis Barcelona durchfahren können.

Rund um den Montjuïc

Die Besichtigung des Montjuïc beginnt in der Regel auf der **Plaça de Espanya**. Die Bronze- und Marmorfiguren in der Mitte der verkehrsreichen Kreuzung von Avinguda Gran Via de les Corts Catalanes und Paral-lel stammen von Miquel Blay und sollen die wichtigsten Flüsse Spaniens symbolisieren. Am Eingang der Avinguda Reina Maria Christina, der Auffahrt zum Palau Nacional, stehen zwei Türme. Sie sind zwar ein wenig klobiger als das Original in Venedig – aber der Campanile stand eindeutig Pate, als sie 1888 zur Weltausstellung errichtet wurden. Von dort bis hinauf zum Palau Nacional zieht sich das Messegelände.

Ende des 19. Jahrhunderts begannen die Barcelonesen, den Montjuïc, einen gut zweihundert Meter hohen Berg, auf dem einmal ihre keltischen Urahnen gesiedelt haben dürften, wieder in Besitz zu nehmen. Zunächst nutzte man ihn als Steinbruch, dann für Obstplantagen und schließlich als Militärstützpunkt – so wie es die Römer knapp zweitausend Jahre zuvor getan hatten. In den Mittelpunkt des Interesses rückte der Montjuïc durch die Weltausstellung 1929. In einer sagenhaft kurzen Zeit von nur wenigen Wochen wurden fünfzehn Messehallen, das Stadion, ein Schwimmbad, das Poble Espanyol, das Amphitheater sowie etliche andere Anlagen aus dem Boden gestampft – der Montjuïc war in die Stadt integriert.

Unterhalb des Palau Nacional liegen die großen Wasserfontänen (Gran Surtidor), die an jedem Wochenende abends ab 21 Uhr mit fast fünftausend Lampen farbenprächtig angestrahlt werden und allerlei Formen annehmen. Diese Fuente Magica sind ein eindrucksvolles Schauspiel. Aus glutroten Wasserwänden sprühen plötzlich gleißend helle Fontänen empor, um in einem dunklen Blau zusammenzufallen. Mehrere Stunden ziehen sich die Wasserspiele hin, die immer ganze Heerscharen von Touristen, aber auch Einheimische anlocken.

In den vergangenen Jahren wurde der **Palau Nacional** von Grund auf umgebaut. Er soll künftig nicht nur das Museu d'Art de Catalunya beherbergen, sondern auch das derzeit noch im Parc de la Ciutadella untergebrachte Museu d'Art Modern. Verantwortlich für die Umbauten war die italienische Architektin Gae Aulenti, die sich internationale Meriten durch den Umbau des Gare d'Orsay in Paris erwarb, der jetzt das Musée d'Orsay beherbergt.

Nach seiner Wiedereröffnung wird der Palau noch mehr Besuchermassen anziehen, als er das heute schon tut. Sie kommen vor allem wegen des **Museu d'Art de Catalunya**, der größten Sammlung katalanischer Kunst und der umfangreichsten Ausstellung der Romanik insgesamt. Das Museum ist entstanden durch immer neue Zusammenlegungen verschiedener Sammlungen. Diese Tradition wird fortgesetzt, wie die beabsichtigte Integration des Museu d'Art Modern zeigt.

Zentrum des Museums sind ungefähr fünfzig Fresken, die aus Kirchen vor allem in den Pyrenäen zusammengetragen wurden. Wie das geschah, ist nicht ganz geklärt. Einige Historiker gehen davon aus, die Fresken hätten in den zwanziger und dreißiger Jahren von findigen Händlern nach Frankreich und Italien verkauft werden sollen und seien nur durch einen kompletten Ankauf durch das Museum zu retten gewesen. Andere meinen, die katalanische Metropole habe aus schierer Großmannssucht die Fresken in ihren Mauern konzentriert.

Wie auch immer, die Tatsache, daß die Kunstwerke in Barcelona zusammengezogen wurden, hat sowohl Vor- als auch Nachteile. Es ist sicher schade, die schönen, in sehr klarem Stil errichteten Pyrenäen-Kirchen so schmucklos sehen zu müssen. Auf der anderen Seite waren in Barcelona bessere Bedingungen gegeben, um die Fresken unversehrt zu erhalten. Und letztlich ist es für die Besucher recht angenehm, einen kompletten Überblick über diese wichtige Periode der katalanischen Kultur zu erhalten, ohne die Pyrenäen abfahren zu müssen (obwohl das natürlich auch seinen Reiz hat).

Jedenfalls gehören die Fresken zusammen mit anderer Wand- und Tafelmalerei zu den wichtigsten Exponaten des Museums. Zwei Jahrhunderte, in denen die katalanische Kultur in voller Blüte war, sind umfassend dokumentiert. Nur dort findet man so viele Kunstwerke aus dem 10. bis 12. Jahrhundert zusammengetragen. Selbst der Prado in Madrid kann aus dieser Epoche nur wenige Stücke zeigen. Nicht zuletzt deshalb ist die Abteilung mit Malereien aus dem 16. bis 19. Jahrhundert eher bescheiden ausgefallen. Denn von seiner Zielsetzung her sollte das Museu d'Art de Catalunya auch nur das Kunstschaffen Kataloniens dokumentieren — was zwischen dem 15. und dem 19. Jahrhundert eher spärlich ausgefallen ist. Deshalb behalf man sich mit einigen Bildern aus anderen spanischen Regionen. Durch die Integration des Museu d'Art Modern wird der Anschluß an die neue Blütezeit Kataloniens ab Ende des vergangenen Jahrhunderts geschaffen.

Ein Museum ganz anderer Art befindet sich in Nachbarschaft des Palau Nacional, das **Poble Espanyol**. Es ist ebenfalls anläßlich der Weltausstellung 1888 errichtet worden und zeigt über einhundert Fassaden typischer Häuser aus ganz Spanien. Durch einen Spaziergang soll der Besucher einen Eindruck davon bekommen, wie unterschiedlich die Baustile auf der iberischen Halbinsel ausfallen. Hinter den Fassaden wurden teilweise richtige Wohnhäuser errichtet, obwohl die ganze Siedlung eigentlich nach Ende der Weltausstellung abgerissen werden sollte. Doch sie blieb erhalten und stellt bis heute eine Hauptattraktion für die Touristen dar.

Wirkliche Informationen bietet das Poble Espanyol allerdings nur demjenigen, der sich sehr gut in den spanischen Regionen auskennt. Doch sind auch für den in Architektur nicht so bewanderten Besucher die verschiedenen Häusertypen sehr schön anzuschauen. Aber bei all dem darf man nicht vergessen: Das Poble dient touristischen Zwecken, ist praktisch ein gehobenes Disneyland. Zu wirklichem Leben erwacht es denn erst am späten Nachmittag und Abend. Auch die verschiedenen Designer- und PR-Firmen, die sich in Häusern des Poble niedergelassen haben, ändern daran ebensowenig wie die 34 Handwerks-Betriebe, die in vielen Häusern und im Neubau am Rande des Poble untergebracht sind. Echte katalanische Handwerkskunst sieht man nur selten, den in aller Welt gleichen Kitsch dafür umso häufiger. Banken bieten Bargeldservice rund um die Uhr, und eine Video-Installation zeigt eine spektakuläre Collage über Barcelona, die es aber in derselben Machart in allen großen Städten der Welt zu sehen gibt.

Die Kirche des Poble ist — wie viele Häuser — nur Dekoration, der Innenraum wird ganz profan als Lagerraum genutzt. Außerhalb der engen Bebauung des Poble stößt man im Monasterio Romanico, das einem Vorbild aus Girona nachgebaut wurde, auf einen ruhigen, schattigen Kreuzgang — der Poble-Rummel und der Großstadt-Lärm scheinen auf einmal Welten entfernt. Die Wachtürme am Eingang des Poble Espanyol (›Torres de Avila‹) gehören mittlerweile zur festen Station der Nachtbummler. Sie wurden im Inneren völlig umgebaut und beherbergen jetzt zwei Bars, die ganz im Stil des ›Look Barceloní‹ eingerichtet wurden.

Ein vollkommener Gegensatz nicht nur zum Poble Espanyol oder zum Palau Nacional, sondern praktisch zu ganz Barcelona ist der **Mies-van-der-Rohe-Bau** an der Avinguda Marques de Comillas: Ein wundervoll klar gegliedertes Gebäude mit zwei flachen Teichen im Hof und am Eingang. Klare Linien, klares Material, Marmor, Onyx, Chromate. Große unterteilte Fensterflächen und Stahlsäulen — aus mehr besteht dieser faszinierende Bau nicht. Aber mehr braucht es auch nicht. Von Kennern wird dieses Gebäude zu den wichtigsten Werken des Bauhaus-Stils gerechnet. Es vereint in unvergleichlicher Weise die Ziele der Bauhaus-Architekten. Und es erlebte die Premiere eines der erfolgreichsten Schöpfungen van der Rohes, des sanft geschwungenen Stuhls aus Chrom und Leder, der als ›Barcelona-Stuhl‹ bis in heutige Zeiten modern und begehrt geblieben ist.

Geschaffen wurde dieses Haus als deutscher Pavillon für die Weltausstellung. Es sorgte für immenses Aufsehen — nicht zuletzt deshalb, weil die Zeiten des Modernismo ihrem Ende zugingen. Die noch in diesem Stil errichteten Messehallen wurden bereits arg kritisiert. Doch trotz der bewundernden Kritik wurde das Haus abgerissen, gemäß der zunächst gegebenen Vorgabe, keinerlei Gebäude der Weltausstellung stehen zu lassen. Nach dem Zweiten Weltkrieg gründete sich ein Freundeskreis, der über viele Jahre hinweg Spenden sammelte und schließlich den getreuen Wiederaufbau des Gebäudes organisierte. Am 10. Oktober 1983 begannen die Rekonstruktionsarbeiten und waren erst am 2. Juni 1986 beendet.

Die Avinguda de Comillas wechselt auf ihrem Weg auf den Montjuïc den Namen (Avinguda Estadi) und führt an den zentralen Bauten der Olympischen Spiele vorbei. Direkt neben dem Olympiastadion werden im **Jardins d'Aclimatico** Bäume und Sträucher aus aller Herren Länder an das mediterrane Klima gewöhnt — in der Regel mit großem Erfolg. Dieser kleine Park ist für Pflanzenliebhaber einer der schönsten in Barcelona — obwohl er in keinem Reiseführer erwähnt ist und die Stadtrundfahrt ihn links liegen läßt. Dagegen wird den **Jardins Joan Maragall** hinter dem Palau Nacional große Aufmerksamkeit zuteil. Sie bieten die sicherlich vornehmste Möglichkeit, in Barcelona spazieren zu gehen — allerdings besteht hierzu nur selten Gelegenheit. Der Park hat nur wenige Stunden an Sonn- und Feiertagen geöffnet. In dem mitten im Park gelegenen Palacete Albéniz werden hochrangige Gäste Barcelonas beherbergt.

Hinter den neu geschaffenen Stätten olympischer Wettkämpfe wartet eines der außergewöhnlichsten Museen in Barcelona auf Besucher, die **Fundació Joan Miró**. Die Idee zu dieser Fundació hatte Miró selbst. Er gründete zusammen mit seinem Freund Joan Prats 1971 diese private Stiftung mit Hilfe der Stadt Barcelona und der Regionalregierung. Sie dient mehreren Zwecken. Es sollen charakteristische Werke Mirós ausgestellt, Studien über Miró ermöglicht und jungen Künstlern die Chance gegeben werden, ihre Werke auszustellen. 217 Bilder Mirós, 153 Skulpturen und vor allem das komplette graphische Werk mit über fünftausend Blättern gehören der Stiftung. Das Museumsgebäude auf dem Montjuïc, ein offener, lichtdurchfluteter Bau mit ineinander verschachtelten Ebenen, wurde von Mirós Freund Josep Lluis Sert errichtet und am 10. Juni 1975 eröffnet.

Joan Miró ist ein echter Barceloneser. Er wurde 1893 in der Passatge del Crèdit geboren. In Mont Roig bei Tarragona verbrachte er später die meisten Sommer. Im Winter lebte er gerne in Paris, damals das unbestrittene kulturelle Zentrum der Welt. Dessen bohèmehafte Atmosphäre hat nicht nur Miró fasziniert. Dort zählte er mit André Breton zu den Unterzeichnern des ›Surrealistischen Manifestes‹ (1924). 1956 ließ er sich endgültig in Palma de Mallorca nieder, wo er am 25. Dezember 1983 starb. Miró hat vor allem die amerikanische Avantgarde stark beeinflußt.

Am Ende des Montjuïc liegen die **Jardins Mirador de l'Alcalde**. Von dort hat man einen weiten Blick über ganz Barcelona und die Hafenanlagen. An klaren Tagen sieht man sogar bis zu den Pyrenäen und zur Costa Brava. Die Anlage ist bereits Ende des vergangenen Jahrhunderts in Angriff genommen worden, weil sich Barcelona für die Weltausstellung von 1914 angemeldet hatte. Der Erste Weltkrieg machte dieses Vorhaben jedoch zunichte. Als die Weltausstellung dann 1929 nachgeholt werden konnte, waren die Gärten bereits eingewachsen.

Überragt wird der Mirador von dem im 17. Jahrhundert erbauten **Castell de Montjuïc**. Der Vorgänger war von den Franzosen erobert und zerstört worden. Ende des 18. Jahrhunderts bauten die Barceloneser das Kartell wieder auf. Dabei gab man ihm die Form eines fünfzackigen Sterns. Viele Jahre diente es als Militärgefängnis, ehe es in ein Armeemuseum umgestaltet wurde. In insgesamt fünfzehn Sälen gibt es historische und moderne Waffen, Modelle von militärischen Einrichtungen und Darstellungen bekannter Schlachten zu sehen. Dem, der sich nicht so für Militärisches begeistern kann, sei der Dachgarten empfohlen, von dem man auf den Hafen, auf Barcelona, den Tibidabo und bei gutem Wetter ein weites Stück die Costa Brava hinauf sehen kann.

Eixamples

In den **Eixamples** findet man in jeder Straße eigenwillig gebaute oder verzierte Häuser, zumeist um die Jahrhundertwende entstanden: die Fassade ein einziges Mosaik, die Erker mit Butzenscheiben und verspielten Eisengittern versehen. Auch abseits der Zentren stößt man in den Wohnvierteln immer wieder auf das eine oder andere interessante Haus oder zumindest interessante Detail: Dort ist besonderer Wert gelegt worden auf ausgefallene schmiedeeiserne Gitter, hier wurden der Balkon oder der Erker oder auch der nach außen verlegte Aufzugschacht mit bunten Fliesen verkleidet. Die ausgefallensten Bauwerke des Modernismo sind jedoch auf einen Teilbereich der Eixamples beschränkt. Er umfaßt rund hundert Häuserblocks zwischen den Straßen Aribau, Passeig de Sant Joan, Ronda und Diagonal. ›Quadrat d'Or‹ (›Das goldene Quadrat‹) nennen die Einheimischen dieses Gebiet.

Zentrum nicht nur des Quadrat d'Or, sondern des gesamten Eixamples ist der **Passeig del Gràcia**. Das war vom Eixamples-Architekten Cerdà auch durchaus so gewollt. Keine Straße wurde mit sechzig Metern so breit geplant wie diese Ausfallstraße in die damals noch selbständige Gemeinde Gràcia. Der Prachtboulevard ist nicht nur gesäumt von den spektakulärsten Gebäuden des Modernismo, er ist auch im übrigen von den Modernismo-Architekten gestaltet worden. So entwarf Gaudí die schmiedeeisernen Straßenlaternen mit den Mosaik-Bänken.

Wegen des überaus starken Verkehrs müssen die Mosaikplatten von Zeit zu Zeit erneuert werden, sie halten den Autoabgasen nur eine begrenzte Zeit stand. Dabei halten sich die Restauratoren an den Arbeitsstil, der auch schon bei der Schaffung der Verblendungen benutzt wurde. Große Keramikplatten werden mit dem Hammer in kleine, unregelmäßige Stücke gehauen. Dann werden für einen begrenzten Bereich, in der Regel nicht mehr als zwei bis drei Handflächen groß, verschiedene Muster ausprobiert. Dazu werden die einzelnen Keramikstücke immer wieder mit Zangen passend geschnitten. Erst dann werden der Mörtel und anschließend die Stücke vorsichtig aufgebracht. Der aus den Fugen quellende Mörtel muß dabei sofort abgewischt werden, da er sonst die Glasur angreifen würde. Die vielen Keramikarbeiten lassen die Renovierung der großen und kleinen Kunstwerke des Modernismo zu einer beschwerlichen Angelegenheit werden. Und das, was entsteht, ist letztlich ein eigenes, neues Kunstwerk.

Die zwölfhundert Meter lange Prachtstraße wird abgeschlossen durch einen schönen kleinen Platz mit Springbrunnen und eindrucksvollen Häusern, unter anderem dem Gebäude einer der ersten Banken in Barcelona, der Caixa d'Estudis i Penerians de Barcelona. Dahinter beginnt das Viertel **Gràcia**. Es ist zwar ein wenig heruntergekommen, aber durchzogen von beeindruckend schönen Häusern mit aufwendig gestalteten Balkonen und Erkern – und es ist vor allem sehr heimelig. Dort pulsiert das Leben, so wie man es sich in einer mediterranen Hafenstadt vorstellt. Man spürt in Gràcia noch, daß es früher einmal eigenständig war. Es scheint noch heute mit dem übrigen Barcelona nur wenig gemein zu haben.

Zu den bekanntesten Häusern im Quadrat d'Or gehören die Casa Lléo Morera, die Casa Amattler und die Casa Battló am Passeig de Gràcia. **La Manzana de la Discòrdia** nennen die Barceloneser diese drei Häuser. Das ist ein Wortspiel: ›Manzana‹ heißt zwar Häuserblock, ›Manzana de la Discòrdia‹ aber Zankapfel. Die Häuserfronten mögen für sich betrachtet in der Tat wie eine Schlacht der Stile aussehen. Die über und über mit Stuckornamenten versehene Fassade der Casa Lléo Morera neben dem strengen Äußeren der Casa Josefina Bonet (1915, Architekt Marcel-li Caquillat i Llofia), die Casa Amattler, deren Aufbau zwar geometrisch, aber trotzdem nicht ruhig ist, bis hin zu dem sich jedem Stil entziehenden Fassadengewitter von Gaudí, der Casa Batlló. Doch in dem unbekümmerten Stilgewirr Barcelonas ist dieser ›Zankapfel‹ längst nicht so spektakulär, wie er von außerhalb erscheinen mag. Sogar eine Casa Batlló, die anderswo aus sämtlichen Rahmen fallen würde, paßt in diese Stadt.

Die **Casa Lléo Morera** steht an der dem Stadtzentrum zugewandten Ecke dieses Blocks. Im ersten Stock befindet sich das Tourismus-Büro von Barcelona – in Räumen, die so üppig ausgestattet sind, daß sie sich fast einer Beschreibung entziehen. Erst in den achtziger Jahren hat die Stadtverwaltung von Barcelona diese Wohnung gekauft, um sie in ihrem jetzigen Zustand erhalten zu können. Fresken, Intarsien, aufwendige Parkettböden, ein mit bunten Mosaikfenstern ausgestattetes ehemaliges Speisezimmer – auch nach vielen Stunden Aufenthalt findet man immer wieder neue Details.

Die benachbarte **Casa Amattler** wurde zwischen 1985 und 1989 renoviert und beherbergt jetzt einige katalanische Kultureinrichtungen. Die Fassade besitzt zwar einen strengen, ebenmäßigen Grundriß, der jedoch durch verspielte Ornamente und Mosaiken aufgebrochen wird. Schon dieses Haus könnte eine Manzana, ein Zankapfel der verschiedensten Stile, sein. Nachts allerdings ist die Casa Amattler noch reizvoller, da sie sehr viel geschickter angeleuchtet wird als die übrigen Häuser. Nur spärlich wird das Licht gesetzt, häufig indirekt, so daß die Ornamente deutlich zutage treten. Den effektvollen Abschluß bildet der ausgeleuchtete kleine Turm auf dem Dach. Im Vergleich dazu hat man sich bei der Illumination der Casa Batlló wenig einfallen lassen.

Die **Casa Batlló**, ein ehedem unscheinbarer Bau in den Eixamples, wurde von Gaudí komplett umgebaut. Besonders eigenwillig ist das Treppenhaus, wo sich wieder Gaudís Abneigung gegen rechte Winkel zeigt. Alles ist geschwungen, jede Ecke zu weichen Kurven modelliert, die Fenster gerundet. Der kleine Aufzug teilt den Innenhof in zwei Teile – es sind Lichtschächte für die nach innen reichenden Fenster der Wohnungen. Die Wohnungen selbst sind von Gaudí bis in das letzte Detail durchgestylt worden, wobei er besonders viel Sorgfalt auf die Wohnung im ersten Stock legte. Da sie aber nur selten besichtigt werden kann, konzentriert sich das Besucherinteresse auf die Fassade. Wie Kuchenteig scheinen die Erker und Fenstereinfassungen die Hauswand herunterzufließen, wie kleine Masken aus dem venezianischen Karneval sehen die Balkoneinfassungen aus.

Im Vergleich zur Casa Batlló sieht die **Pedrera (Casa Milá)** direkt eintönig aus. Zwar schwingen sich die Stockwerke in wundervollen Bögen um das Haus. Zwar hat Gaudí den außergewöhnlichsten Abschluß eines Hauses geschaffen, seit man Dächer auf Gebäude setzt. Aber der Gesamteindruck ist sehr viel ruhiger und gleichförmiger als ein paar Meter weiter den Passeig del Gràcia hinunter. Auch der Innenhof ist klarer, nicht so überladen wie die Casa Batlló. Allerdings, rechte Winkel finden sich auch dort nicht.

Die Casa de les Punxes an der Avinguda Diagonal, eigentlich **Casa Terrades** geheißen, stellt eine nicht so verspielte Variante des Modernismo dar. Dieses sehr strenge, beinahe burgähnliche Haus mit Stuck- und schmiedeeisernen Ornamenten, die aber von den rechtwinklig angeordneten Ziegelsteinfassaden förmlich aufgesogen werden, nimmt nicht weniger als drei Straßenseiten ein. Die Treppenaufgänge sind streng, duster und nur wenig mit Ornamenten geschmückt – mit Ausnahme der Vorräume, die wahre Kandelaber-Monster zieren. Auch die Casa de les Punxes gehört mittlerweile einer Bank.

Antoni Gaudí

Etwas abseits des Quadrat d'Ort steht die **Casa Vicens** an der Carrer de les Carolines, Gaudís erste große Arbeit. Unbekümmert ignorierte er bereits dabei sämtliche Stile seiner Zeit. Die Casa Vicens, errichtet für den Fliesenfabrikanten Manuel Vicens i Montaner, ist ein verschachteltes, mit diversen Mosaikarbeiten übersätes Haus, mit Türmchen und Erkerchen, die ausschließlich zur Dekoration dienen. Kunstkenner glauben vor allem in den unterbrochenen Mauern des zweiten Stockes maurische Einflüsse entdeckt zu haben.

Der **Parc Güell** hat einen für das Schaffen von Gaudí typischen Verlauf genommen: Er war anders geplant, wurde mit gigantischen Ideen versehen und ist letztlich gescheitert. Denn ursprünglich war Gaudí nicht beauftragt worden, einen Park zu errichten, sondern eine Gartenstadt. Sein Mäzen Güell war ein Bewunderer der englischen Sozialpolitik und der englischen Architektur. So ließ er von Gaudí eine Arbeitersiedlung bei seinen Textilfabriken in Santa Coloma de Cervelló (›Colònia Güell‹) errichten und hatte die Idee, am Fuße des Tibidabo eine Gartenstadt nach englischem Vorbild zu bauen. Gaudí war begeistert und nahm den Auftrag an. Ihm schwebte vor, das neue Stadtviertel in die vorhandene Landschaft zu integrieren, ohne die Natur anzutasten – kein Baum sollte gefällt werden. Die Hälfte der gesamten Fläche war als Park vorgesehen.

Gaudí begann 1900 mit der Arbeit, konzipierte sechzig Villen und trieb die Errichtung der Gemeinschaftseinrichtungen voran. Er baute den zentralen Platz, der sozialer Mittelpunkt der Siedlung werden sollte. Er wird getragen von sechsundachtzig Säulen, die Gaudí teilweise schräg stellte. Diese Technik wandte er wiederholt an. Er hatte in Bindfadenmodellen herausgefunden, daß eine gerade stehende Säule nicht unbedingt optimal zur Aufnahme der Last geeignet ist. Der Platz sollte offen bleiben, um zwanglose Begegnungen der Bewohner zu ermöglichen. Für die Schwätzchen entwarf sein Mitarbeiter Jordi Maria Jujol, der auch maßgeblich an der Halle mitgearbeitet hat, die berühmten geschwungenen Bänke. Die Halle unterhalb des Platzes sollte als Markthalle dienen. Unter dem Boden ist eine Zisterne eingerichtet, die zwölftausend Liter Regenwasser aufnehmen kann.

Die Wege zwischen den geplanten Villen paßte Gaudí der Landschaft an. Dabei wollte er den Fußgängern eigene Straßen zuweisen. Es sind die Wege, die über Treppen führen oder sehr steil sind. Für Fahrzeuge waren etwas breitere Straßen vorgesehen. Kreuzungen sollte es nicht geben. Statt dessen errichtete Gaudí Viadukte: Die unteren Gassen benutzen die Fußgänger, über die Viadukte fahren die Fahrzeuge. Errichtet sind diese Brücken aus dem Stein der Gegend, wobei Gaudí darauf achtete, daß keine glatten Oberflächen entstanden.

Doch das Projekt kam bei den Katalanen nicht an. Damals wollte man in der Stadt, vor allem in den Eixamples wohnen, in großen städtischen Häusern und nicht in vergleichsweise kleinen Villen weitab vom Zentrum. Vierzehn Jahre lang versuchte Güell, Investoren zu finden – vergeblich. 1922 übergaben die Erben Güells das Gelände an die Stadt. Mittlerweile ist der Park am Fuße des Tibidabo eine unter vielen Attraktionen des Modernismo in Barcelona.

Der Haupteingang liegt an der Carrer d'Olot, wo Gaudí zwei Gebäude sowie den bunten Aufgang geschaffen hat. Links sollte die Verwaltung des Wohnparks untergebracht werden, das rechte Gebäude war als Portiersloge vorgesehen. Wie so häufig bei Gaudí zieren den First bunte Mosaike, und weiche Formen bestimmen statt rechter Winkel die skurrilen Bauten. Gaudí wohnte zu dieser Zeit unweit in der Carrer d'Olot. In diesem Haus, das neben dem Wohnhaus von Güell das einzig fertiggestellte der geplanten Gartenstadt ist, befindet sich das **Museu Gaudí**, in dem man viele Entwürfe des vor Ideen nur so sprühenden Architekten studieren kann.

Lohnend ist übrigens auch ein Spaziergang direkt neben dem Parc Güell in der Zona Forestal, einer weitgehend naturbelassenen Anlage mit vielen Pinienbäumen und wild verschlungenen Wegen.

Der **Parc de Pedralbes** an der Diagonal im Stadtteil Les Corts ist ein beliebter Park vor allem wegen seiner vielen Brunnen. Er entstand, als Ende der zwanziger Jahre die Diagonal verlängert wurde und das dort gelegene Grundstück der Familie Güell durchschnitt. Der Industrielle ließ sich daraufhin in dem verbliebenen Teil ein Herrschaftshaus errichten (es ist der jetzige Königspalast von Pedralbes) und beauftragte Gaudí mit dem Bau von Pavillons und Pferdeställen. Der Modernismo-Meister erfüllte diesen Auftrag nach Fertigstellung der Casa Vicens. Den dort gepflegten Stil entwickelte er in Pedralbes weiter. Das spektakulärste Element ist am Passeig de Manuel Girona ein Tor in Form eines sehr extravaganten schmiedeeisernen Drachens. Er wacht offenbar darüber, daß der Park nicht von ungebetenen Gästen (oder Geistern?) heimgesucht wird.

Inmitten des großzügig angelegten, gepflegten Wohnviertels Pedralbes liegt unweit vom Park das **Monastir de Pedralbes**. Es wurde 1326 als Klarissinnenkloster errichtet. Sein Name dürfte von den weißen Kalkfelsen (piedras albas) abstammen, die den Untergrund dieses Stadtteils bilden. Mittelpunkt des Klosters wie des Interesses der Besucher ist der dreistöckige Kreuzgang, dessen schlanke Säulen den Gängen etwas unerhört Leichtes geben. Der Kreuzgang ist in zwei Schüben entstanden: Die ersten beiden Geschosse waren im 14. Jahrhundert fertig, das dritte Geschoß ein Jahrhundert später. Die klösterliche Ruhe wird allerdings bald nachdrücklich gestört sein, wenn die Umgehungsstraße fertiggestellt ist. Sie wird nicht weniger als zwölf Fahrspuren umfassen und direkt an den Klostermauern entlangführen.

Der **Sagrada Familia** hat Gaudí seine letzten Lebensjahre gewidmet. Bereits 1882 war diese Kathedrale auf Anregung einiger Industrieller begonnen worden. Der zunächst beauftragte Architekt Francesc Villar entwarf sie im neugotischen Stil und erbaute eine Krypta. Doch die Arbeiten zogen sich hin, bis 1901 Güell die Sache in die Hand nahm und dafür sorgte, daß Gaudí das Projekt überschrieben wurde. Der ließ zwar die Krypta so, wie sie erbaut war, aber änderte ansonsten das Konzept der Kathedrale radikal.

Der tiefgläubige Architekt wollte in seiner Kathedrale sämtliche Facetten des Katholizismus verewigen: Die zwölf Apostel erhielten in seiner Planung je einen Turm, vier weitere die Evangelisten, einen größeren die Jungfrau Maria und der mächtigste Turm, auf 170 Meter geplant, sollte Jesus gewidmet werden. Die Säulen im Inneren des Kirchenschiffs sollen die Namen der spanischen Regionen tragen, die Fenster sind jeweils einer Region oder einem Heiligen, einer Institution oder einer Glaubensrichtung zugedacht. Die drei Fassaden symbolisieren die Geburt Christi (Carrer de Marina), Leidensweg und Tod Jesu' (Carrer de Sardenya) und Auferstehung (Carrer de Mallorca). Über die Carrer de Mallorca soll zudem einmal eine mächtige Treppe gebaut werden.

Gaudí wollte nicht nur ein Gotteshaus schaffen, sondern auch einen kleinen Stadtbezirk mit Schulen, Kindergärten und Gemeindehäusern. Die Sagrada Familia sollte diese Einrichtungen quasi um sich scharen. Gaudí selbst verpflichtete ein Team von Architekten, das seine immer neuen Ideen umsetzen mußte, er selbst richtete sich in den Untergeschossen der Baustelle eine Wohnung ein. Als er 1926 von einer Straßenbahn überfahren und getötet wurde (er war damals 74 Jahre alt), war die Sagrada Familia nicht mehr als ein Rohbau, der allenfalls aufscheinen sollte, wie sie später einmal aussehen sollte. Fertiggestellt waren lediglich die Apsis und die Fassade »Geburt Christi«. Gaudí wurde in der Krypta beerdigt, der Weiterbau ruhte zunächst einmal – nicht nur, weil der Bürgerkrieg solche Tätigkeiten unterbrach, sondern auch, weil ein heftiger Streit darüber entbrannte, ob der Modernismo-Stil noch zeitgemäß sei.

Nach dem Zweiten Weltkrieg setzten die Erhaltungs- und Baumaßnahmen erst 1952 wieder ein. Mitarbeiter, die zum Teil als Lehrlinge noch bei Gaudí gewirkt hatten, sammelten die alten Pläne und Skizzen und setzten sie in Baupläne um. Der Sohn eines ehemaligen Gaudí-Mitarbeiters, Jordi Bonet Armengol, ist derzeit Bauleiter der Sagrada Familia. Er hält sich nicht sklavisch an die Vorgaben Gaudís (die teilweise auch durchaus widersprüchlich sind), sondern verweist auf die Losung des Initiators, daß die Sagrada Familia im Einklang mit der Historie wachsen muß. So beauftragte Bonet den avantgardistischen Künstler Josep Subirach, in die Fassade des Leidensweges (Fachada del Dolor) kantige, kraftvolle Skulpturen einzufügen. Sie stehen zur kleinteiligen Fassade in einem herrlichen Kontrast – finden die einen. Andere organisieren sogar internationale Demonstrationen, um gegen diesen ›Verrat an den Gaudíschen Ideen‹ zu protestieren. Subirach hat auf jeden Fall den Auftrag, insgesamt rund einhundert Skulpturen für die Sagrada Familia zu erstellen.

Diese Auseinandersetzungen sind die wechselnden Bauherren und Architekten der Sagrada Familia gewöhnt. Der deutsche Schriftsteller Wolfgang Koeppen bemerkt in seinem in den fünfziger Jahren entstandenen Tagebuch über Barcelona, die Sagrada Familia sei ›im Stil eines expressionistischen Zuckerbäckers‹ erbaut und bezeichnete die Kirche als ›Schlaraffenturm für Beter‹. Der Streit um diese Kathedrale wird mit Sicherheit niemals aufhören, selbst wenn sie irgendwann einmal fertiggebaut ist. Jedenfalls fließen die Spenden recht gut und die Eintrittsgelder dieser am zweitmeisten besuchten Sehenswürdigkeit Barcelonas (jährlich staunen fast 900 000 Besucher) tun ein Übriges, um den Weiterbau zu finanzieren. Geht alles so weiter wie bisher, hoffen die Architekten, bereits Ende der neunziger Jahre das Hauptschiff samt Dach fertiggestellt zu haben.

Ein kleines Museum im Untergeschoß der Kathedrale referiert recht anschaulich die verschiedenen Baustile, setzt sie in Kontrast zu Gaudís weltlichen Arbeiten und zeigt viele Entwürfe des Architekten sowie einige der Skulpturen, die bislang verbaut sind. 373 Stufen sind es hinauf zu jedem der beiden inneren höchsten Türmen der Kathedrale. Sie sollen einmal die Glocken aufnehmen. Die Aussicht auf Barcelona wechselt ständig – allein schon deshalb sollte man diese Mühe dem Fahrstuhl (der außerdem nur die halbe Strecke bewältigt) vorziehen. In dieser luftigen Höhe erschließt sich das Projekt erst so richtig, vor allem, solange der Innenraum der Kathedrale noch nicht mit einem Dach abgedeckt ist. Der Genuß ist allerdings nur etwas für Schwindelfreie, denn der unorthodoxe Baustil Gaudís läßt immer gerade dann einen Vorsprung frei, wo man es nicht vermutet hätte.

Drei Jahre hat Luís Domènech i Montaner an dem **Palau de la Música Catalana** gebaut. Als der Palast 1908 der staunenden Öffentlichkeit übergeben wurde, war allen klar, daß damit ein Höhe-, aber in gewisser Weise auch der Abschlußpunkt des Modernismo geschaffen worden war. Nur wenige Jahre später sollte Domènech der Ideenlosigkeit geziehen werden, als er die Messehallen am Fuß des Montjuïc errichtete.

Die überquellende Pracht des Palau de la Música Catalana zu beschreiben, ist schlicht unmöglich. Allein um die Details der riesigen Kuppel im Konzertsaal zu erfassen, braucht es lange Zeit. So gesehen, kann es dem Konzertbesucher gar nicht langweilig werden – gleich, wie gelungen die musikalischen Darbietungen auch sein mögen. In den vergangenen Jahren wurde der Palau im rückwärtigen Teil erweitert. Die mit Ziegeln errichteten Erker, die sich der Architekten-Star Oscar Tusquets einfallen ließ, sind eine verblüffend kongeniale Fortschreibung des alten Konzepts.

Das moderne Barcelona

Die **Fundació Antoni Tàpies** an der Carrer de Aragó ist aus einem ähnlichen Grund entstanden wie die Fundació Joan Miró. Tàpies wollte als arrivierter Künstler einen permanenten Ausstellungsplatz für seine eigenen Werke haben, aber auch jungen Nachwuchskünstlern die Gelegenheit geben, sich dem Publikum zu stellen; zudem wird Wissenschaftlern der Zugang zu Materialien aus der Schaffenszeit von Tàpies hier ermöglicht. Tàpies: ›Ein zeitgenössischer Künstler kann sich nicht darin genügen, ein paar Bilder zu malen oder ein paar Objekte zu schaffen. Die Arbeit des Künstlers muß begleitet werden von Aktionen, die den Bürgern zeigen und erklären, was er macht.‹

1984 gründete er diese Stiftung, die ihr Domizil schließlich an der Ausfallstraße Carrer de Aragó in den Eixamples fand. Dort erwarb er ein Haus, das zwischen 1880 und 1885 von Lluís Domènech i Montaner für den Verlag Editorial Montaner i Simón gebaut wurde. Das in dem für die Anfangszeit des Modernismo typischen strengen Stil gehaltene Haus wurde von Roser Amadó und dem Urenkel des ursprünglichen Architekten, Lluís Domènech, renoviert. Seit Juni 1990 ist es der Öffentlichkeit zugänglich. Es wurde praktisch entkernt und in einen einzigen, auf mehrere Stufen verteilten Raum umgestaltet. Wände strukturieren diesen Raum und führen gleichzeitig durch die Ausstellung. Nur schlanke Säulen stützen die Zwischengeschosse ab, in denen vor allem die im Aufbau befindliche Bibliothek von Tàpies untergebracht ist. Grandios ist der Innenhof, der auf Höhe des ersten Stocks errichtet wurde. Wunderschöne Bambus-Sträucher und wild wuchernder Efeu stehen in einem effektvollen Kontrast zu dem modernen Hof.

Auf dem Dach der Fundació Antoni Tàpies hat Antoni Llená eine Hommage an den katalanischen Künstler, der vor allem durch seine Skulpturen bekannt geworden ist, angebracht: Ein Gewirr aus nicht weniger als zweieinhalb Kilometer Aluminiumrohr, das sehr gut zu dem chaotischen Verkehr paßt, der sich durch die Carrer de Aragó wälzt. Es heißt ›Núvol i cadira‹ (›Wolke und Stuhl‹).

Zwischen Gràcia und dem Tibidabo liegt der **Parc Turó des Putget**, wunderschön am Berg angelegt mit bunten Blumenrabatten, Pinien- und Palmen-gesäumten Wegen und schattigen Ruheplätzen. Er ist nicht nur eine erfrischende Oase oberhalb des Häusermeeres, sondern gibt auch herrliche Blicke frei auf Barcelona und seine Bucht. Im oberen Bereich des Parks hat man auf der dem Berg zugewandten Seite eine ebensolche Aussicht auf den Tibidabo und den neuen Funkturm.

An einer unscheinbaren Haltestelle an der Plaça J. Kennedy, der Metro-Endhaltestelle Tibidabo, startet die Tramvia Blau, eine Pferde-gezogene Trambahn, die die Besucher des Tibidabos zu der Talstation der Bergbahn bringt. Die Tramvia ist das letzte Überbleibsel des 1971 stillgelegten Straßenbahnnetzes. Weiter auf den 530 Meter hohen **Tibidabo** geht es dann mit der Seilbahn. Sie fährt bis um 3.30 Uhr in der Früh – denn auf dem Berg steht ein fest installierter Rummelplatz auch den Nachtschwärmern offen. Anwohner, die sich gestört fühlen könnten, gibt es ja nicht. Erst um 17 Uhr öffnet der Vergnügungspark.

Andere Aktivitäten bietet der Tibidabo kaum. Zwar hat man eine grandiose Aussicht über Barcelona und die Küste. Auch kann man mit dem Fahrstuhl auf einen Turm der 1935 fertiggestellten Kirche Sagrado Corazón de Jesú fahren. Doch die Aussicht von dort oben ist nur wenig verbessert gegenüber dem Blick gut vierzig Meter weiter unten an der Plattform der Kirche, die Experten zu Recht als belanglos einschätzen. Aber wer den Rummel liebt, findet auf dem Tibidabo einen der außergewöhnlichsten Orte, um seiner Leidenschaft zu frönen.

Auf dem Nachbarhügel entstand in den vergangenen Jahren ein neues, unübersehbares Wahrzeichen von Barcelona: der **Funkturm**. Mehr als 260 Meter hoch und damit weltweit nur noch von den Türmen in Hamburg, München, Berlin und Moskau übertroffen, setzt er ein markantes Zeichen auf dem Vilana. Im zehnten Stockwerk der Plattform, in der sich auch die Service-Einrichtungen für die Radiosender befinden, ist ein Mirador eingerichtet – 115,4 Meter über der Erde. Höher kann man in Barcelona nicht hinaus.

In den vergangenen Jahren hat die Stadtverwaltung von Barcelona in vielen Stadtvierteln markante Punkte gesetzt. Wo immer möglich, wurden moderne, teilweise futuristische Plätze angelegt, von Architekten ›Plaças duras‹ (›Harte Plätze‹) getauft. Damit soll der Unterschied zum grünen Park betont werden. Für Besucher, die sich für moderne Stadtarchitektur interessieren, ist der Besuch zumindest einiger dieser ›Plaças duras‹ ein Muß.

Wenn es überhaupt so etwas Widersprüchliches geben kann wie einen urbanen Park, dann ist das Modell dazu der **Parc de l'Espanya Industrial** an der von Wolkenkratzern umgebenen U-Bahn-Station Estacion/Sants. Zwischen 1982 und 1985 hat der baskische Landschaftsarchitekt Luis Peña Ganchegui auf einem aufgelassenen Industriegebiet (dem dereinst ersten in der Ebene von Barcelona, auf der eine Textilfabrik stand) eine Mischung aus Grünfläche und moderner Installation geschaffen, die einzigartig ist. Eine riesige begehbare Stahlskulptur (›Drac de Sant Jordi‹ von Andrés Nagel) markiert den Haupteingang. Neun stilisierte Leuchttürme begrenzen eine Seite, die mit steilen Treppen zu einem künstlichen See hinabführt, der von einem Wasserspiel gespeist wird. Der Rest ist Grün, unterbrochen von Skulpturen und Wasserspielen: viel Gelegenheit, Sport zu treiben oder zu faulenzen. Für die Kinder wurde ein großer Spielplatz eingerichtet. Ein Park voller Widersprüche – und vielleicht gerade deshalb besonders typisch für Barcelona.

Der viele Jahre stillgelegt gewesene Bahnhof **Estació del Norte** wurde Anfang der neunziger Jahre von Grund auf renoviert. Seine herrlich leichte Eisenträger-Konstruktion ist wieder hergestellt und das ehemalige Einfahrtstor des Bahnhofs mit der gleichen Konstruktion versehen. Dort finden während der Olympiade die Tischtennis-Wettkämpfe statt, später dient der Estació del Norte als Sportzentrum. Der anbei angelegte Park greift die von Gaudí erfundene Verblendung mit Keramikbruchstücken auf – allerdings in geradezu monumentaler Weise. Am Eingang empfangen den Besucher zwei schwindelerregende weiße Flächen mit Mustern, die sich wie in einem Orkan zu drehen scheinen. Die beherrschende Plastik des Parks von der Nordamerikanerin Beverly Pepper ist ebenfalls mit Keramikbruchstücken verziert (allerdings in Blautönen). Das elegante Werk sieht aus wie eine gigantische Welle, die an den ehemaligen Bahnhof anbrandet. Eine Lokalzeitung schrieb bei der Eröffnung des Parks, das Werk sehe aus, als sei ›eine Wolke in den Park gefallen‹.

Der sich an den ehemaligen Bahnhof anschließende Raum, auf dem früher die Gleisanlagen standen, wird zu einem riesigen Kulturzentrum ausgebaut. Ricardo Bofill, der profilierteste moderne Architekt Kataloniens, entwarf ein Nationaltheater, das zwei Konzertsäle für eintausend beziehungsweise fünfhundert Zuschauer enthält, Bibliotheken und anderes mehr. Bofill dachte sich dazu eine klassizistische Metall- und Glaskonstruktion aus, die von einer Säulenreihe umgeben ist – ein architektonisches Wagnis, das mit Sicherheit zu heftigen Diskussionen führen wird. Gegenüber entsteht ›Das Auditorium‹, ein Zentrum für zeitgenössische Musik und Folklore. Dort sollen nicht nur Studenten arbeiten können, dort erhalten auch das Städtische Orchester von Barcelona sowie die Volksmusikgruppe Banda Municipal und die Sardana-Spieler Cobla Municipal ein ständiges Quartier.

Neben dem Parc de l'Espanya Industrial ist der **Parc del Croll** der außergewöhnlichste Park in Barcelona. Mittelpunkt ist ein über zweihundert Meter langes, eckiges Wasserbassin, an dessen Ende eine elegant geschwungene Plastik inklusive Wasserfontänen steht. Das Wasser fließt in einer Kaskade in das tiefer liegende Bassin. Der Clou: Der Teich ist nicht nur zum Anschauen, sondern auch zum Baden gedacht. Zum Schwimmen allerdings nicht – das Wasser ist nicht sehr tief. Dennoch hat die Bevölkerung diesen Park mit einer derartigen Begeisterung in Besitz genommen, daß die Menschen dicht an dicht im Wasser stehen.

Sehenswürdigkeiten im Umland

Die unmittelbare Umgebung Barcelonas läßt sich teilweise auch mit öffentlichen Verkehrsmitteln erobern. So kann man mit der S-Bahn von der Plaça de Catalunya zum Kloster **Montserrat** fahren. Die Attraktion dieses weltberühmten Klosters liegt vielleicht nicht so sehr in der Schönheit seiner Gebäude als in der spektakulären Lage und den vielen Schätzen, die das ehedem sehr reiche Kloster noch immer besitzt.

Auch die Fahrt dorthin mit dem Pkw ist ein Erlebnis. Nach dem breiten Industriegürtel von Barcelona wird die Landschaft immer hügeliger – bis zum Montserrat, dem höchsten Felsen dieser Gegend. So jedenfalls ist der Eindruck, wenn man vom Südwesten anreist. Noch imposanter wird die Anreise von Norden. Viele zerrissene Spitzen, die aus steil hinabfallenden Felsen thronen, beweisen, warum der Montserrat seinen Namen bekam: Er heißt auf deutsch ›Zersägter Berg‹. Zehn Kilometer mißt dieses Massiv, es wird bis zu fünf Kilometern breit und ragt beim Pic de Sant Jeroni auf 1235 Meter hinauf.

Ein ganz besonderes Erlebnis ist es, den Montserrat mit der Seilbahn zu ›erklimmen‹. Die Fahrt führt teilweise knapp über die üppig bewachsenen Felsen. Die Schäden eines Feuers, das 1986 gewütet und die gesamte Flora vernichtet hatte, sind zwar noch auszumachen, aber die Natur hat sich große Teile des Berges bereits zurückerobert. In den Hängen des Montserrats haben Botaniker mehr als die Hälfte aller Pflanzenarten gefunden, die in Katalonien überhaupt vorkommen. Der Funicular (erbaut übrigens in Leipzig) hat seine Talstation gleich am Bahnhof, an dem der Zug aus Barcelona hält.

Auf dem Berg weiß man nicht, was man zuerst bestaunen soll: die monumentale Klosteranlage, die phänomenale Aussicht oder die überwältigenden Felsformationen, in die das Kloster hineingeklebt zu sein scheint. Erosion hat die Felsenspitzen zu kuriosen Formen ausgewaschen. Der Phantasie sind keine Grenzen gesetzt.

Die außergewöhnliche Lage war es wohl auch, die schon früh das Interesse von Einsiedlern und Mönchen geweckt hat. Schon im 8. Jahrhundert sollen die ersten Einsiedeleien gebaut worden sein, urkundlich bezeugt sind sie immerhin vom Ende des 9. Jahrhunderts. Anfang des 11. Jahrhunderts gründete der berühmte Abt Oliba, der entscheidenden Anteil an dem Bau vieler romanischer Kirchen in Katalonien hatte, ein Kloster auf dem Montserrat, dessen kultischer Mittelpunkt im 12. oder 13. Jahrhundert wurde die Madonna wurde. Im 16. Jahrhundert wurde eine Kirche errichtet, auf der die heutige Basilika ruht. Die damaligen Ausmaße (68 Meter lang, 21 Meter breit und 33 Meter hoch bei zwei Meter dicken Grundmauern) sind außergewöhnlich. Man darf ja nicht vergessen, daß diese Stein-Kolosse auf den Berg hinaufgeschleppt werden mußten. Trotzdem hat der Bau der Basilika nur dreißig Jahre gedauert. Doch während des Eroberungsfeldzuges von Napoleon wurden alle Gebäude bis auf die Grundmauern zerstört. Der Wiederaufbau, der teilweise bis in die heutige Zeit dauerte, geschah (mit Ausnahme der Kathedrale) in einem eher zweckmäßigen denn schönen Stil.

Zentrum des Montserrat-Kults und auch des Interesses der Besucher ist die Madonna-Statue. Um die ›Morenata‹, die ›Bräunliche‹, wie die Katalanen die Figur nennen, rankt sich eine Vielzahl von Legenden. Die bekannteste befaßt sich mit der Auffindung der Statue. Hirten sollen nämlich aus einer Höhle im Montserrat seltsame Lichterscheinungen und Gesang vernommen und daraufhin den Bischof alarmiert haben. Der fand in der Höhle eine Madonnenfigur, die in einer Prozession hinunter in die Stadt gebracht werden sollte. Doch mit jedem Schritt wurde die Figur immer schwerer, bis der Bischof entschied, daß dies ein himmlisches Zeichen sei und an dieser Stelle eine Kapelle entstehen solle. Dieses Kirchlein soll der Kern der jetzigen Anlage gewesen sein. Wahrscheinlich wurden in dieser Geschichte ein paar Fakten (wie der Kirchenbau) mit allerlei Erfundenem vermischt. Denn die Figur selbst entstammt unzweifelhaft erst dem 13. Jahrhundert und ist damit um einiges jünger als die untergegangene Ur-Kirche auf dem Montserrat.

Zur Besichtigung der Morenata muß man in der Regel anstehen, unter Umständen auch sehr lange. In dieser Hinsicht ergeht es ihr genauso wie vielen anderen berühmten Kunstwerken. Zur Madonna wird man durch den Gang neben dem Hauptschiff der Kathedrale geführt, eine wahre Bittprozession durch Kapellen, an Gemälden vorbei, durch einen üppig mit Mosaiken ausgelegten Treppenaufgang. In der Gnadenkapelle, die die Statue der Madonna beherbergt (sie ist mit Plexiglas geschützt), stehen neun Silberlampen, die die acht katalanischen Diözesen und Montserrat symbolisieren sollen.

Jeden Tag um 13 Uhr ist die Kirche zum Bersten voll – dann singt der Chor der Knaben, die ›Escolania‹, das Salve Regina. Der Chor besteht mit Sicherheit seit dem 13. Jahrhundert, vielleicht auch noch länger. Doch schon aufgrund dieser Annahme ist er das erste Konservatorium in ganz Europa. Auch heute noch erfreut dieses sich regen Zuspruchs. Unter den Interessenten für diese Klosterschule muß jedes Jahr eine strenge Auslese getroffen werden.

Schon immer haben die Mönche vom Montserrat auch weltliche Ambitionen gehabt. Sie erlernen noch heute handwerkliche Berufe. Mittelpunkt ist eine Druckerei mit angeschlossenem Verlag. Doch nie waren die Mönche so stark in der Bevölkerung verankert wie während der Franco-Diktatur. Als einzige wagten sie es, offen die vom ›Generalissimo‹ verbotene katalanische Sprache zu pflegen. Ihre Zeitschrift ›Serra d'Or‹ erschien nicht nur in Katalanisch, sie bot auch weltlichen Autoren Platz für Beiträge, die die Erinnerung an die katalanische Unabhängigkeit hochhielten und für die Demokratie fochten. Selbst Treffen von erklärten Gegnern der Diktatur organisierten die Patres in den Räumen des Montserrat, zuerst 1970, fünf Jahre vor dem Tod Francos. Franco versuchte immer wieder, die Mönche auf seine Linie zu zwingen, doch da sie durch ein Konkordat vor seinem Zugriff geschützt waren, mußte er es bei wütenden Kommentaren bewenden lassen. Nach dem Ende seiner Herrschaft ermahnten die Mönche mit einer aufsehenerregenden ›Messe der Versöhnung‹ ihre Landsleute, mit friedlichen Mitteln die neue Demokratie aufzubauen.

Natürlich ist Montserrat kaum mehr ein Ort der Besinnung. Er zählt zu den Hauptsehenswürdigkeiten nicht nur von Katalonien, sondern von ganz Spanien. Jeden Tag wird der Berg von Unmengen Besuchern gestürmt – in der Regel mit dem Auto und ganz besonders natürlich an Wochenenden und Feiertagen. Der Besuch auf dem Montserrat steht für die meisten spanischen Katholiken nicht nur Kataloniens mindestens einmal jährlich an. Die Klosterverwaltung schätzt die jährliche Besucherzahl auf über eine Million. Doch die Mönche sind darauf eingerichtet: Vom teuren Restaurant über Snack-Bar und Supermarkt bis zu einem Markt, der Obst und Süßigkeiten feilbietet, ist für Verpflegung jeder Art gesorgt. Und selbst für Übernachtungen sind die Mönche gerüstet. Insgesamt zweitausend Betten können sie den Besuchern in ihren weitläufigen Klosteranlagen zur Verfügung stellen.

Vor dem rund tausend Meter hohen San Lorenzo del Munt liegt **Terrassa**, seit altersher ein Zentrum der für Katalonien bedeutenden Textilindustrie. Noch heute werden dort neunzig Prozent aller spanischer Textilstoffe hergestellt. Die wohlhabenden Industriellen taten sich auch als Mäzene des Modernismo hervor. Viele Verwaltungs- und Fabrikgebäude wurden von den bekanntesten Architekten dieses Stils gebaut. Terrassa war aber auch einmal Bischofssitz. Im Vorort San Pedro finden sich Reste dieser Zeit. Ein wenig versteckt liegen dort drei kleine romanische Kirchen dicht beieinander: San Pedro, San Miguel und Santa María.

Caldes de Montbuí wird von altersher aufgesucht, um Linderung vor allem von rheumatischen Krankheiten zu finden. Schon die Römer haben die Quelle entdeckt und genutzt. Ihre damals entstandene Therme an der Plaça de Mercedes Gaspir hat man in den vergangenen Jahren restauriert: Auf die noch vorhandenen Mauerwerke wurde ein neues Tonnengewölbe gesetzt. Neben der kleinen, aber eindrucksvollen Anlage steht die *Casa de Nuestra Senora de Montserrat* – ein altehrwürdiges Hospital mit einem schönen, von Efeu umrankten Innenhof. Zentrum von Caldes de Montbuí ist das Kurhotel, das mittlerweile einem US-amerikanischen Hotelkonzern gehört. Es ist an der Stelle errichtet, wo bereits 1674 eine Kuranlage stand – die erste in ganz Katalonien. Caldes de Montbuí strahlt die etwas verschlafene Ruhe aus, die für Kurorte typisch ist. Der Ort selbst liegt in einem ungemein fruchtbaren Tal.

In **Santa Coloma de Cervelló**, gelegen im Industriegürtel von Barcelona, betrieb Kataloniens größter Mäzen des Modernismo, Eusebi Güell i Bacigalupi, eine seiner Textilfabriken. Da er von der englischen Industrie und der dortigen Architektur begeistert war, beauftragte er seinen bevorzugten Architekten Gaudí mit dem Bau einer Arbeitersiedlung, der *Colònia Güell*. Der konzipierte zwar diese Siedlung, in deren Fabrik Baumwolle gesponnen wurde, übertrug die Ausführungsarbeiten aber auf Mitarbeiter. Er selbst kümmerte sich nur um den Bau einer Kirche. Wieder einmal kreierte er etwas völlig Neuartiges, als er mit der Planung der Krypta begann.

Er bastelte ein kleines Modell der Kryptagewölbe und befestigte an den Stellen, an denen Säulen gedacht waren, kleine Gewichte an Bindfäden. Auf den Kopf gestellt, so dachte sich Gaudí, müßten diese exakt anzeigen, wie die Säulen gebaut werden müssen, um dem Druck am besten standzuhalten. An diese Vorlage hielt er sich und so entstand eine Krypta mit schräggestellten Säulen und einem Kreuzgewölbe, das keiner geometrisch klaren Form folgt. Diese Technik wandte Gaudí später auch bei der Konzeption der Sagrada Familia in Barcelona an. In Santa Coloma de Cervelló benutzte Gaudí ausschließlich Ziegelstein, so daß Architekten schwärmen, er habe alle überhaupt nur möglichen Anwendungsformen dieses Baumaterials dargestellt. Die Kirche wurde nicht fertiggestellt, aber die Krypta gehört zu Gaudís wunderlichsten und ausgefallensten Werken.

Costa Brava

Wer über die Küstenstraße von Portbou nach Katalonien einreist, bekommt es zunächst mit den Ausläufern der Pyrenäen zu tun, was einiges an Arbeit hinter dem Lenkrad bedeutet. Der Grenzort **La Jonquera** gehört zu den wenigen in Europa, in denen die Grenze exakt einer Straße folgt: Der östliche Bürgersteig gehört zu Spanien, der westliche zu Frankreich. Ähnliche Grenzen findet man auch in Westdeutschland zu den Niederlanden. Warum die Costa Brava ihren Beinamen ›wild‹ erhielt, erhellt sich bereits, wenn es zu dem kleinen Badeort Garbet hinuntergeht. Bis zum Cap de Creus reicht der Blick über zackige Felsen, die steil ins Meer hinabfallen. Diese vielen kleinen Buchten sind die Ursache dafür, daß die Costa Brava zwar nur einhundert Kilometer in der Luftlinie mißt, aber eine knapp doppelt so lange Küstenlinie besitzt. Mehr als zweihundert kleine Buchten, Felsvorsprünge, Grotten und Inselchen hat man an diesem kurzen Abschnitt gezählt. Er gilt als eigentliches Herzstück der Costa Brava. Im Gegensatz zu der Riviera in Italien und der Côte d'Azur in Frankreich behindert an der Costa Brava allenfalls die Natur den Zugang zum Meer. Ein noch heute gültiges Dekret aus dem 16. Jahrhundert, unterzeichnet von König Philipp II., hält den Zugang zum Meer offen. Er ist ›Allgemeingut‹, heißt es in der Verfügung.

Im Gegensatz zu den anderen Urlauberküsten Spaniens, deren klingende Namen auf Anweisung Francos ausgedacht wurden, um den Tourismus anzukurbeln, entstand der Name Costa Brava spontan. In einem Artikel, der im September 1908 in der Zeitschrift ›La Veu de Catalunya‹ erschien, kreierte Ferran Agulló den Namen ›Costa Brava‹. Er hielt sich, bis gut dreißig Jahre später der erste Reiseführer über die Costa Brava (von Josep Pla) erschien. Und er wurde erweitert: Mit Costa Brava wird heute der gesamte Küstenabschnitt bis Barcelona bezeichnet, obwohl der Name ursprünglich nur für das Herzstück, das ungefähr bis Tossa reicht, gemeint war. Daran schloß sich die Costa de Levante an – ein Name, der teilweise heute noch benutzt wird. Ebenfalls aus der Mode gekommen ist der Name ›Maresme‹ für einen schmalen Küstenabschnitt nördlich von Barcelona.

Trutzig erhebt sich das Kloster **Sant Pere de Rodes** aus den Felsen. Man sieht ihm an, daß es nicht nur kirchlichen Zwecken gedient hat, sondern auch immer wieder feindlichen Angriffen standhalten mußte. Das Kloster liegt sechshundert Meter über dem Mittelmeer und war eine Zweigniederlassung der Benediktiner von Banyoles, die es im 8. Jahrhundert bezogen hatten. Aus dieser Zeit datiert zumindest die erste erhaltene Urkunde. Dann wurde der Konvent offenbar verlassen. Erst im 10. Jahrhundert entstand auf den Mauern des ersten Bauwerks ein neues Kloster. Die Blütezeit begann, als Sant Pere de Rodes 934 für unabhängig erklärt wurde. Schon wenige Jahre später gehörte eine Ortschaft zum Kloster (Santa Elena de Rodes, sie ist nicht mehr erhalten) und die eigenen Ländereien reichten vom heutigen Port de la Selva bis Llançà und Portbou, von Colera bis Rodes, von Pau bis Vilajuïga. Diese immense Macht zerfiel zwar bald wieder, doch bis in das 18. Jahrhundert lebten Mönche in den Mauern, dann wurde Sant Pere de Rodes endgültig aufgegeben, die Häuser zerfielen.

Die Kirche von Sant Pere de Rodes ist ohne Fußboden direkt auf dem Felsen errichtet. Dadurch sehen Portale und Rundbögen aus, als seien sie aus Stein gemeißelt. Als sie errichtet wurde, war sie das wohl mächtigste kirchliche Bauwerk in Katalonien. Siebenunddreißig Meter mißt das Mittelschiff und das Tonnengewölbe liegt in fünfzehn Metern Höhe. Andere Kirchen dieser Zeit wie beispielsweise Ripoll übertrafen Sant Pere de Rodes erst später, nach Erweiterungsbauten. Eine außerordentlich enge und steile Treppe führt auf den Chorumgang und in die Kapelle, die dem Heiligen Michael gewidmet ist. Der weitere Weg auf den kleinen Seitenturm ist noch nicht fertig restauriert. Daher ist die Aussicht auch nicht besonders berauschend. Aber der Blick vom Chorumgang in die Kirche kann dessen Bauweise sehr schön erfassen. Historiker sind immer wieder überrascht, diese Form des Chorumgangs in Sant Pere de Rodes zu entdecken, denn solche Umgänge kamen erst lange nach dem Bau der Kirche in Mode. Früher konnte man ihn auch durch eine Galerie erreichen, die in der Mitte des Hauptschiffes begann.

Im Kreuzgang sind bis auf drei Säulenpaare keine Säulen mehr erhalten. Als das Kloster nach der Aufgabe durch die Mönche wiederholt geplündert wurde, hat der Kreuzgang am stärksten gelitten. Es heißt, daß viele der Kapitelle heute Wohnhäuser der Umgegend zieren. Der Kreuzgang muß jedoch ein ganz eigenes Flair gehabt haben, denn er war dicht umschlossen von hohen Mäuern der umliegenden Gebäude.

Von den Balkonen der weltlichen Räume lassen sich zwei der schönsten Buchten der ganzen Costa Brava überblicken – und nur von dort: Die Bucht von Port de la Selva und von Cadaqués. Beide Orte liegen auf dem Cap de Creus, das rund zehn Kilometer in das Mittelmeer hineinragt und damit den östlichsten Punkt der iberischen Halbinsel darstellt. Geographisch ist es noch ein Ausläufer der Pyrenäen. Um sich die damalige Sicht vorstellen zu können, muß man sich allerdings dichte Wälder auf den Hügeln dazudenken. Port de la Selva hieß früher La Selva del Mar (Wald des Meeres). Kein Wunder, daß es umbenannt werden mußte. Begonnen wurde diese Abholzaktion von den Mönchen aus Sant Pere de Rodes, aber beteiligt waren Bürger aller umliegenden Ortschaften. Neue Bäume anzupflanzen ist fast unmöglich, da sie sich einzeln nicht gegen den heftigen Wind halten können und zu schnell ausdörren. Auf dem gegenüberliegenden Gipfel Puig de Peni haben die US-Amerikaner eine Radarstation errichtet.

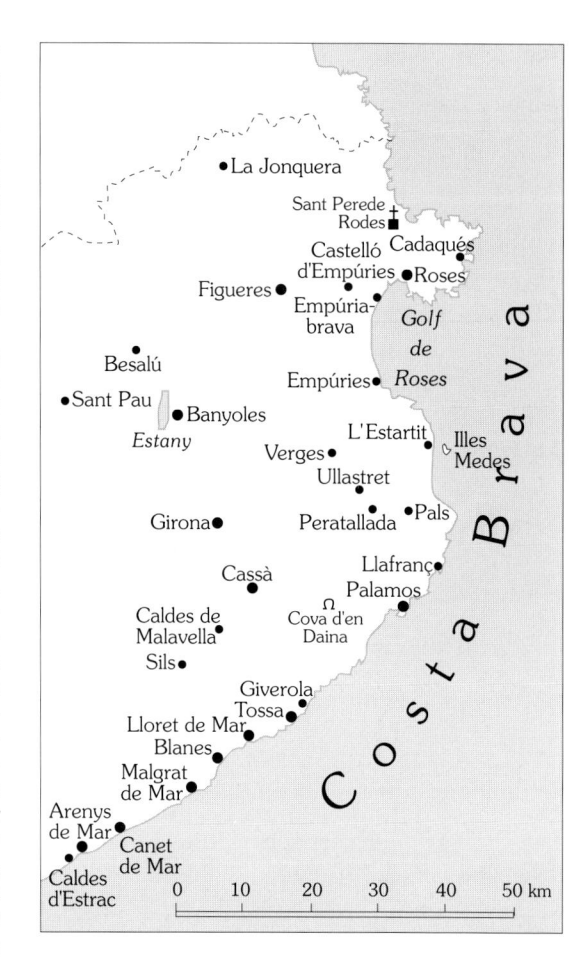

Am Bergrücken, auf der Straße nach Vilajuïga hat man einen Mirador errichtet, von dem man den anderen Teil dieses Küstenabschnittes, den Golf von Roses samt Hinterland, überblicken kann. Nur an wenigen Stellen der Costa Brava kann man so weit über das Land sehen.

Cadaqués ist einer der hübschesten Orte an der Costa Brava, denn es liegt an einer der hübschesten Buchten. Sie ist breit und besitzt einen wundervollen Schwung. Die Felsen ragen malerisch ins Meer hinein und mitten in der Bucht sorgt ein zackiger Felsen für einen starken Akzent. Doch nicht deshalb wird Cadaqués von den Touristenmassen schier erdrosselt – es ist der Surrealisten-Meister Salvador Dalí, dem sie folgen. Dalí gefiel Cadaqués nämlich so gut, daß er die Aussicht auf die Bucht immer wieder in seinen Bildern verwandte. Selbst die Stimmungen der Werke kann man an diesem Strand nachempfinden – übrigens am schönsten, wenn man das Glück (oder das Pech, je nachdem) hat, in ein Gewitter zu geraten. Diese zwielichtige Stimmung schien es Dalí besonders angetan zu haben.

Nachdem Cadaqués viele Jahre trotzdem eher ein Schattendasein gegenüber Figueres mit seinem Dalí-Museum geführt hatte, ist seit einigen Jahren eine wahre Dalí-Hysterie ausgebrochen. Etliche Boutiquen und Galerien verkaufen mehr oder weniger geglückte Reproduktionen seiner Werke und bieten mehr oder minder seriöse Originale an. Auch Dalís Agent Henri Petit-Moore (in der Kunstszene nicht ganz unumstritten) will sich dabei eine Scheibe abschneiden. Er hat seine Privatsammlung, die größte Dalí-Sammlung der Welt, in einem Museum zusammengetragen. Im Untergeschoß hat noch der Meister selbst ein Theater nach dem Vorbild des Londoner Covent Garden eingerichtet. Es ist ebenso Lawrence Olivier und Shakespeare wie Dalí gewidmet. Zeichnungen, Studien, Objekte, Projekte finden sich im ersten Stock, vor allem Studien und Vorarbeiten zu seinen bedeutendsten Werken, auch die Vorarbeiten zur Gestaltung seines Wappens als Marqués de Púbol.

Dalís Wohnhaus liegt in der Nachbargemeinde **Port Lligat** ein wenig oberhalb des Hafens. Dort ließ er mehrere kleine Fischerhäuser am Strand zu einem außergewöhnlichen Refugium umbauen, inklusive großzügiger Ateliers. Es kann nicht besichtigt werden, und das Äußere bietet außer ein paar Ei-Ornamenten und dem berühmten Doppel-Kopf nichts Spektakuläres. Dieses Domizil war viele Jahre ein Wallfahrtsort für avantgardistische Künstler. René Magritte, Paul Eluard, Federico García Lorca lernten dort auch die Schönheit der Costa Brava kennen. Später folgten André Breton, Man Ray, Marcel Duchamp, Luis Buñuel und viele andere bis hin zu König Juan Carlos.

Figueres hat für den Norden Kataloniens die Funktion einer Handels-Drehscheibe, vor allem, was die obere Costa Brava anbelangt. Wenn man bedenkt, wie viele große Touristenzentren dazugehören, kann man ermessen, was diese Aufgabe bedeutet. So ist Figueres denn auch kein sonderlich aufregendes Städtchen – nimmt man einmal die Aufregung aus, die durch Hektik und Verkehr verursacht werden. Figueres pulsiert, es lärmt – allerdings auch wegen der Heerscharen von Touristen, die trotzdem nach Figueres kommen. Sie wollen in das im September 1974 eröffnete *Museu Teatro Dalí*. Es ist nach dem Prado in Madrid das am meisten besuchte Museum ganz Spaniens.

Salvador Dalí í Domenech, wie er mit vollständigem Namen heißt, wurde 1904 in Figueres geboren, lebte aber bereits seit den dreißiger Jahren in Port Lligat. 1982 übersiedelte er nach dem Tod seiner Frau Gala nach Figueres. Im selben Jahr erhob ihn König Juan Carlos in den Adelsstand. Fortan stand er auf seiner kunstvollen Visitenkarte Marqués de Púbol. Am 31. Januar 1989 starb Dalí.

Der große Meister des Surrealismus hat dieses Museum schon zu seinen Lebzeiten angelegt. Es heißt nicht umsonst Museu Teatro. Der Künstler hat sich und seine Schöpfungen immer als Gesamtkunstwerk verstanden, hatte keinerlei Berührungsängste zur Unterhaltungskunst. Gerade deshalb ist er bis heute vielen Kunstkritikern suspekt und gerade deshalb ist der Besuch seines Museu Teatro so aufregend. Da gibt es nicht nur Gemälde und Skulpturen von Dalí, bemalte er nicht nur die Decken in einer Weise, daß man nicht weiß, ob er sich nun über die ›richtigen‹ Fresken lustig macht oder nicht; er spielt auch mit Sinnestäuschungen. So werden Gemälde erst mit einem Blick durch Vexierspiegel sichtbar oder ändern ihr Aussehen. Oder er formt Möbelstücke so, daß sie von einem bestimmten Standpunkt das Gesicht von Mae West darstellen. Das knallrote Sofa (die Lippe) ist als Einzelstück besonders bekannt. Im Hof steht ein alter Citroën, in dessen Innerem Schlinggewächse wuchern.

Man kann im Museu Teatro Dalí großen Spaß haben, selbst wenn man glaubt, Dalí nicht als ›richtigen‹ Künstler anerkennen zu können, selbst wenn es ein wenig nervt, dauernd neues Geld bezahlen zu müssen, um durch die Vexierscheiben schauen oder die Pflanzen im Citroën begießen zu können und weiteres mehr, und selbst wenn in der Hochsaison ein strapaziöses Geschiebe und Gedränge in den alten Gemäuern zu überstehen ist.

Während die Eltern über Dalís Einfallsreichtum staunen, können sich die Kinder – so sie nicht an den durchaus auch kindlichen Phantasien des Surrealisten Spaß haben – im *Spielzeugmuseum* von Figueres die Zeit vertreiben. Es ist das einzige Spielzeugmuseum in Spanien und zeigt über dreitausend Exponate. Sie sind allesamt in Katalonien hergestellt.

In der Regel rauscht der Tourist an **Castelló d'Empúries** vorbei, wenn er von Figueres Richtung Küste fährt. Kunstgeschichtlich interessierte Reisende sollten aber einen Abstecher zur Kirche *Santa Maria* unternehmen. Sie war ursprünglich romanischen Stils und wurde Anfang des 11. Jahrhunderts geweiht. Dann gaben die Grafen von Empúries den Auftrag zu einem Neubau. Dabei sollte geklotzt werden, denn Castelló sollte zum Mittelpunkt des gesamten Bistums, Santa Maria eine Kathedrale werden. Die Pläne scheiterten, aber auch heute noch ist vieles der alten Pracht zu erkennen, so die ungewöhnlich reichhaltigen Ornamente und vor allem der Altaraufsatz vom Ende des 15. Jahrhunderts. Er ist aus Alabaster gefertigt.

Rund um den Golf von Roses

Nur wenige Küstenabschnitte der Costa Brava begeistern den Besucher so sehr wie die Bucht von **Roses**. Sie sieht nicht nur ebenmäßig aus, sie ist es auch. Die Bucht entspricht exakt den idealen Maßen zweier sich berührender Ellipsen, wie sie immer wieder von Malern verwandt wird. Als ›Goldzahl‹ war diese Form bei den Griechen bekannt, Leonardo da Vinci nannte sie ›Goldene Sektion‹. Auch das Hinterland der Bucht von Roses ist von einer bezaubernden Harmonie. ›Lächelnde Ebene‹ wird es in einem alten Sardana-Lied genannt.

Dort erstrecken sich die **Aiguamolls de l'Alt Empordà**, ein über viertausend Hektar großes Sumpfgebiet. Es steht unter Naturschutz, denn es dient Zugvögeln als wichtige Zwischenstation bei ihren Reisen nach oder vom Süden. Früher war einmal das gesamte Hinterland der Bucht von Roses ein solches Sumpfgebiet, es gab riesige Seen. Die Zerstörung dieser Landschaft begann, als die Bauern anfingen, Reis anzubauen und Koppeln für ihr Vieh zu drainieren. Schließlich wurde sogar ein Teil des Sumpfgebietes dem Tourismus überschrieben: **Empúria-brava**, eine Lagunenstadt. Ab 1966 wurden dort die Sümpfe kanalisiert und zwischen die Kanäle (Gesamtlänge dreißig Kilometer) eine Vielzahl von Hotels und Appartements errichtet. Als Vorbild diente das amerikanische Miami. In Empúria-brava ist ein Bootsanlegeplatz vor der Wohnungstür auch für den Normalbürger erschwinglich – jedenfalls auf Zeit. Insgesamt 2700 solcher Ankerplätze stehen zur Verfügung. Noch mehr solcher Bauten wären wohl entstanden und der letzte Sumpf der Aiguamolls wäre bereits trockengelegt, wenn sich nicht Mitte der siebziger Jahre eine Bürgerinitiative gebildet hätte, die sich um den Erhalt der letzten Feuchtgebiete stark machte. 1983 war es soweit, seither stehen die Aiguamolls de l'Empordà unter Naturschutz.

In **Empúries** begann die griechische und später die römische Eroberung Kataloniens. Im 6. Jahrhundert vor unserer Zeitrechnung errichteten Griechen auf der damaligen Insel Emporion eine Handelskolonie. Woher sie kamen, weiß man nicht. Die Vermutungen reichen vom kleinasiatischen Phokäa über Aleria auf Korsika bis zu Marseille. Die Blütezeit der Siedlung war im 4. Jahrhundert vor Christus, als die Griechen umfangreichen Handel mit den Bewohnern der iberischen Halbinsel trieben. Münzen mit der Einprägung »EM« fand man an vielen Orten des heutigen Spanien.

218 vor Christus übernahmen die Römer die Siedlung. Der Feldherr Scipio hatte sich Emporion als Landepunkt ausgesucht, um gegen den Karthager Hannibal eine zweite Front zu eröffnen und schloß mit den dort lebenden Griechen einen Vertrag, der ihm das Recht gab, eigene Häuser zu bauen. Auch andere berühmte Bürger Roms gehörten zu den Besuchern von Emporion. 195 vor Christus war es Cato und gut hundert Jahre später gründete Cäsar in Emporion eine Veteranenkolonie für verdiente Kämpfer. Cäsar hatte kurz zuvor die Truppen von Pompejus bei Lleida besiegt. Diese Entscheidung des legendären Feldherrn wird als Startpunkt einer intensiven Investition der Römer in Emporion angesehen. Sie fiel in die Zeit, als die Siedlung am weitesten ausgedehnt war.

Die Einwohner wurden zu ›Bürgern Roms‹ erklärt und gaben sich damals den Namen

149

Emporiae, was bezeichnenderweise mit ›Markt‹ übersetzt werden kann. Im 2. und 3. Jahrhundert begann der Abstieg dieser Siedlung, die mehr und mehr von ihren Einwohnern verlassen wurde. Im 9. Jahrhundert wurden die Reste dann von den Normannen während der Eroberungszüge regelrecht geschleift. Sand deckte die Ruinen zu, und wo noch Gemäuer herausragten, wurden sie vor allem von den Bewohnern des nahegelegenen L'Escala zum Häuserbau verwendet. Später wurde an der Stelle, an der jetzt das Museum steht, das Kloster Santa Mara de Gracia errichtet und über den Ruinen Ackerbau getrieben.

1908 begannen die Ausgrabungsarbeiten, unterbrochen nur während des Bürgerkriegs. Seit 1982 sind die Ruinen in ihrem jetzigen Zustand. Diese Arbeiten und ein wenig Hintergrund vermittelt ein kleines Museum, dessen Erläuterungstafeln aber ausschließlich in Katalanisch gehalten sind. 1992 kommt Empúries wieder zu internationalem Ruhm. An dieser geschichtsträchtigen Stelle landet das aus Athen herbeigeschiffte olympische Feuer, um über die Halbinsel, die Kanarischen Inseln und die Balearen nach Barcelona getragen zu werden.

Von der alten griechischen Siedlung, die die Archäologen Palaiapolis (Alte Stadt) tauften, ist kaum mehr etwas zu erkennen. Aus der Insel mit ihrem Naturhafen wurde im Laufe der Jahrhunderte eine kleine Halbinsel, der Rest ist abgetragen. Auch von der ein wenig weiter südlich errichteten Neapolis (Neue Stadt) sind nur noch die Grundmauern erhalten. Die dort errichteten Gebäude der Griechen dienten den Römern als willkommener ›Steinbruch‹, als sie, teilweise auf dem Neapolis-Gelände, teilweise den Hang hinauf, ihre Siedlung errichteten. Immerhin sind noch die Grundmauern und damit der Grundriß der alten griechischen Siedlung zu sehen. Nach Kräften versucht die Museumsverwaltung zudem, mit Modellen und ausführlichen Erläuterungen das damalige Stadtbild anschaulich zu machen. Am leichtesten fällt dies bei der Agora, dem gesellschaftlichen Zentrum, wo sich die Bürgerschaft traf, um öffentliche Angelegenheiten zu entscheiden oder der Stoa, einer Säulenhalle, in der der Markt abgehalten wurde.

Die von den Römern oberhalb von Neapolis errichtete Siedlung ist weitläufiger (ausgegraben ist ein Terrain von dreihundert auf siebenhundert Meter) und läßt die Struktur dieser Anlage sehr gut erkennen — vielleicht sogar besser als das Mauergewirr von Neapolis. Besucher mit großen Kenntnissen in Kunst und Geschichte sollten an die Ausgrabungen aber keine allzu großen Erwartungen stellen. Diese Stätte liegt inmitten eines Touristenzentrums und hat in der Publikumsgunst mit Aqua-Parks und Go-Cart-Bahnen zu kämpfen. Da darf man keine tiefgründige Geschichtslektion erwarten. So sind die vielen Funde denn auch nicht immer sonderlich aussagekräftig. Der besseren Optik wegen wurde hier und da sogar erkennbar ›nachgebessert‹. Teilweise handelt es sich sogar um komplette Kopien, wie die Statue des Aeskulap, deren Original im Archäologischen Museum in Barcelona steht — wobei es auch Forscher gibt, die selbst diese Statue für eine Kopie halten. Wer also wissen will, wie die Römer in Iberien gelebt haben, sollte sich dieses Wissen an anderer Stelle holen. In Empúries kann er in der weiten Anlage wandern — und die herrliche Umgebung genießen. Die Griechen und Römer hätten sich wirklich keinen schöneren Ort für ihre neue Eroberung aussuchen können, als diesen Platz im weitausladenden Golf von Roses mit seinem ebenmäßigen Hinterland und den hochaufragenden Bergen am Horizont.

Bei Tauchern löst der Name **L'Estartit** Entzücken aus. Denn nirgendwo an der Costa Brava ist das Meer reichhaltiger als an den L'Estartit vorgelagerten **Illes Medes**. Dabei wäre dieses Paradies beinahe zerstört worden. Als in den sechziger Jahren das Sportfischen in Mode kam, rotteten die Touristen die größeren Fische praktisch aus. Den Rest besorgten die ansässigen kommerziellen Fischer, die die immer größeren Touristenschwärme mit frischem Fisch aus dem Mittelmeer versorgen mußten. Das Resultat waren ›leere Meere‹. 1974 wurden die Inseln samt umliegendem Meer zum Naturschutzpark erklärt, zehn Jahre später die Schutzregeln noch einmal verschärft. Jetzt dürfen die Sporttaucher nur noch schauen und auch nur noch mit Spezialbooten an die Illes Medes heranfahren. Der Erfolg dieser Maßnahmen: Inzwischen erholen sich Unterwasser-Fauna und -Flora langsam wieder. Die rote Koralle (einst als beliebtestes Souvenir den Costa-Brava-Touristen zum Opfer gefallen) siedelt wieder und selbst Hummer wurden entdeckt. Wegen dieser positiven Entwicklung stellten die Behörden 1990 eine weitere Unterwasserregion unter Schutz, die Ullastres-Felsen bei Llafranç.

Im Hinterland der Costa Brava

Wer mit dem Flugzeug an die Costa Brava reist und in Girona landet, muß sich, je nachdem wo er gebucht hat, auf eine längere Weiterreise mit Bus, Taxi oder Leihwagen gefaßt machen. Nach Tossa, Lloret de Mar oder Blanes kann es mehr als eine Stunde dauern, bis der Urlaubsort erreicht ist. Wer Zeit hat, sollte den Weg über die C 681 nach Tossa nehmen. Die zuvor noch breite und gerade Straße muß sich dort über den letzten Bergrücken vor der Küste winden und durchschneidet dazu einen herrlichen Wald, der mit seinen Lianen teilweise Ausmaße wie ein Urwald annimmt. Urplötzlich taucht dann Tossa auf mit einer ganz anderen Form von ›Urwald‹ – der Massentourismus der Costa Brava beginnt mit seinen Hotel- und Appartementriesen.

Verges ist weithin bekannt für einen Totentanz, der innerhalb der ›Semana Santa‹, den berühmten Umzügen der Karwoche, aufgeführt wird. Fünf Erwachsene und ein Kind gehören zu der Tanzgruppe, die, in schwarze Trikots mit aufgemaltem Skelett gehüllt, durch die Dorfstraßen ziehen und, begleitet vom dumpfen Dröhnen einer Trommel, einen exakt vorgeschriebenen Tanz aufführen. Er gilt als einer der ältesten sakralen Tänze der Welt.

Gleich am Ortseingang von **Caldes de Malavella** empfangen den Besucher die *Baleneari Vichy Catalan*. Es ist das altehrwürdige und mondäne Heilbad, das mittlerweile dem ortsbestimmenden Mineralwasserkonzern gehört. Der hat seine große Abfüllanlage gleich anbei errichtet. Als erster in Spanien kam man dort auf die Idee, das Wasser in Flaschen abzufüllen: Seit 1893 gibt es Vichy Catalá auch außerhalb von Caldes de Malavella zu kaufen. Die rund sechzig Grad heißen Thermalquellen von Caldes de Malavella enthalten Chlor, Schwefel und Karbon und werden gegen Rheuma und Magenerkrankungen eingesetzt. Die römischen Thermen ein paar Straßen weiter sind noch recht gut erhalten. Die Stufen zum Becken und auch einige der kleinen Wasserbecken sowie ehemalige Räume sind noch sehr gut auszumachen. Allerdings befindet sich die Anlage in einem nicht sonderlich gepflegten Zustand. Es ist auch nicht ganz einfach, sie zu finden. Sie liegt hinter der Abfüllfabrik der Agua San Narciso.

In **Sils** südwestlich von Caldes de Malavella an der Autobahn Girona–Barcelona gibt es eine noch weithin unbekannte Attraktion: Ein *Automuseum*, das Salvador Claret zusammengetragen hat. Es ist das einzige seiner Art in ganz Spanien, das besucht werden kann. Über 150 Fahrzeuge sind ausgestellt, vom dampfgetriebenen Merry Weather aus dem Jahr 1883 über den Salamanca von 1904 bis hin zu Automobilen unserer Zeit.

Durch ausgedehnte Wälder kommt man von Caldes de Malavella nach **Cassà**, einst Zentrum der Korkindustrie. Heute ist die Bedeutung der Korkeichenrinde, die etwa alle zehn Jahre abgeschält wird, zurückgegangen, obwohl über Palamos noch immer eine große Zahl von Korkexporten abgewickelt werden. Die Stadt ist nach wie vor der wichtigste Korkhafen in Spanien. Doch Obstplantagen und Felder haben die meisten Eichenwälder abgelöst.

In einem kleinen Korkeichenwald wurden die Dolmen **Cova d'en Daina** gefunden. Diese Grabstätte ist wahrscheinlich zweitausend vor Christus errichtet worden — das älteste Bauwerk, das in Katalonien zu besichtigen ist. Die Steine bilden einen Kreis (›Cromlech‹), der nur an einer Stelle durch eine kleine Treppe und am Eingang in die eigentliche Grabstätte unterbrochen ist. Die Grabstätte selbst besteht aus elf etwa eineinhalb Meter großen Platten, auf die drei weitere große Platten gelegt wurden. In das Grabinnere gelangt man durch eine sehr niedrige Pforte. Nachdem die Toten bestattet waren, wurde die ganze Anlage unter einer dicken Erdschicht vergraben.

Der Name **Ullastret** ist für die Katalanen mit traurigen Erinnerungen verbunden. Ihre Vorfahren in dieser Siedlung fielen nämlich einer römischen Bestrafungsaktion zum Opfer. Ganz offensichtlich gab es weit verbreiteten Widerstand gegen die Kolonisatoren aus Rom, vor allem gegen deren strenge Disziplin und Hierarchie. Forscher gehen davon aus, daß Ullastret als einer der ersten Orte geschleift wurde, nachdem Cato der Ältere 197 vor Christus mit insgesamt dreißigtausend Mann im damaligen Emporion gelandet war und die ›Befriedung‹ in Angriff nahm.

Ullastret war damals wohl eine der größten Siedlungen der sogenannten ›Keltiberer‹. Bereits seit der späten Altsteinzeit (Paläolithikum, rund zehntausend Jahre vor Christus) wohnten dort auf dem Hügel Puig de Sant Andreu Menschen. Das hatte seinen Grund darin, daß der Hügel von einem großen See umgeben war. Damals bestand das gesamte Hinterland der Bucht von Roses aus einer ausgedehnten Seen-, Lagunen- und Sumpflandschaft. Das schuf nicht nur gute Verteidigungsbedingungen für die Siedlung, sondern auch natürliche Handelswege. Mit dem Boot konnte man von Ullastret bis an die Küste fahren.

Die ältesten Funde in Ullastret reichen bis sechshundert vor Christus zurück. Sie stammen teilweise von Phöniziern und Etruskern, die aus dem Süden der iberischen Halbinsel kamen, aber auch von Griechen, die über Emporion nach Ullastret weitergezogen waren. In den iberischen Siedlungen entstand rasch eine eigenständige Kultur, die sich aus den Kulturen der Einwanderer entwickelte. Ullastret schien dabei eine Art Vorreiterrolle gehabt zu haben. Wirtschaftlich ging es der autonomen Siedlung durch den Handel mit Emporion hervorragend, den Höhepunkt datieren die Historiker auf das Ende des 5. Jahrhunderts. Wie immer in wirtschaftlich prosperierenden Zeiten schlug sich diese Blüte in der kulturellen Entwicklung nieder. Ullastret wurde zum Zentrum einer weißfarbigen Keramik, weitete seinen Einflußbereich auf benachbarte Hügel aus, die aller Wahrscheinlichkeit nach auch bewohnt waren. Offenbar wurde Ullastret zu einer regelrechten Konkurrenz für Emporion, und als die Römer diese Siedlung übernahmen, machten sie dieser Konkurrenz gewaltsam ein Ende.

In den dreißiger Jahren unseres Jahrhunderts kursierten in Fachkreisen erste Nachrichten über eine iberische Siedlung in Ullastret. 1947 begannen die Ausgrabungen, zunächst privat, später vom Staat finanziert. Die bislang freigelegten Grundmauern und Straßen lassen die Anlage der Siedlung ausgezeichnet erkennen. Sie erschließen sich (im Gegensatz zu Empúries) auch ohne große Hilfen. Die spektakulärsten Ausgrabungsstücke sind ohne Zweifel die Mauerteile. Sie sind so stark befestigt wie wenig andere Stadtmauern aus dieser Zeit. 880 Meter sind freigelegt, doch war die Mauer wahrscheinlich noch länger. Sieben Türme waren integriert.

Die Häuser, deren Grundmauern teilweise hervorragend erhalten sind, wurden im Laufe der rund vierhundertjährigen Besiedlungszeit immer wieder zerstört (allerdings weniger durch kriegerische Auseinandersetzungen als durch Feuersbrünste) und anschließend wieder aufgebaut. Die Zisternen der Siedlung fielen sehr groß aus (allein die Zisterne der Akropolis faßte 130000 Liter Regenwasser), und auch die Kammern, in denen das Getreide aufbewahrt wurde, waren sehr groß. Der höchste Teil der Stadt, der ›Barri sagrát‹ (›Heiliger Stadtteil‹) hieß, war nach griechischem Vorbild gestaltet und trug auch den Beinamen Akropolis.

Dort, wo früher die Akropolis stand, ist jetzt ein kleines Museum eingerichtet. Es zeigt Fundstücke, die in Ullastret ans Tageslicht befördert wurden: Vasen, Amphoren, Werkzeuge, Münzen und Waffen. Interessant sind die Werkzeuge für die Feldarbeit, von der die Bewohner Ullastrets im wesentlichen lebten. Viele der damaligen Formen werden nämlich bis in die heutige Zeit unverändert benutzt. Im Museum ist auch ein ausgezeichneter Führer in deutscher Sprache erhältlich. Von der Terrasse kann man die Ebene von Ullastret sehr schön überblicken – und sich auch leicht vorstellen, wie sie einmal als See ausgesehen hat. Diese Ebene ist übrigens bis heute überschwemmungsgefährdet. Nach extrem starken Regenfällen verwandeln sich die Felder wieder in Seen. Beeindruckende Fotos solcher Überschwemmungen aus den Jahren 1959 und 1977 können im Museum besichtigt werden.

Peratallada und **Pals** zählen zu den mittelalterlichen Kleinoden von Katalonien. Über sehr grobes Pflaster mit der charakteristischen Regenrinne in der Mitte geht man durch Peratallada, ein vollkommen im ursprünglichen Bauzustand erhaltenes Dorf, dessen Ursprünge im 11. Jahrhundert liegen. Die Fassaden der Häuser sind von einer ruhigen, hellbraunen bis ockerfarbenen Farbe. Im Vergleich zu Peratallada wirkt Pals aufgeräumter, moderner, ja geradezu urban. Das liegt zwar auch daran, daß der mittelalterliche Kern von Pals von modernen Wohnsiedlungen umgeben ist, während Peratallada auch heute noch fast nur aus den ehrwürdigen Gebäuden besteht. Aber in Pals wurden die Häuser auch konsequenter renoviert. Dadurch geht ohne Zweifel ein gutes Stück des Reizes verloren, den man in solch mittelalterlicher Umgebung erwartet, aber auf der anderen Seite mußte Pals bewohnbar bleiben. 1948 hatten die Restaurierungsarbeiten eher spontan begonnen, als ein Arzt aus Barcelona damit begann, innerhalb des Burgfriedens ein neues Haus im alten Stil zu errichten. Bald taten es ihm die übrigen Eigentümer nach und brachten ihre Häuser wieder in Schuß. Dreißig Jahre später war man fertig, die Altstadt präsentierte sich rundum erneuert.

Rund um Tossa

In **Llafranç** ist es ein wenig kompliziert, die Auffahrt zum Leuchtturm *San Sebastià* zu finden, aber es lohnt die Mühe. Fast bei jedem Wetter läßt sich von diesem knapp zweihundert Meter über dem Meer aufsteigenden Felsen kilometerweit die Küste überblicken – und auch dabei forschen, warum sie ›wild‹ genannt wurde. Im Touristenzentrum **Palamos** werden 1992 die olympischen Segelwettbewerbe ausgetragen. Eine extravagante Ferienanlage ist auf dem Felsen bei **Giverola** errichtet worden. Das dortige Club-Hotel hat den ganzen Felsen mit kleinen Appartement-Häusern bebaut. Vom Hotel selbst führt eine Zahnrad-Kabine zum Strand. Die Anlage ist ein gelungenes Beispiel, wie auch größere Urlaubersiedlungen so in die Landschaft eingepaßt werden können, daß sie nicht stören.

Ein schier unendliches Gewirr von Gassen zieht sich hinter dem breiten Sandstrand durch **Tossa**, die Stadt, in der alles begann, was die Costa Brava berühmt machen sollte. Schon 1928 konnte man von Berlin mit einer regelmäßigen Busverbindung anreisen. Kein Haus, in dem sich nicht irgendein Geschäft, eine Bar oder ein Restaurant eingenistet hätte; keine Sprache, die nicht wenigstens ansatzweise verstanden würde. Überragt wird Tossa von der *Vila Vella*. Das dortige Kastell diente während des Mittelalters vor allem als Schutzraum bei Piratenüberfällen. Als diese der Vergangenheit angehörten, riß man den damals Tossa überragenden Turm des Kastells ab und setzte an seine Stelle eine riesige Windmühle. Auch diese wurde später abgerissen. Die Barken, mit denen man die Costa Brava vom Meer aus bewundern kann (der einzige Weg, sie wirklich zu sehen), legen noch immer so an wie zu Beginn des Massentourismus in den fünfziger Jahren: Die flachen Boote fahren bis an den Strand, und über eine schmale Treppe am Bug steigen die Passagiere zu.

In **Blanes** liegt die von dem Deutschen Karl Faust angelegte Pflanzensammlung *Mar i Murtra*, die rund viertausend verschiedene Arten und damit alle im Mittelmeerraum beheimateten Pflanzen zeigt. In **Pinya de Rosa** gibt es einen weiteren Park, der sich zur Aufgabe gemacht hat, tropische Pflanzen zu akklimatisieren und über siebentausend Gattungen beherbergt. Der Schwerpunkt liegt bei Opuntien, die in über sechshundert Arten zu sehen sind.

Außergewöhnlicher Mittelpunkt der Altstadt von **Lloret de Mar** ist die Pfarrkirche *Sant Romà*. Ihren bunten Schmuck erhielt sie von Amerika-Auswanderern, die die Keramik-Kacheln nach und nach spendeten. Lloret de Mar nimmt für sich in Anspruch, mit 120000 Fremdenbetten die meisten Hotels aller spanischen Touristenorte zu besitzen und die zweitmeisten aller spanischen Städte überhaupt (nach Madrid). Ein schwer nachprüfbarer Rekord, denn diese Daten verändern sich so schnell, daß man praktisch keinen Überblick gewinnen kann. Immerhin, das erste Hotel an der Costa Brava stand unzweifelhaft in Lloret, an diesen Ort führten die ersten Ausflüge der ›Viatges blau‹ aus Barcelona, dort starteten die ersten Fischerboote auf Exkursionen vor die Küste.

Hinter Lloret verliert die Costa Brava ihren Reiz. Es ist nicht weiter verwunderlich, daß der Titel ›Costa Brava‹ für diesen Abschnitt ursprünglich gar nicht mehr galt. Denn die Costa Levante besitzt keine steilen Felsen, keine beeindruckend aufsteigenden Wälder hinter der Küste. Allerdings gibt es ewig lange, breite Sandstrände. Die werden aber häufig, wie in **Malgrat de Mar**, von Hochhäusern erdrückt, die bis an den Strand herangebaut sind. Heute bemühen sich die Stadtväter vieler Touristenorte, die heruntergekommenen Promenaden ein wenig aufzupeppen. So ist in **Canet de Mar** mit einem Riesenaufwand eine neue palmengesäumte Strandpromenade errichtet worden, **Arenys de Mar** legte sich einen großen Sporthafen zu und **Caldes d'Estrac** tut es ihm nach. Auch gibt es in vielen Dörfern hinter dem Strand, der Eisenbahnlinie und der vierspurigen Straße noch recht idyllische Ortskerne. Aber für Ruhesuchende kann diese Ferienregion nicht unbedingt empfohlen werden.

Trotzdem, wirklich häßliche Hochhauskomplexe stehen erst in Mataró, wo die neue Autobahn noch endet. Sie wird derzeit hinter der N II, die an der Costa Levante entlang führt, verlängert, um die ständig verstopfte Küstenstraße zu entlasten. Wenn man bedenkt, daß für diesen nicht einmal hundert Kilometer langen Streifen dann zwei Autobahnen und eine drei- bis vierspurig ausgebaute Nationalstraße zur Verfügung steht, kann man ermessen, welche Unmengen an Verkehr dort zu bewältigen sind. Ab Mataró ist die Küste, nun Maresme geheißen, ein häßliches Konglomerat aus Fabriken und Großmärkten. Die Strände sind durchwegs durch die Eisenbahn und die vierspurige N II von den Ortschaften abgetrennt und teilweise an so schmutzigem Wasser gelegen, daß selbst die katalanische Regierung vor dem Baden warnen muß. Sie tut das alljährlich im Frühling. Die Strände wechseln, liegen jedoch in der Regel in der Nähe von Barcelona. Aber nach Barcelona fährt man ja auch nicht, um zu baden.

Costa Daurada

Kurvenreich windet sich die Straße von Barcelona Richtung Castelldefels am Steilhang entlang nach **Sitges**. Sie wird peu à peu ersetzt durch eine Autobahn, die mit ungeheurer Gewalt in die Felsen gesprengt wird. Doch weder sie noch die alte Straße vermögen die Aussicht zu bieten, die der Zugreisende hat. Die Schienen führen geradewegs am Wasser entlang — unterbrochen nur durch einige Tunnel.

Cubelles ist ein expandierender Touristenort mit langgezogener Uferpromenade und breiten, langen Sandstränden. Spätestens dort beginnt die Costa Daurada, wie sie in den Prospekten der großen Reiseveranstalter beschrieben ist. 1896 wurde dort ein Mann geboren, der zu einem der bekanntesten Katalanen der Welt werden sollte: José Andreo Rivel, in der Welt besser bekannt als Charlie Rivel. Er stammte aus einer spanischen Artistenfamilie und schaffte das Kunststück, dem leisen, melancholischen Clown größere Aufmerksamkeit zuteil werden zu lassen als den derben Spaßvögeln mit ihrer handgreiflicheren Komik. Als ›Akrobat Schööön‹ eroberte er sich die Herzen der Deutschen, denn ein langanhaltendes ›Schööön‹ war praktisch das einzige Wort, das er in seinen Vorführungen benutzte. Bis ins hohe Alter stand der stets mit einer überdimensionalen roten Nase und einem langen Pullover bekleidete Rivel in der Manege, ehe er 1983 starb.

Das geschäftige, florierende Städtchen **Vilanova i la Geltrù** mit seinem kleinen historischen Ortskern, aber großem Sport- und Wirtschaftshafen, liegt am Beginn der großen Urlauberzentren der Costa Daurada. In Vilanova i la Geltrù ist der Hafen und die umliegende Industrie noch wichtiger als der Tourismus. Ein wenig südlich liegt das Örtchen **Vendrell**, wo Pau Casals, einer der großen Künstler katalanischer Abstammung, 1876 geboren wurde. Casals gilt als der bedeutendste Cellist seiner Zeit, leitete in Barcelona auch ein eigenes Orchester. Als strikter Gegner von Franco emigrierte er nach dem Ausbruch des Bürgerkrieges nach Frankreich — ins Roussillon, womit er zumindest im katalanischen Kulturraum blieb. 1956 nahm er seinen ständigen Wohnsitz auf der Antilleninsel Puerto Rico, wo er auch 1973 starb. Die Katalanen haben ihm etliche Denkmäler gesetzt — so auf dem Montserrat und in Barcelona.

Das Weinzentrum Penedès

Noch ein Stückchen weiter im Landesinneren liegt das Weinzentrum Kataloniens, **Vilafranca del Penedès**. Die Innenstadt ist mit kleinen Gäßchen durchzogen und einer Vielzahl von Läden, die offensichtlich darauf vorbereitet sind, die Bewohner der umliegenden Orte mit zu versorgen. Auf der großen, aber erstaunlich friedvollen und ruhigen Placa Jaume I steht ein Denkmal für die katalanischem »Turmbauer«, Als Castellers. Die Kirche ist schlicht, aber schön. Ein hohes, breites Gewölbe und ein schlichter Altar sind die Blickfänge.

Doch wichtiger als diese sakrale Sehenswürdigkeit ist das *Museu del Vi*, gleich gegenüber der Kirche gelegen. Immerhin lebt das Penedès seit vielen Jahrhunderten vom Rebensaft. Im Museum ist praktisch alles zu sehen, was mit dem Weinanbau zu tun hat. In Szenen, die mit außerordentlich viel Liebe zum Detail und großem handwerklichen Können mit Tonfiguren dargestellt sind, wird die Weinherstellung seit der Antike gezeigt. Sogar berühmte Gemälde von Pieter Breughel d.Ä. oder Henri de Toulouse-Lautrec sind nachgestellt. Bemerkenswert die ausdrucksvollen Gesichter der Figuren. Antike Amphoren werden gezeigt, Handelswege dargestellt und auch, wie der Wein überhaupt nach Katalonien gekommen ist: Verblüffend, wie effizient die Amphoren in den Schiffen gestapelt werden konnten. Alte Weinpressen, Handwerkszeug und ein vier Meter breites Modell der riesigen Weinkeller von Codorníu stehen in weiteren Räumen. Eine Gemäldesammlung der verschiedensten Stile und Qualitäten sowie ein Überblick über Fauna und Flora der Region runden das Museum ab.

Zwei Weindynastien gibt es in Katalonien. Die Codorníu-Gruppe, heute im Besitz der Familien Raventós und Pagés, sowie die Familie Torres, deren bekanntestes Produkt der Viña Sol ist. Doch beide Familien haben ihre Imperien völlig unterschiedlich aufgebaut. Während die Codorníu-Gruppe den Wein selbst anbaut und verarbeitet, wurden die Torres durch den Vertrieb eingekauften Weines groß.

Die Familie Raventós führt ihre Weindynastie bis auf das 17. Jahrhundert zurück. Doch erst Ende des 19. Jahrhunderts begann der große Aufstieg. Damals wurden große Weingärten, die nach dem Einfall der Reblaus aufgegeben worden waren, neu bepflanzt. Mit einer Vielzahl von Kanälen wurde zudem für ausreichende Mengen an Wasser gesorgt. In Sant Sadurní d'Anoia errichtete der Star-Architekt Josep Puig i Cadafalch eine eigenwillige Weinkellerei. Die Codorníu-Gruppe hat ein großes Angebot an Schaumweinen geschaffen, die sich zwar nicht Champagner nennen dürfen, weil das den Produkten aus der Champagne vorbehalten ist, aber qualitativ steht der Cava diesen in nichts nach.

Die Familie Torres spezialisierte sich im Gegensatz zu der Konkurrenz nicht auf die eigene Herstellung von Wein, sondern betrieb eine kluge Einkaufspolitik bei selbständigen Winzern. Der große Erfolg kam im Zweiten Weltkrieg, als das von den Deutschen besetzte Frankreich seine Lieferungen in die USA nicht mehr aufrecht erhalten konnte. Die Torres sprangen ein und eroberten die USA, wo sie noch heute jährlich mehr als eine Million Flaschen verkaufen. Mittlerweile baut auch das Torres-Imperium die Reben wenigstens teilweise selbst an. Damit sollen die Spitzen-Erzeugnisse auf gleichbleibend hohem Niveau gehalten werden.

Das Weingebiet Penedès ist geschützt, das heißt, nur dort erzeugte Weine dürfen sich mit dem Ursprungsnamen Penedès schmücken. Hauptorte sind Vilafranca del Penedès, von den Torres beherrscht, und Sant Sadurní d'Anoia, wo Codorníu residiert. Vor allem die Weißweine des Penedès gehören zu den besten in Europa – auch wenn diese Kunde sich einfach nicht in nördlicheren Gefilden verbreiten will. Die Weine sind frisch und leicht, passen zu den meisten Gerichten und zu jeder Gelegenheit. Die Cava-Schaumweine sind echte Champagner, die in Flaschengärung hergestellt werden. Neben dem Penedès werden in Katalonien noch in Empordà, Garrotxa, Tarragona, Terra Alta und Priorat Reben angebaut. Die dort gekelterten Weine sind ebenfalls herkunftsgeschützt.

Wenn Sie im Penedès einkehren und offenen Wein bestellen, bekommen Sie häufig den berühmten Weinkrug auf den Tisch gestellt: Aus Ton, häufiger aus Glas, mit einem schmalen eleganten Ausguß und oben mit einer etwas größeren Öffnung. Wenn Sie sich trauen, können Sie nach katalanischer Art aus dieser Flasche trinken: Den Krug hochhalten und über den schmalen Ausguß den Wein direkt in den Mund laufen lassen. Sie müssen es aber nicht unbedingt so machen, auch die Katalanen benutzen den Krug nicht immer artgerecht. Schenken sie den Wein nicht über den schmalen Ausguß in ihr Glas, sondern über den größeren am Kopf.

Wenn Sie sich trauen, ein kleiner Tip: Lassen Sie etwas weniger Wein in den Mund laufen, wie es Ihrem Schluck entspricht. Gehen Sie beim Absetzen mit dem Unterkiefer nach vorne mit, um den letzten Tropfen aufzufangen. Wenn dabei die Hand nachhelfen muß, ist das nicht weiter schlimm. Und dann erst schlucken. Wahre Meister können dies auch, während der Wein in ihren Mund läuft, aber dazu braucht es Übung. Zu dem Wein gibt es häufig costadas, geröstete Toastscheiben, zu denen Knoblauch gereicht wird. Mit den Zehen reibt man den Toast ab, mit Öl wird nachgegossen. Zuweilen kommen die Costadas auch bereits fertig aus der Küche.

Wer wissen will, was den Reiz des Penedès ausmacht, sollte die N 240 zwischen Valls und Montblanc befahren. An dieser Strecke liegt der *Mirador del Camp de Tarragona*. Schier unendlich weit kann man über die Felder blicken, begrenzt nur durch die Hügel der Sierra de Roquerole: Wein, Obst und Sonne. Und damit das Zuschauen auch sehr lange genossen werden kann, gibt es gleich beim Mirador ein Restaurant (Les Espelmes), das einfache, aber vorzügliche Küche zu bieten hat. Wer noch länger genießen möchte, für den steht das Drei-Sterne-Hotel Cal de Llino auf dem höchsten Punkt des Col de Llina zur Verfügung. Wer diesen kleinen Berg hinauf- und heruntergefahren ist, hat eine der schönsten Landschaften Kataloniens im Panorama kennengelernt.

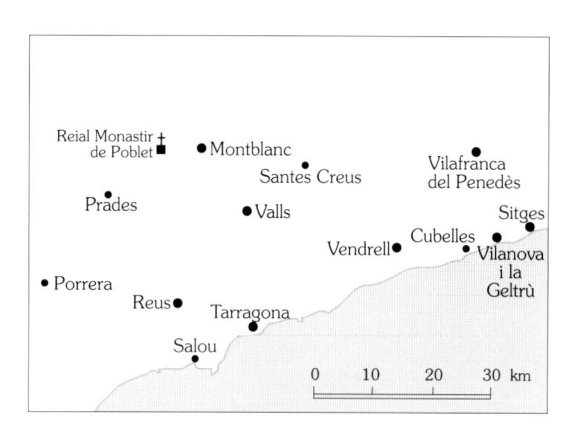

Die Klöster

Santes Creus und **Poblet** sind die eindrucksvollsten Klöster in Katalonien. Errichtet wurden sie von Zisterziensern, erfüllten aber auch durchaus weltliche Aufgaben. Das hatte interessante Auswirkungen auf den Baustil. Denn das zisterziensische Ideal ist streng am Zweckmäßigen ausgerichtet, während die weltlichen Bauherrn auf Prunk nicht verzichten wollten. Herausgekommen ist eine Mischung.

Der Zisterzienser-Orden geht auf eine Gruppe Benediktiner zurück, die sich 1089 in Citeaux in Burgund von ihrem Orden abgespalten hatten. Sie waren bestrebt, zum Ursprung der Ordens-Bewegung zurückzukehren und setzten Enthaltsamkeit und Bescheidenheit als oberste Ziele fest. Weltlichen Bestrebungen galt eine klare Absage, auch in den Sitten herrschte wieder Strenge. Man entschloß sich, einen geschlossenen Orden zu gründen, dem der Gemeinsinn über alles ging. Ihr Gründer, Bernhard von Clairvaux, war ein Mann von außergewöhnlich starken Überzeugungen und großer Tatkraft. 1115 hatte er das erste Kloster mit der neuen Philosophie gegründet; als er 38 Jahre später starb, gab es bereits 343 Schwesterabteien in ganz Europa.

Eine Besonderheit der Zisterzienser war die Zulassung von Laienbrüdern. Darunter verstanden sie Mönche, die den gottesdienstlichen Verpflichtungen nicht so streng unterworfen waren, die aber dafür größere Aufgaben in der Klosterverwaltung, den Klosterhandwerksstuben oder auf den Klosterfeldern erfüllten. Als die Zisterzienser nach Katalonien kamen, reichte das Land damals nur bis zu einer Linie ungefähr nördlich von Barcelona. In diesem Alt-Katalonien waren sie mit der Gründung neuer Klöster sehr erfolgreich. Als die Gebiete südlich dieser Linie von den Arabern zurückerobert waren, hatte der Schwung der Zisterzienser ein wenig nachgelassen. Der Templerorden war erfolgreicher in seinen Neugründungen, weswegen dieser in Neu-Katalonien stärker vertreten ist.

Zisterzienser-Klöster haben typische Baumerkmale. Der Kreuzgang fällt sehr groß aus, denn er ist Mittelpunkt des Gemeinschaftslebens. Um ihn gruppieren sich die Kirche, der Kapitelsaal, die Bibliothek, der Speisesaal, die Küche und das Sprechzimmer. Andere Räume werden je nach den baulichen oder architektonischen Gegebenheiten angegliedert. Strenge und Fleiß der Mönche machten ihre Klöster rasch zu erfolgreichen Wirtschaftsbetrieben. Sie übten auch eine starke Anziehungskraft auf Großbürgertum und Adel aus, die sich häufig eigene Kapellen in oder neben den Klöstern errichteten.

Beispiel **Santes Creus**. Dort begannen Mitte des 12. Jahrhunderts Zisterzienser mit dem Bau eines Klosters, nachdem ihnen zuvor zwei andere Bauorte in der Nähe nicht zugesagt hatten. Finanziert wurden sie von einer der damals vornehmsten Familien des Landes, den Montcadas. Die Gründung des Klosters und der Bau der Anlage weckten schließlich auch das Interesse des Adels und der Könige. Die Spenden flossen reichlich, natürlich auch mit dem Zweck, Einfluß auf den Bau zu nehmen. Bis zum 17. Jahrhundert dauerte die Blütezeit von Santes Creus, dann übernahmen 1820 private Besitzer die Anlage. Sie verfiel im Laufe der Zeit, und erst als der Staat 1921 Santes Creus für schutzwürdig erklärte und Gelder für seine Restaurierung zur Verfügung stellte, begannen die Erhaltungsarbeiten.

Schon einige Kilometer vor dem Monastir sieht man die mächtige Anlage auf einer kleinen Anhöhe inmitten der herrlichen, mit Wein und Obstbäumen bewachsenen Talsenke des Ríu Gaià liegen. Viele Hügel gestalten die Landschaft – ein schönes Bild. Der Eingangsplatz des Klosters wird gesäumt von Häusern, die früher zum Klosterbetrieb gehörten. Heute sind sie in Privathand. So hat sich im ehemaligen Abtpalast das Rathaus der kleinen Gemeinde Aiguamúrcia eingenistet. Der winzige Kreuzgang im Inneren dürfte aus Zeiten stammen, als an diesem Platz noch ein Krankenhaus für Arme stand.

Das Kloster wird überraschenderweise durch den Kreuzgang seiner Kirche betreten. Er ist ein Beweis für den Einfluß der weltlichen Bauherren. Denn statt der von den Mönchen bevorzugten Strenge (die sich in der wuchtigen, eindrucksvollen Fassade niederschlägt), ist der Kreuzgang leicht gehalten mit idyllischen Galerien und einem hübschen Garten. In den überdeckten Gängen sind einige Grabmäler katalanischer Adliger eingelassen. Allerdings: Es gibt noch einen weiteren Kreuzgang hinter dem mächtigen Schlafsaal der Mönche. Er stammt aus dem 12. Jahrhundert und entspricht in seiner schlichten Strenge eher zisterziensischen Idealen. Auch die Stiftskirche selbst ist schmucklos und ganz im Geiste der Zisterzienser errichtet. Siebenundvierzig Meter ist das Hauptschiff lang und nur der barocke Hochaltar unterbricht die strenge Einfachheit des Bauwerks.

Santes Creus und Poblet sind durch die ›Rota del Cister‹ miteinander verbunden. Die Strecke, die über kleine Landstraßen geführt wird, ist entsprechend ausgeschildert. Unterwegs fährt man durch **Valls**, ein schönes, kleines Städtchen mit verwinkelten Gassen, schattigen Alleen und kleinen, hübschen Plaças. In **Montblanc** hat sich viel Ursprüngliches bewahrt. Der gesamte Ortskern mit seinen engen, grob bepflasterten Straßen ist originales Mittelalter. Von dort ist es nur noch eine kurze Fahrt nach **Poblet**.

Die großzügige Anlage (sie hat einen Umfang von knapp zwei Kilometer) mit ihrem riesigen Innenhof ist zur gleichen Zeit entstanden wie Santes Creus und hat eine ähnliche Geschichte. Auch in Poblet waren bereits rasch nach Beginn der Bauarbeiten Adel und Könige involviert. Sein Name leitet sich von der Pappelallee ab, die die Auffahrt ziert (lateinisch populetum). Das Kloster kann in drei große Komplexe unterteilt werden. Der erste, in den man gleich nach dem Tor von Prades gelangt, war den landwirtschaftlichen und handwerklichen Arbeiten vorbehalten. Der zweite Bereich besteht aus dem großen Platz und Resten des ehemaligen Hospitals der Armen, und der dritte Bereich beherbergt die eigentlichen Klosterräume. Er ist von einer riesigen Mauer geschützt, deren Umfang über sechshundert Meter beträgt, die auf elf Meter hinaufragt und durchgängig zwei Meter dick ist. Die Mauer ist mit Schießscharten, Zinnen, einem Gang für die Wächter und insgesamt dreizehn Türmen ausgestattet.

Die starke Bewehrung hat mit der immensen politischen und wirtschaftlichen Bedeutung zu tun, die Poblet im Lauf der Zeit bekam. Seit der Gründung im Jahr 1151 konnten die Mönche über drei Jahrhunderte hinweg ihre Macht ausbauen. Auf dem Höhepunkt dieser Entwicklung besaßen sie die Gerichtsbarkeit über sieben Bezirke und sechzig Dörfer. Über weitere zehn Ortschaften übten sie die Herrschaftsgewalt aus. Die Äbte von Poblet waren in die Politik Kataloniens integriert und hatten dort ein gewichtiges Wort mitzureden. Zum Teil wurden sie sogar Präsidenten der Generalität – obwohl diese ehrgeizigen Ziele mit den zisterziensischen Idealen nicht mehr viel zu tun hatten. Kein Wunder, daß die meisten Könige Poblet zu ihrer letzten Ruhestätte erkoren haben. In den giebligen Grabmälern ruhen fast alle Grafen und Könige aus der Zeit der aragonesisch-katalanischen Dynastie.

In dieser Zeit war Poblet auch ein sehr reiches Kloster. Rund einhundert Mönche lebten im 14. Jahrhundert dort. Bei der Säkularisation Spaniens 1835 mußten noch neunundsechzig Geistliche ihr Kloster verlassen. Danach kamen die Plünderer. Nur die Särge der Herrscher konnten gerettet und nach Tarragona gebracht werden. In den vierziger Jahren wurde der Bildhauer Frederic Marès damit beauftragt, die Grabstätten zu rekonstruieren und 1952 konnten die Särge wieder nach Poblet überführt werden. Seit 1940 ist Poblet wieder bewohnt. Heute leben dreißig Mönche dort – es ist der letzte Zisterzienserorden in ganz Spanien.

Poblet kann nicht auf eigene Faust besichtigt werden. Man muß sich einer Führung anschließen, die in regelmäßigen Abständen durch die Räume des Monastirs geht. Die Führung dauert eine Stunde.

Anstrengend, aber von unvergleichlicher Schönheit ist die Fahrt von Poblet nach Prades durch die **Montanyes de Prades** – dichtbewachsene Berge und (bis zu einer gewissen Höhe) dichte Weinfelder. Weite Blicke in die Alta Camp und Baix Camp erschließen die Landschaft. Ehedem abgeholzte Flächen werden sorgfältig und unter offensichtlich großen Mühen wieder aufgeforstet. Immer wieder wechselnde Eindrücke vermitteln die gestaffelten Gebirgszüge der Serra de Montsant. Am imposantesten wird die Fahrt von Prades über Poboleda nach Porrera. Majestätisch faltet sich das Gebirge, weit geht der Blick. Hoch über **Porrera** thront die Kirche, effektvoll eingerahmt von hochaufgeschossenen Zypressen. In **Reus** wird die Erinnerung an den bekanntesten Sohn der Stadt, den Modernismo-Star Antoni Gaudí, noch immer hochgehalten. So gibt es sogar ein *Barrí Gaudí*, einen fast Stadtteil-großen Wohnkomplex. Die ineinander verkeilten Appartements der mit Ziegeln errichteten Häuser hätten ihm sicher gefallen.

Älter als Barcelona…

Tarragona ist älter als Barcelona, älter sogar als jede andere größere Stadt Kataloniens. Wahrscheinlich siedelten dort bereits im 6. Jahrhundert vor Christus die Römer. Auf jeden Fall war es um die Zeitenwende einer der wichtigsten Orte im gesamten Mittelmeerraum. Dreißigtausend Menschen lebten damals in ihren Stadtmauern. Allerdings weist Tarragona keine durchgehende Geschichte auf. Nachdem die Araber im 7. Jahrhundert die Stadt ihrem Kolonialgebiet zugeschlagen hatten, wurde sie von der Bevölkerung praktisch aufgegeben. Die menschenleere Siedlung verfiel und erst fünf Jahrhunderte später begann der Wiederaufbau. Das hatte zwei Folgen: Die alten römischen Bauwerke sind in einer Vielzahl und Vollständigkeit erhalten wie sonst nirgends in Katalonien. Auf der anderen Seite haben die Mauren nicht die geringsten Spuren hinterlassen – da praktisch niemand mehr in der Stadt wohnte, gab es auch keine Neubauten.

Das römische Erbe bestimmt noch heute einen wesentlichen Teil des Lebens in Tarragona. So wurden und werden an allen Ecken und Enden Mauern und alte Steine der Römer ausgegraben und konserviert. Weil alles so schön römisch ist in Tarragona, wird zuweilen sogar der Wein in kleinen Schalen serviert. Den besten Eindruck von den erhalten gebliebenen Bauten aus römischer Zeit gewinnt man bei einem Spaziergang über den *Passeig Arqueològic*, der an und auf den alten römischen Stadtmauern angelegt wurde. Diese Mauern sind mit ›Zyklopensteinen‹ errichtet, riesigen Quadern, die mit einer unendlichen Mühe dorthin geschafft wurden. Der damalige Stadtwall war vier Kilometer lang, ungefähr die Hälfte ist noch erhalten. Am Ende des Strandes stehen weitere Zeugen der römischen Vergangenheit Tarragonas: die gut erhaltenen Mauerreste ehemaliger Kastelle.

Das wunderschöne ›*Amfiteater*‹ ist teilweise ausgegraben, teilweise sogar restauriert. Das Halbrund der Zuschauerränge, das nicht weniger als zwölftausend Zuschauer faßte, ist fast vollständig erhalten. Die Grundmauern hinter der Bühne gehören nicht mehr zu dem Amphitheater, sondern zu einer Kirche, die im 5. Jahrhundert an dieser Stelle errichtet wurde. Der Einfachheit halber nahmen die damaligen Bauherrn Steinblöcke der Arena, um die Kirche zu erbauen. Im 12. Jahrhundert wurde auf deren Reste eine weitere Kirche gesetzt, *Santa María del Milagro*.

Der wichtigste Sakralbau Tarragonas, die *Kathedrale*, steht nur wenige Schritte von diesem Amphitheater entfernt in der Altstadt. Der beeindruckendste Weg führt über die breite, steile Treppe zur vorgelagerten Pla de la Seul. Schon zu römischer Zeit stand an dieser Stelle ein Tempel. Wahrscheinlich war auch die Treppe schon damals angelegt gewesen. Die heutige Kathedrale ist, eingepaßt in die römische Altstadt, in einem Zeitraum von mehr als zweihundert Jahren errichtet worden. Aus diesem Grund weist sie keine einheitliche Stilrichtung auf, sondern gilt als Übergangsbau, der die Zeitspanne von der ausklingenden Romanik bis zur Blüte der Gotik umfaßt: Während die Grundmauern noch romanisch gehalten sind, gehören Portal und Gewölbe zur Gotik. Allerdings ist die Kirche durchgängig sehr einfach und streng gehalten. Die Maße sind vor allem in der Länge überdurchschnittlich groß. 104 Meter mißt das Hauptschiff, bis zu 26 Meter reicht das 16 Meter breite Mittelschiff in die Höhe.

Das spektakulärste Detail ist die riesige Rosette des Portals. Sie gehört zu den größten Rosetten, die jemals für Kirchen erschaffen wurden. Im 13. Jahrhundert ist sie geplant und erarbeitet worden – vollkommen unabhängig vom sonstigen Bau der Kathedrale. Ihre Baugeschichte läßt sich noch heute ablesen, denn der Giebelabschluß der Rosette ist nicht vollendet worden. Der Kreuzgang ist mit seinen 47 mal 46 Metern sehr groß, reichhaltig sind die Reliefs an den Kapitellen. Auch er bietet einen einzigartigen Blick auf die turbulente Baugeschichte der Kathedrale – abzulesen an den verschachtelten Mauern.

Gesellschaftlicher Mittelpunkt der Stadt ist die *Rambla Nova*, eine Flaniermeile vom Zentrum an der Altstadt vorbei bis an den ›*Balcó del Mediterrani*‹, einen fünfunddreißig Meter hohen Steilfelsen. Von dort kann man über den Hafen und den kleinen, aber hübschen Stadtstrand weit ins Meer hinausschauen. Tarragona besitzt den zweitwichtigsten Hafen in Spanien – was sich an der Unzahl von Verladekränen leicht ablesen läßt. Das Standbild von Roger de Llúria grüßt vom Balkon die Rambla Nova. Er war ein zu großem Ruhm gekommener Admiral der katalanischen Flotte im 13. Jahrhundert. In der Mitte der Rambla wird des Befreiungskrieges gegen die Franzosen (1812) gedacht.

Das Leben in Tarragona ist um einiges ruhiger und gemächlicher als in der Metropole Barcelona. Die eng beieinander stehenden Häuser in der etwas heruntergekommenen Altstadt würden ein hektisches Treiben auch gar nicht zulassen. Das Pflaster in der Altstadt ist zwar nicht antik, sondern erst in den vergangenen Jahren nach alten Mustern und mit alter Technik aufgebracht worden, aber es könnte antik sein – so gut paßt es in die Umgebung.

Die schönsten Ruinen stehen im *Forum Roma*, sogar komplett erhalten gebliebene Säulen wurden in einen geschmackvoll bepflanzten Platz integriert. Reste einer Kolonnade sind ebenso zu sehen wie zwei hohe Räume mit Tonnengewölben. Der untere Teil des Forums war wohl einmal das Verwaltungs- und Handelszentrum der Stadt, während auf dem anderen Teil noch Reste eines Theaters zu sehen sind. Es liegt an der Ecke Carrer del Cardenal Cervantes/Carrer Lleida.

Eine weitere Attraktion aus der Römerzeit befindet sich an der Straße N 240 nach Lleida. Es ist ein Aquädukt, der **Pont de las Ferreras**. Zwei Stockwerke umfaßt der imposante Bau aus lose aufeinandergesetzten Steinen. Er überbrückt in einer Höhe von gut sechsundzwanzig Metern das Tal des Ríu Francolí und ist noch auf einer Länge von 217 Metern erhalten – was nicht zuletzt auf die Araber zurückzuführen ist, die den Aquädukt im 10. Jahrhundert gründlich restaurierten. Die gesamte Wasserleitung war einmal fünfunddreißig Kilometer lang.

Südlich von Tarragona liegt das ausgedehnte Industrieviertel. Viele große Hallen und beachtliche Chemie-Anlagen zeigen, wie wichtig Tarragona für die Versorgung des Umlandes ist. Seit 1975 ist dort ein riesiger Petrochemie-Komplex in Betrieb, an dem auch deutsche Firmen beteiligt sind. Wenige Kilometer weiter beginnt mit **Salou** die Costa Daurada, wie sie in den Prospekten der Reiseveranstalter steht. Große Hotelkomplexe, lange, breite Sandstrände und Vergnügungsrummel jeder Art sind regelrecht geballt. Besonders beliebt sind in jüngster Zeit ›Aquaparks‹, in denen es alle erdenklichen Wasserrutschen und -spiele gibt. Einer der größeren Orte der Costa Daurada trägt den hübschen Namen Platja de Miami.

Salou war der erste Ort der Costa Daurada, der sich im großen Stil dem Pauschaltourismus öffnete – und er war auch der erste, aus dem Schreckensmeldungen kamen. Da wie üblich die Errichtung der Hotel- und Appartement-Anlagen mit der Erschließung nicht mitkam, gab es große Hygiene-Probleme. Sogar Meldungen über Typhus-Fälle gingen durch die Presse. Der Stern Salous sank weiter, als zudem immer häufiger über Zwischenfälle im Kernkraftwerk des nahegelegenen Vandellós (das mittlerweile abgeschaltet ist) berichtet wurde.

Vom Ebre zu den Pyrenäen

Zahllose Kanäle durchziehen das **Ebre-Delta**, das im Laufe von Jahrhunderten durch angelandete Sande entstanden ist (und auch heute noch ständig wächst). Zu Zeiten der Römer war Amposta beispielsweise noch eine Hafenstadt. Heute muß man fünfundzwanzig Kilometer ins Landesinnere fahren, um es zu erreichen. Die Abholzung der iberischen Hochebene hat wesentlich dazu beigegragen, daß der Ebre so gewaltige Schlammassen mit sich führen konnte, daß er das Delta weit ins Mittelmeer hineinschieben konnte. Bis 1940 wurden jährlich mehr als zwanzig Millionen Tonnen Lehm und Schlamm im Ebre-Becken abgelagert. Diese gewaltige Masse ist heute deutlich geschrumpft, sie erreicht vielleicht noch drei Tonnen. Der Rest wird bereits in den vielen Stauseen am Oberlauf des Ebre aufgehalten. Trotzdem wächst das Delta in jedem Jahr noch um rund einen Meter ins Meer.

Die ungemein fruchtbare Landschaft wird vor allem zum Reisanbau benutzt. Schier endlose Reisfelder bilden im Sommer einen sattgrünen Teppich, der bis zum Horizont zu reichen scheint. Im Winter ist das Wasser abgelassen, während im Frühjahr nur weite Wasserflächen zu sehen sind. Tomaten und anderes Gemüse werden ebenfalls gezogen. Dazu kommt der einträgliche Fischfang, vor allem von Aalen und Makrelen; sogar Hummer ziehen die Fischer an Land.

Das Ebre-Delta steht seit 1983 unter Naturschutz – allerdings nicht die gesamten mehr als dreihundert Quadratkilometer, sondern nur zwei jeweils rund fünf Hektar große Gebiete links und rechts der eigentlichen Mündung. Sie dienen sowohl dem Schutz der Pflanzen (Botaniker haben weit über fünfhundert Arten gezählt) als auch der Vögel. Diese benutzen das Delta als bevorzugtes Zwischen- oder Zielrevier bei ihren Zügen im Herbst. Dreihundert verschiedene Vogelarten fliegen das Ebre-Delta an, insgesamt sechzig Prozent des Gesamtbestandes aller Zugvögel in Europa. Zweihundertfünfzig Arten sind ständig ansässig in dem weitverzweigten Sumpf- und Lagunengebiet. In La Banya gibt es sogar einen Brutplatz für Flamingos – einzigartig in Europa. Trotzdem ist das Paradies bedroht. Denn das stetig wachsende Tarragona bezieht mittlerweile einen Großteil seiner Trinkwasserversorgung aus dem Ebre-Delta. Wissenschaftler wollen deshalb bereits erste Anzeichen einer Versalzung registriert haben.

Wo die Straßen zu Ende gehen, beginnt der Strand, der *Platja de los Eucaliptus* – ein wahrer Traum. Feiner Sand, endlos breite Strände, die gar nicht aufzuhören scheinen. Dazu eine Stille, wie sie sonst an der Costa Brava oder Daurada allenfalls für viel Geld in wenigen Luxushotels zu genießen ist. Auch die wenigen Campingplätze und Appartementhäuser vermögen diese Idylle nicht zu stören.

Von Sant Carles de la Ràpita aus kann man an Hand der vor der Küste gelegenen Salinen sehen, wie das Ebre-Delta wohl weiter wachsen wird. Auch diese Küste Richtung Valencia (**Costa del Azahar**) besitzt noch jede Menge Sandstrände – man muß es ja nicht unbedingt den Katalanen nachtun, die auch gleich neben der Zementverladestation von Platja d'Alcancer ins Wasser gehen. **Alcanar** unmittelbar an der Grenze zu Aragón ist schon recht südländisch geprägt. Die kleinen, weiß getünchten Häuser in den engen Gäßchen entsprechen bereits dem Touristen-Klischee von Spanien. In der Nähe der Ermita Verge del Remei liegt das *Poblat d'Iberic*, eine größere Ausgrabungsstelle iberischer Wohnanlagen.

Auch über **Tortosa** thront ein *Castell*, in dem mittlerweile ein Parador residiert, der Parador de la Suda. Der mittelalterliche Stadtkern von Tortosa ist noch vollständig erhalten, wenn auch nicht so gut gepflegt wie so manch anderer historischer Stadtkern in Katalonien. Ein üppiger, großer Stadtpark ist als botanischer Garten gestaltet.

Schon von Amposta kann man praktisch unterbrochen am Ebre entlangfahren – ein schlichtweg faszinierendes Erlebnis. Der Fluß hat für eine Explosion der Natur gesorgt – Gräser, Bäume, Büsche, wohin man blickt. Eine neue Straße führt kurz hinter Xerta nach Móra da Nava durch breite Schluchten, enge Felsvorsprünge und malerische Dörfer. Früher waren sie teilweise nur mit dem Floß erreichbar, heute sind die meisten an Brücken angeschlossen. Miravet bildet da eine Ausnahme; für einen Stadtteil braucht man auch heute noch ein Floß.

Weithin sichtbar liegt **Lleida** in der Ebene des Segre, umgeben von üppigen Obstplantagen. An dieser Stelle gab es schon zu Zeiten der Antike einen Übergang über den Segre, so daß Lleida auf deutlich mehr als zweitausend Jahre zurückblicken kann. Als Katalonien mit Aragón das so erfolgreiche Königreich bildete, war Lleida sogar zeitweise Residenz des Herrschers. Die äußerst fruchtbare Landschaft zieht ihren Nutzen aus dem Vorhandensein von Wasser, den ausgedehnten Sonnenperioden im Frühling und Sommer und den Winden aus den Pyrenäen, die dafür sorgen, daß die Temperaturen nicht ins Unermeßliche steigen.

Lleida war und ist keine sonderlich kulturbegeisterte Stadt. Dort wird gearbeitet und Geld verdient; Amüsement und Besinnung auf kulturelle Werte sind nicht Sache der Einwohner. Der Gesamteindruck von Lleida ist denn auch nicht sonderlich heimelig oder aufregend. Das gilt selbst für die Hauptattraktion, die Kathedrale samt Burgruine aus arabischer Zeit.

Anfang des 13. Jahrhunderts begann der Bau der *Seu Vella*, Mitte des 14. Jahrhunderts war er abgeschlossen. Lediglich der Kirchturm – achteckig wie ein Campanile – wurde später hinzugefügt. Dieser Kirchturm ist ein gutes Symbol für die Haltung der Einwohner von Lleida. Er ist nämlich außerordentlich hoch ausgefallen – aber nicht, um einen besonderen baulichen Akzent zu setzen, sondern um ihn auch als militärischen Ausguck verwenden zu können.

Doch alle Befestigungsmaßnahmen konnten nicht verhindern, daß französische Truppen 1707 die Kathedrale zerstörten, einnahmen und anschließend aus der Kirche eine veritable Festung machten. Eine der Altarnischen diente in dieser Zeit als Munitionsdepot und flog nicht weniger als drei Mal in die Luft. Zwar errichteten die Lleidaner mit Hilfe Karls III. eine neue Kirche in der Altstadt (*Catedral Nova*), doch diese wurde im Spanischen Bürgerkrieg zerstört. Erst vor wenigen Jahrzehnten ist die Seu Vella von allem militärischen Beiwerk entkleidet und die Catedral Nova restauriert worden.

Zu Fuß geht es von der dunklen und etwas angeschmuddelten Altstadt hoch auf die Seu Vella. Wer es ganz bequem haben will, darf sogar mit dem Auto zu den Terrassen hinauffahren, von denen man weit in das Land um Lleida blicken kann. Aus dem Rahmen fallen bei der Kathedrale gleich zwei Dinge. Zum einen ist der Grundriß quadratisch angelegt. Das dürfte allerdings weniger dem Wunsch nach Originalität entsprungen sein, als der Notwendigkeit, auf dem engen Berg alle Räume unterzubringen. Deshalb ist wohl auch der Kreuzgang nicht wie üblich neben das Hauptschiff gelegt worden, sondern verlängert es.

Eindeutiger Stilwille aber ist die Gestaltung des Kreuzgangs selbst: Der große, überaus luftige Kreuzgang hat nicht nur aufwendig gestaltetes Maßwerk. Vor allem sind nach Süden und Osten die Durchbrüche auf der äußeren Seite offen, so daß sich ein schöner Ausblick auf die Landschaft bietet – für einen Kreuzgang nicht gerade alltäglich. Diese überraschende Bauweise rührt wahrscheinlich daher, daß an dieser Stelle die Aussichtsbastei der vordem auf dem Platz der Kathedrale gelegenen Moschee stand. Die Bastei wurde – wie andere Teile der Moschee – in den Bau der Kathedrale integriert.

Neben der Kathedrale steht die Ruine einer maurischen Burg, *Zuda* genannt. Sie war von den Sarazenen neben der Moschee errichtet worden. Zeitweise diente sie als Residenz der Könige von Aragón/Katalonien. Zerstört wurde sie von den Franzosen, als diese Lleida eroberten.

Unterhalb der Kathedrale an der Mauer haben die Stadtväter von Lleida ihr neues *Rathaus* errichtet. Ein moderner Bau mit heller glatter Fassade, der sich in die Wellen des Berghanges schmiegt. Ein deutlicher Kontrast zu den Altertümern oberhalb. Von der anliegenden Plaça kann man auch per Aufzug die Festungsanlage erreichen. Im Stadtkern hat man versucht, der Plaça de Sant Joan ein modernes Gesicht zu geben. Breite Treppen, die nirgendwohin führen, begrenzen den Platz, in einer Ecke steht ein ›Leuchtturm‹, der denen an der Plaça d'Espanya Industrial in Barcelona nachgebaut wurde.

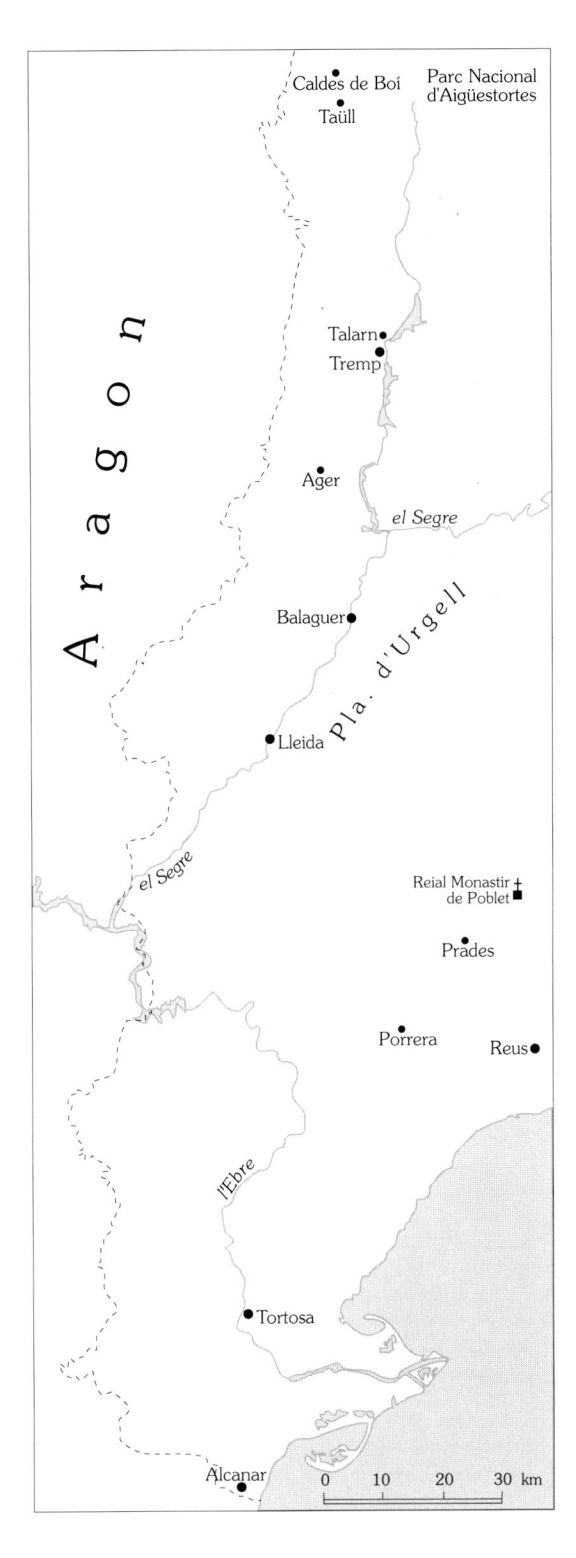

Zwischen Lleida und Balaguer fährt man praktisch nur durch Felder – ein riesengroßer Obstgarten, dessen Produkte in ganz Spanien verteilt werden. **Balaguer** am Segre ist ein Zentrum dieser Gegend. Wie so häufig in Katalonien, erhebt sich auf dem höchsten Hügel der Stadt eine stattliche Kirche: *Santa Maria*. Nach Balaguer lösen riesige Getreidefelder die Obstplantagen ab – hin und wieder durchsetzt von Olivenhainen. Die Hügel wurden terrassiert, um mehr Anbaufläche zu gewinnen. Die höchste Stelle dieser Straße liegt bei **Ager** (912 Meter). Danach hat man einen überwältigenden Blick – in der Ferne begrenzt von der baumlosen Gipfelwand der Serra de Montsec (höchster Berg Sant Alis, 1688 Meter). Majestätisch liegt die Ebene vor dem Besucher. Val d'Ager, durch den die Straße führt, ist pittoresk auf und an einen Felsen gebaut.

Dann, an der in viele kleine Seen aufgeteilten **Embassament de Camarasa**, geht die Straße in die C 147 über. Die Seen haben je nach Jahreszeit große Niveauunterschiede. Wenn das Wort idyllisch einen Sinn macht, dann bei diesen in tiefe Schluchten eingegrabenen Gewässern. Manche der dort an Felswände gesprühten Sprüche verlangen, das gesamte Gebiet um den Montsec unter Naturschutz zu stellen – eine Forderung, der die katalonische Regierung wohl nachkommen wird. Beängstigend eng sind die Felsschluchten, durch die eine neue Straße geschlagen wird. Der spiegelglatte, große **Embassament de Cellers** hält mit seinem herrlichen Panorama jeden Vergleich mit einem der hochgerühmten oberbayerischen Seen stand. An dessen Ufer liegt **Tremp**, das recht moderne, geschäftige Zentrum der Gegend. In **Talarn** grüßt der Turm der Kirche mit seiner ausgefallenen, lustigen Krone aus Steinen.

Durch verblüffend abwechslungsreiche und üppig grüne Landschaft geht es hinauf zum **Pont de Perdes**. An abenteuerlich auf hohe Felsvorsprünge gebauten Orten, wie Sarroca de Bellera oder Perdes, führt die Straße vorbei. An der Pont des Perdes (1350 Meter) ist der höchste Punkt passiert – hinab geht es durch ähnlich aufregende Landschaft. Am Ort Pont de Suert – einem pulsierenden Touristenzentrum – an der Grenze zu Aragón geht es auf die N 230, von der kurz hinter dem Ortsausgang die Straße nach Taüll und Caldes de Boí abzweigt. Dort beginnt der **Parc Nacional d'Aigüestortes i Estany de Sant Maurici**. Schon seit 1955 ist dieses Gebiet als Nationalpark umfassend geschützt. Insgesamt gibt es nur neun Nationalparks in Spanien und nur diesen einen in Katalonien. Die höchsten Gipfel ragen bis auf 3000 Meter Höhe, so der Bassiero (2903 Meter) oder der Peguera (2982 Meter).

Aigüestortes heißt übersetzt »sich windende Wasser« – kein schlechter Name für ein Gebiet, in dem es über zweihundert Quellen, Seen, Wasserfälle und Bäche gibt. Einhundertfünf Quadratkilometer wurden zu diesem Nationalpark zusammengefaßt, in dem fünf Bergketten zusammenlaufen. Nicht nur die Landschaft wird dort geschützt, sondern auch die Fauna. Zwar ist der Wolf ausgestorben und es gibt noch immer großen Widerstand gegen eine Wiederansiedlung, aber es leben noch einige wenige Bären in den Pyrenäen sowie selten gewordene Raubvögel. Den Park können die sportlichen Urlauber zu Fuß oder mit dem Mountainbike durchstreifen. Die weniger sportlichen können auch einen Jeep mieten. Der darf allerdings nicht überall hin.

Die kleinen Orte auf dem Weg hinauf zu den Thermalquellen von Caldes de Boí oder nach Taüll sind ganz auf Fremdenverkehr eingestellt. Zahlreiche Hostals oder Appartementhäuser bieten ihre Dienste an. Die meisten Touristen haben sich Taüll als Ziel gewählt – und das nicht ohne Grund. Von allen malerischen Orten rund um den Nationalpark ist **Taüll** der schönste. Und er besitzt die außergewöhnlichste romanische Kirche der Gegend, *San Clement*.

Ihr Inneres ist zwar sehr schlicht. Ein restaurierungsbedürftiger Altar und ein nur noch teilweise erhaltenes Fresko sind die einzigen Farbtupfer. Das war allerdings nicht immer so. Die alten Fresken wurden, wie so viele in den katalanischen Pyrenäen, abgenommen und nach Barcelona in das Museu d'Art Catalunya gebracht. Wenn man San Clement aufmerksam durchstreift, stößt man hier und da noch auf Reste. Doch die eigentliche Attraktion der Kirche befindet sich außerhalb. Es ist der sechsstöckige Turm, erkennbar den italienischen Campaniles nachempfunden. Er setzt in der Gebirgslandschaft einen aufsehenerregenden Akzent. Die Fenster an den Seiten des eckigen Turmes enthalten jeweils unterschiedlich viele Bögen. Seine sehr schlanke Form verleiht ihm eine große Eleganz. Man kann ihn über wacklige Leitern auch besteigen – was allerdings angesichts der grandiosen Aussicht, die man schon vom Boden aus hat, ein recht zweckfreies Unterfangen ist.

Caldes de Boí ist berühmt für seine Thermalquelle. Deswegen hat sich am Ortseingang ein Luxus-Kurhotel angesiedelt, umgeben von einem exquisiten Garten. Zu den eigentlichen Quellen und einem großen Wasserkraftwerk ist es von Caldes de Boí noch gut drei Kilometer weit. Wem dieser Weg zu lang ist, dem stehen Jeep-Taxis zur Verfügung, die auch einen kleinen Umweg durch den Nationalpark fahren. Aber allein schon wegen des herrlichen Baches, der hinunter nach Caldes de Boí fließt, sollte man den Fußweg vorziehen.

Die Pyrenäen

Von Caldes de Boí führt die Straße in eine der schönsten Gebirgslandschaften Kataloniens, das **Val d'Arran**. Dieses Tal gehört geographisch nicht zu Katalonien, sondern zu Frankreich. Zum nördlichen Nachbarn bestanden über viele Jahrhunderte zudem die einzigen Straßenverbindungen. Erst 1925 wurde die Straße über den auf 2072 Meter Höhe liegenden Bonaigua-Paß eröffnet. Sie war allerdings nur im Sommer zu befahren. Es mußten weitere zwanzig Jahre vergehen, bis nach dem Bau des Tunnels unter dem Pic de Montpius (2273 Meter) eine ganzjährige Verbindung in die übrigen Teile des Heimatlandes bestand. Damals war der fünf Kilometer lange Tunnel, den man nach einer herrlichen Fahrt am Flußbett des Noguera Ribagorçana erreicht, der längste in Europa. Noch heute ist die Fahrt durch die enge Röhre nichts für schwache Nerven. Doch auch diese Anbindung ändert grundsätzlich nichts an der Tatsache, daß es für die Bewohner des Val d'Arran einfacher ist, französische Städte wie Toulouse zu erreichen, als ihre Provinzhauptstadt Lleida oder gar Barcelona. Trotzdem war es für sie nie strittig, zum spanischen Katalonien zu gehören. Das hat sicher auch damit zu tun, daß die katalanischen Herrscher schon immer die besondere geographische Lage der Bewohner des Val d'Arran berücksichtigten und ihnen bis weit in das 19. Jahrhundert große Selbständigkeit gewährten. Es gab eine eigene Ratsversammlung, den ›Consell del Vall‹, in dem die gewählten Führer der sechs Gemeindebezirke des Tals Sitz und Stimme hatten. Hinzu kam ein vom König ernannter Gouverneur. Doch er hatte kein Vetorecht, so daß die Bewohner im Val d'Arran über ihre Geschichte weitgehend selbst entscheiden konnten.

Viella, erster Ort im Val d'Arran hinter dem langen Tunnel, ist ein Zentrum des Ski- und Wandertourismus. Im Ortskern ist eine interessante moderne Variante des Turmes von Taüll zu sehen. Er wurde als Ergänzung zur alten Dorfkirche errichtet. Das Val d'Arran ist ein Tourismusparadies – im Sommer wie im Winter. Wenn keine Ski-Saison ist, kann man wandern, radfahren, faulenzen, die überwältigende Natur genießen. Ungezählte Bäche fließen aus dem Felsen, teilweise stürzen sie in wahren Wasserfällen hinab. Weit geht der Blick über die Almen und Gipfel. Eine enge, wildromantische Straße führt zum Paß Pont de la Bonaigua (2072 Meter) hinauf. Die Gebäude sind modern, im trutzigen Stil der Gegend errichtet mit grauschwarzen, roh behauenen Steinen und hochaufgeschossenen Häusern.

Ein Kleinstaat im Gebirge

Andorra ist ein Anachronismus. Ein Kleinstaat mitten in Europa, der keine modernen demokratischen Strukturen kennt. Unabhängig, aber nicht souverän, regiert von zwei Herrschern, der eine weltlich, der andere geistlich. Ein Kleinstaat, der keine eigene Industrie, keine nennenswerte Landwirtschaft und einen Tourismuszweig hat, der sich gerade erst im Aufbau befindet. Ein Kleinstaat, der davon lebt, daß er sich zum Steuerparadies machte.

Wann Andorra gegründet wurde, ist nicht geklärt. Wahrscheinlich war es Karl der Große im 8. Jahrhundert. Die erste Urkunde, in der Andorra erwähnt wurde, datiert aus dem Jahr 839. Viele Jahrhunderte lebte Andorra abseits der Geschichte – es war nur jeweils für wenige Monate im Sommer überhaupt zugänglich. 1113 übergab der damalige Herrscher, Graf Ermengol IV., alle Rechte über das Land dem Bischof von Urgell. Dieser hatte sich in der Folgezeit einiger Überfälle und anderer kriegerischer Auseinandersetzungen zu erwehren und erbat Hilfe bei einer Familie, aus der später nach einigen Heiraten die Grafen von Foix hervorgehen sollten.

Zwar hatte sich der Bischof damals die uneingeschränkte Herrschaft über Andorra zusichern lassen, aber es kam dann doch zu Meinungsverschiedenheiten. Die Herrschaft wechselte, häufig begleitet von blutigen Kämpfen, bis man sich 1278 einigte, gemeinsam über Andorra zu befinden. Gleichzeitig wurde so etwas wie eine Verfassung erarbeitet, die »Pareatges«. Sie billigte den Bewohnern für damalige Verhältnisse außerordentlich viel Mitsprache zu und ist im Grundsatz bis heute gültig.

Jede der damals sechs Gemeinden wählt seither vier Vertreter in den Generalrat (›Consell de la Terra‹), der in Andorra la Vella tagt. Doch was so gut begann, hinkt mittlerweile der Geschichte hinterher: Bis auf zwei kleine Änderungen (1978 wurde eine weitere Gemeinde in den Rat aufgenommen, der fortan ›Consell General de les Valls‹ heißt, und es wurde eine Regierung geschaffen, die allerdings nur wenig Kompetenzen besitzt) ist die Verfassung auf ihrem alten Stand geblieben und kann deshalb heute kaum noch als demokratisch bezeichnet werden. Beispielsweise erhielten die Frauen erst 1970 das Wahlrecht.

Noch heute führen die Andorraner den alten Tribut, die Questia, an ihre Herrscher ab: Jeweils 960 französische Francs (umgerechnet gut 300 Mark) in einem Jahr an den französischen Präsidenten, im nächsten an den Bischof von Urgell. Denn noch immer wird der Zwergstaat von ausländischen Herrschern regiert. Schon 1589, als Foix in das Königreich Frankreich integriert wurde, fiel das Herrschaftsrecht über Andorra an die Krone in Paris. Nur kurz unterbrochen durch die Revolution 1789, gilt es bis heute. Der Staatspräsident von Frankreich übt es heute noch aus – wohlgemerkt als Privatmann, nicht als Präsident. Beide Herrscher haben die Verwaltung an Vertreter, die Viguires, delegiert. Der eine ist der Präfekt des Département Pyrénées-Orientales, der andere der Generalvikar des Bischofs von Urgell. Diplomatisch wird Andorra von Frankreich vertreten.

Als Andorra noch nicht der größte Duty-Free-Shop Europas war, zählte es gerade mal sechstausend Einwohner. Das war in den vierziger Jahren. Heute sind es knapp fünfzigtausend, wobei allerdings diejenigen mit andorranischem Paß nur ein Viertel ausmachen. Man muß nicht weniger als fünfundzwanzig Jahre in Andorra gelebt haben und perfekt katalanisch sprechen können, um eingebürgert zu werden – und das Wort Steuer nur noch vom Hörensagen zu kennen.

Die Einkommensteuer ist nie eingeführt worden, die Umsatzsteuer ebensowenig. Andorra lebt ausschließlich von der dreiprozentigen Zollgebühr, die auf alle Importe erhoben wird. Der größte Batzen kommt dabei vom eingeführten Benzin. So können nicht nur die Waren billig angeboten werden (vor allem Uhren und Schmuck, die teilweise bis zu vierzig Prozent weniger kosten als in anderen europäischen Staaten), sondern auch Bankdienstleistungen: Andorra tritt die Nachfolge ehemaliger Bankgeheimnis-Paradiese wie der Schweiz an. In Andorra gibt es Nummernkonten, und es wird nicht lange gefragt, woher das Geld kommt, das eingezahlt wird. Spanische Steuerbehörden schätzen die Auslandseinlagen andorranischer Banken auf unglaubliche fünfhundert Milliarden Mark. Das wären fast siebenundvierzig Millionen Mark pro ›echtem‹ Andorraner. Offizielle Statistiken gibt es allerdings nicht (wohl aus gutem Grund). Den Andorranern kommt bei all dem zugute, daß sie keine eigene Währung haben und deshalb kein Geld umtauschen müssen. Offizielle Zahlungsmittel sind der französische Franc und die spanische Pesete, aber Einzahlungen werden in jeder konvertierbaren Währung akzeptiert.

Den eindrucksvollsten architektonischen Akzent in Andorra setzte der 1933 in Barcelona geborene Ricardo Bofill. Er ist der bekannteste moderne Architekt Kataloniens. Zu seinen eigenwilligen Werken gehört ein triumphbogenartiger Wohnkomplex in Sant Just Desvern (›Walden 7‹) und vor allem der wunderschöne, alte Formen aufgreifende und abwandelnde *Monastir de Sant Meritxell* in Andorra. Das dort ursprünglich befindliche Kloster war 1972 abgebrannt. Bofill verstand den Auftrag zum Neubau umfassend: Er band mit immer neuen Rundbögen das Gebäude, einen Viadukt und eine Brücke zusammen. An jeder Seite des Klostergebäudes setzte er einen Kreuzgang, wobei er ausschließlich schwarze und wenige weiße Steine verwandte.

Durch Andorra führt praktisch nur ein größeres Tal, das sich am Fluß La Valira Gran entlang schlängelt. Viel Platz bleibt nicht zwischen den meist steil abfallenden Berghängen, an dessen weitester Öffnung La Vella liegt, die Hauptstadt des Prinzipats. Jeder Meter dieses Streifens ist bebaut, die Hänge sind bereits angegriffen. Statistisch besitzt jeder der ›Ur-

Einwohner‹ Andorras ein eigenes Haus, die Fahrzeugdichte liegt sogar bei einem Pkw pro Einwohner. Wer die Hauptstraße aber verläßt und hinauf in die Berge fährt, der kann plötzlich ganz allein sein und sogar in Andorra noch Ruhe finden. Doch entlang der Hauptdurchgangs-Straße ist Andorra ein einziger Supermarkt. Siebzig Prozent aller Geschäfte widmen sich dem Einzelhandel. Es ist schier unglaublich, wieviele Läden man in den engen Gäßchen der wenigen Dörfer und der Hauptstadt La Vella unterbringen kann. Mehr als zehn Millionen Besucher zwängen sich jährlich durch die engen Gassen von Andorra. Deshalb ist das Prinzipat auch ein einziger Parkplatz.

In der Landwirtschaft spielt der Tabakanbau die größte Rolle. Bis hoch in die Berge wurden Terrassen geschlagen, um die Pflanze anbauen zu können. Die andorranischen Bauern sind dabei Lizenzverträge mit großen amerikanischen Tabak-Konzernen eingegangen. Andorranischer und eingeführter Tabak werden vermischt und zu Marken-Zigaretten verarbeitet. Das war zu den Zeiten, als Spanien noch nicht in der EG war, ein ungewöhnlich lukratives Geschäft. Denn Andorra galt EG-rechtlich als ›Drittland‹ – wie ein Staat weit weg von Europa, aber ohne die langen Anfahrtswege. Seit Spanien in der EG ist, entfällt dieser Vorteil. Die Bemühungen, in ganz Europa im Zuge des Binnenmarktes einheitliche Steuerregeln einzuführen, dürften der Nischenpolitik Andorras endgültig den Garaus machen. Denn noch heute zahlen die Spanier Verbrauchssteuern von bis zu dreiunddreißig Prozent – vor allem auf ›Luxusartikel‹. Wenn diese Steuern gesenkt sind, wird die Attraktion des Einkaufsparadieses Andorra nachlassen.

Deshalb wird mit großem Aufwand in den Skitourismus investiert. Er soll einmal die Einkünfte aus den Supermärkten ablösen. Immerhin liegt rund sechs Monate Schnee in Andorra, gibt es fünfundsechzig Berggipfel, die über zweitausendfünfhundert Meter Höhe reichen. Fünf erschlossene Skistationen sind bereits in Betrieb (Pas de la Casa-Grau Roig, Soldeu-El Tarter, Arinsal, Pal und Arcalís), die zusammen zweihundert Kilometer Piste bieten. In Els Cortals d'Encamp entsteht ein neues Zentrum, später soll in La-Comella ein weiteres folgen. Der Traum der Touristik-Manager: eine Ski-Route anzubieten, auf der man von Spanien über Andorra bis nach Frankreich fahren kann.

Zurück in Katalonien

Bei der Weiterfahrt gelangt man zunächst nach **La Seu d'Urgell**. Dieses schöne Städtchen nimmt in der Geschichte Kataloniens eine Schlüsselstellung ein. Über viele Jahrhunderte war es Sitz der Grafen von Urgell, die über einen Großteil der Zentralpyrenäen herrschten. Es ist nicht weiter verwunderlich, daß sie diesen Platz wählten. Der Ort ist nur von Süden her zugänglich, durch die Tresponts-Schlucht, die aber mit geringem Aufwand zu sichern war. Zudem war La Seu d'Urgell immer auch ein Glaubens-Zentrum. Das drückt sich schon im Namen aus. Seu heißt Kathedrale.

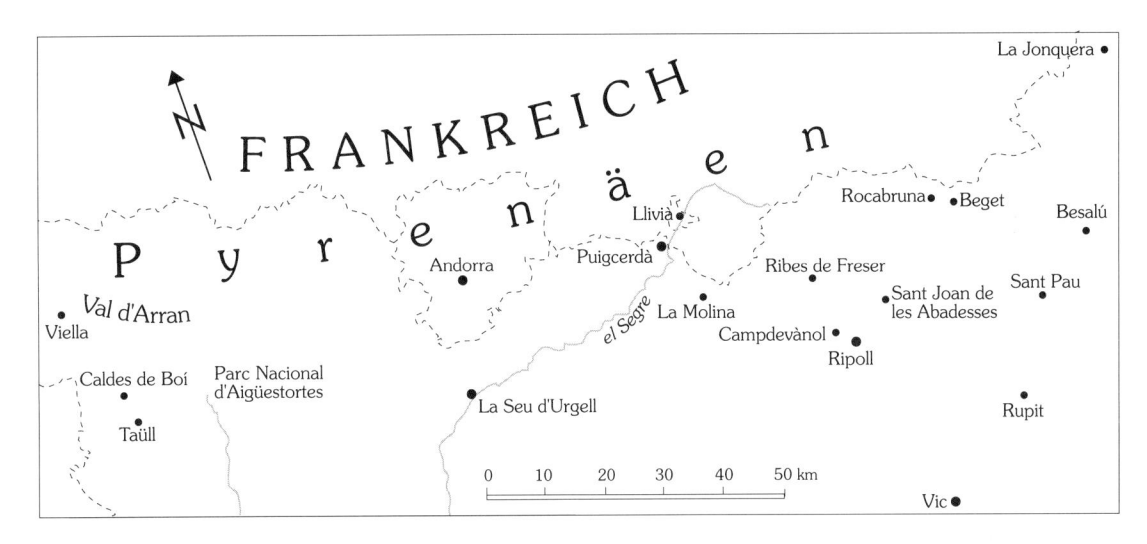

Schon im 4. Jahrhundert hat an der Stelle der heutigen Kathedrale die erste Kirche gestanden. Sie ist immer wieder erneuert und erweitert worden, bis sie im 8. Jahrhundert bei einem Überfall der Mauren völlig zerstört wurde. Anfang des 12. Jahrhunderts begann der Neu-Aufbau, der sich allerdings über zwei Jahrhunderte hinziehen sollte. Der Innenraum der *Kathedrale* ist recht düster geraten. Die ehrfürchtige Atmosphäre wird dadurch unterstrichen, daß während der Öffnungszeiten Choralgesänge über Lautsprecher eingespielt werden. In der kleinen und engen Krypta liegen Einwohner aus La Seu d'Urgell beerdigt, die während des Bürgerkrieges ermordet wurden. Zur Krypta wurde eine neue Treppe gelegt und das Innere des kleinen Raumes geschickt ausgeleuchtet.

Der Kreuzgang gehört zu den merkwürdigsten in Katalonien. Jede der an drei Seiten gelegenen schlanken Säulen ist anders geformt, hat andere Kapitelle. Zudem verwendeten die Baumeister Granit statt des sonst in Katalonien üblichen Kalksteins. Im Kreuzgang selbst stehen keine Bäume und nur niedrige Sträucher, so daß er für seine Größe ungewöhnlich hell ist. Er wird auch ganz weltlich genutzt. Dort finden Theateraufführungen statt, für die die Anlage effektvoll ausgeleuchtet wird.

In einer Ecke des Kreuzgangs beginnt die *Eglesia Sant Miguel* aus dem 11. Jahrhundert, die nach den Zerstörungen der ursprünglichen Kirche als erster Neubau errichtet wurde. Damals gab es in Seu d'Urgell drei Gotteshäuser: Die Kathedrale, der Jungfrau Maria geweiht, die Pfarrkirche Sant Pere und eine kleine Kirche, die dem Erzengel Michael gewidmet war. Nur die Kirche Sant Pere ist heute noch erhalten. Die Kathedrale ist völlig neu errichtet, die Kirche Sant Miguel existiert nicht mehr. Dafür aber der Name: Er wurde einfach auf das ehemalige Sant Pere übertragen. Doch obwohl sie als das älteste erhaltene sakrale Gemäuer in Seu d'Urgell ist, präsentiert sie sich dem Besucher als Unvollendete: Abrupt endet der Kirchturm ungefähr in der Höhe des Daches der Kathedrale. Wahrscheinlich war den Bauherren schlicht das Geld ausgegangen, als es darum ging, den Kirchturm auf die übliche Höhe aufzustocken.

Nachdem es viele Jahre recht problematisch war, Kirche und Kreuzgang zu besichtigen, haben sich die Verantwortlichen mittlerweile ganz auf die Touristen eingestellt. Die Besichtigungszeiten sind großzügig und die Mitarbeiter geben gerne Auskunft. Das gilt auch für das nach modernen Methoden aufgebaute und eingerichtete Diözesan-Museum (*Museu Diocesà d'Urgell*). Dort sind viele Reste der ehedem in der Kirche vorhandenen Fresken zu sehen. Darüberhinaus wird das Original einer Bulle, die Papst Sylvester II. 1001 an den Bischof Sal.la gerichtet hat, aufbewahrt. Die knapp drei Meter lange Papyros-Rolle ist fast vollständig erhalten. Das wertvollste Exponat ist die Schrift des Beat de Liébana, ein Codex aus dem 10. Jahrhundert, der in einem phantastischen Zustand konserviert wurde: klare Linien, leuchtende Farben. Interessant auch ein Buch mit spanischen Städteansichten von 1572 sowie ein Meß-Buch, das aus dem Jahr 1396 stammt.

Die Kirchen der umliegenden Gegend bis zum Val d'Arran werden vorgestellt, Gemeinsamkeiten erläutert. Reliquien und andere sakrale Gegenstände aus vielen Teilen Spaniens sind zu sehen, auch einige Fresken aus anderen Kirchen – ein kleines Museu d'Art Catalunya. Ein prächtiger Altar (1550) schmückt die aufwendig renovierte Kapelle, die darüber hinaus mit Retabeln aus dem 14. und 16. Jahrhundert ausgestattet wurde. Mittelpunkt ist der Sarkophag von Sant Ermengol (1755), ein mit unendlich vielen Details versehener silberner Sarg mit goldenen Einlagen.

Die Altstadt von Seu d'Urgell ist reines Mittelalter, beispielsweise die *Carrer dels Canonges*. Neben der engen, roh bepflasterten Straße verlaufen pittoreske Arkaden für die Fußgänger. Die Häuser wurden über die Bürgersteige hinaus gebaut und mit Bögen von der Fahrbahn abgetrennt. Der Baustil wurde auch bei modernen Bauten in anderen Straßen des Ortes beibehalten. Auch La Seu d'Urgell hat seine Rambla. Sie heißt *Passeig Joan Brudieu* und ist eine schattige, mit dichten Platanen bepflanzte Allee am Rande der historischen Altstadt.

La Seu d'Urgell wurde zum Austragungsort der olympischen Kanuwettbewerbe erkoren. Allerdings verließ man sich nicht auf die Natur – so reichlich auch die Bäche die Berge hinunterprasseln, so führt der Segre doch zu der Jahreszeit, in der die Olympischen Spiele ausgetragen werden, zu wenig Wasser. Am Ortsrand von Seu d'Urgell, direkt am Ufer des Segre, entstand deshalb eine kleine, hübsch bepflanzte künstliche Kanu-Anlage, die nach 1992 als eine Art Leistungszentrum benutzt wird. Bei dieser Gelegenheit wurde auch der *Parc del Segre* angelegt, zu dem sogar ein kleines Wasserkraftwerk gehört.

Am Ufer des Segre entlang, der immer wieder durch Bäche aus den Bergen gespeist wird, geht die Fahrt weiter nach Puigcerdà. Die Landschaft ist derart malerisch, vor allem die mit Baumgruppen durchsetzten Flußauen, daß es scheint, als hätte ein Impressionist hier einmal seine Traumlandschaft realisieren können. Ein großer Teil dieser Landschaft ist als **Naturpark Cadí-Moixeró** unter Schutz gestellt. Er umfaßt die Comarques (Regierungsbezirke) Berguedà, Alt Urgell und Cerdanya. Anlaß der Unterschutzstellung, die 1983 realisiert wurde, waren umfangreiche Abbauarbeiten an einigen Bergen, die das labile Gefüge der Hochgebirgslandschaft bedrohten. Der Naturpark reicht von rund 900 Meter hohen Talsohlen bis auf den 2648 Meter hohen Puig de la Canal Baridana. Außerordentlich reich ist seine Pflanzenwelt. Denn die Gegend liegt zwar sehr hoch (hat also niedrige Temperaturen), ist aber gleichzeitig sehr feucht. So können dort Pflanzen wachsen, die man erst wieder in Skandinavien oder sogar in arktischen Gebieten findet.

Puigcerdà ist einer der wenigen Orte der Cerdanya, der ein wenig erhöht liegt. Wer sich also einen Gesamteindruck von dieser wunderbaren Landschaft verschaffen will, ist dort bestens bedient. In den engen Gassen der Altstadt reiht sich Geschäft an Geschäft. Die Aussicht in die Cerdanya ermöglichen einige Plätze, die die Einheimischen ›Balcones‹ nennen. Noch vor der Stadtgrenze von Puigcerdà fällt ein Schild ins Auge: Franca. Die Grenze zu Frankreich liegt direkt an den Stadtmauern – oder vielmehr nicht ganz. Denn auf der RN 20 ist Frankreich nur wenige Meter breit, dann beginnt wieder Spanien oder setzt sich fort, je nach Anschauung. Die Straße führt zur Exklave Llivià.

Llivià verdankt sein Exklavendasein der Vergeßlichkeit. Als im ›Pyrenäenfrieden‹ 1659 alle Ortschaften aufgezählt wurden, die künftig zu Frankreich gehören sollten, wurde Llivià schlicht übersehen. So verblieb der Ort bei Spanien. Mit Ausnahme einer alten Apotheke im Rathaus, die von 1415 bis 1930 ununterbrochen betrieben wurde und die meiste Zeit auch in der Hand einer einzigen Pharmazeuten-Familie war, bietet der Ort keine besonderen Attraktionen, die ihn aus den anderen Ortschaften der Cerdanya hervorheben würden. Und das gewisse Prickeln, das man bei einem Besuch der Exklave empfindet, dürfte im zusammenwachsenden Europa wohl auch bald vorbei sein. Aber auch ohne diese Besonderheit kann man in Llivià einen sehr erholsamen Urlaub verbringen.

Die schnellste Straße von Puigcerdà nach Barcelona führt durch den 1984 eröffneten Cadí-Tunnel. Der mit privaten Geldern durch die Serra del Cadí geschlagene (und deshalb gebührenpflichtige) Tunnel ist eine deutliche Entlastung für die alte Strecke über Ripoll und verkürzt den direkten Weg nach Barcelona um mehrere Stunden. Wer es nicht so eilig hat, fährt von Puigcerdà nach Ribes de Freser über mehrere Pässe entlang der Ausläufer der Serra del Cadí und der Serra de Mogrony. Eigentlich ist die Aussicht auf die Steppen der Gipfel, auf die dichten Wälder und das herrliche Tal noch viel zu schön, um an ihnen mit dem Auto vorbeizurauschen. Richtiger wäre das Fahrrad – aber das erfordert angesichts der Steigungen einiges Training.

Entlang der Flüsse Freser und Fluvià

Ribes de Freser ist ein kleines Touristenzentrum, denn die Gegend um den Ort ist ein Wanderparadies. Hauptattraktion ist eine Zahnradbahn, die *Cremallera*. Sie bringt die Besucher über Queralbs an das *Monastir de Núria*. Dort oben erwarten die Besucher ein kleines Hotel, Bars und Restaurants. Núria läßt sich nur mit der Zahnradbahn (die einzige überhaupt in den Pyrenäen) oder nach einer Klettertour erreichen – noch. Es gibt Pläne, unter großem Aufwand eine Straße von Queralbs nach Núria zu treiben. Allerdings formiert sich Widerstand gegen diese Maßnahme, deren Sinn nicht ganz eingesehen wird und die deutlich in das Landschaftsbild eingreifen würde. In Núria entspringt eine vielbesuchte Quelle, der auch an heißen Tagen eiskaltes Wasser entströmt. Seit 1931 besitzt der Ort für die Katalanen auch politische Bedeutung. In seiner Abgeschiedenheit trafen sich Nationalistenführer, um ein Autonomiestatut zu erarbeiten, das Estatu de Núria.

Schon in Ribes de Freser wurden manche Häuser unmittelbar am Ufer des dort noch relativ kleinen Flusses Freser gebaut – eine Bauweise, die sich bis nach Girona fortsetzen soll. So auch in **Campdevànol**, wo ein Aquädukt aus alter Zeit noch immer benutzt wird. In **La Molina** begann der Skitourismus nicht nur für Katalonien, sondern für ganz Spanien. 1948 wurde dort der erste Sessellift der iberischen Halbinsel in Dienst gestellt. Noch heute ist La Molina ein Skizentrum: Die Pisten sind über fünf Kilometer lang.

Einst war **Ripoll** eines der geistigen Zentren Kataloniens. ›Hier stand die Wiege Kataloniens‹, sagen die Einwohner gern. Das lag nicht zuletzt an der geographischen Lage Ripolls. Wer die Pyrenäen über hohe Pässe überwunden hatte oder am Fuß des Gebirgszugs reiste, durchquerte zwangsläufig das Städtchen am Ter. Heute ist von dem einstigen Glanz nicht mehr viel übrig. Nicht zuletzt das ehedem mächtige *Kloster* macht dies deutlich. Schon 888 wurde die erste Kirche an diesem Platz geweiht. Kurze Zeit später wurde sie mehrfach erweitert, bis Mitte des 11. Jahrhunderts eine große Kirche über Ripoll thronte. Doch ein schweres Erdbeben machte 1428 aus ihr eine Ruine. Zwar wurde sie wieder aufgebaut, doch 1835 stürmten die aufgebrachten Einwohner von Ripoll Kloster und Kirche und setzten beide in Brand. Die einige Zeit später ein weiteres Mal aufgebaute Kirche vermittelt noch nicht einmal einen Abglanz der alten Pracht. Das Kirchenschiff ist außerordentlich einfach gemauert, ohne Schmuck, ohne Kapitele, simple Rundbögen, auch beim Tonnengewölbe. Die Fenster sind aus Alabaster, dessen milchiges Licht nicht gerade zur Stimmungshebung beiträgt. Auch einen Altar gibt es nur in Form eines einfachen Tisches.

Nur das Portal ist von dem alten Gebäude erhalten geblieben, und es steht auch im Zentrum des Besucherinteresses. ›Triumphbogen der Christenheit‹ wird diese Allegorie des katholischen Glaubens genannt. Doch die Zeit und vor allem die zunehmende Luftverschmutzung haben der Arbeit sehr zugesetzt, viele Details sind schon nicht mehr zu erkennen. Seit dem 18. Jahrhundert versucht man zwar, mit einer vorgesetzten Glasfront das Portal vor weiterem Verfall zu schützen. Aber es gelingt nur ungenügend. Keine der Figuren weist noch klare Gesichtszüge auf, alles zerfällt in Rundungen, die schließlich Umrisse nur noch erahnen lassen.

Der Kreuzgang dagegen ist von einer einfachen Eleganz. Zweistöckig, gehalten von schlanken, doppelten Säulen und mit einem großen, dicht bewachsenen Hof. Am äußeren Gang werden erhalten gebliebene Stücke aus der Geschichte des Monastirs von Ripoll gezeigt, die bis in das 10. Jahrhundert zurückreichen. Am Kreuzgang selbst ist über viele Jahrhunderte gebaut worden. Erst im 16. Jahrhundert erhielt er seine heutige Form.

In dem benachbarten *Museum* werden vor allem folkloristische Stücke gezeigt – es ist ein richtiges Heimatmuseum, mit allem, was dazugehört: Fahnen, fossile Funde, Dinge des täglichen Gebrauchs, ein wenig Archäologie, ein wenig Historie und allerlei Nippes. Ein ganzer

Raum ist Funden gewidmet, die von Höhlenmenschen angefertigt wurden, die vor mehr als zweihunderttausend Jahren bei Queralbs und Sant Joan de les Abadesses gelebt haben sollen. Aber vor allem wird erläutert, wie in Ripoll früher Eisen geschmolzen wurde: Die Arbeiter nutzten dazu den Freser aus. Ihre kleinen Schmieden (Fargas) wurden direkt über das Flüßchen gebaut. Das Wasser trieb ein mächtiges Rad an, das den nicht minder mächtigen Meißel hob. Rund dreißig solcher kleinen Schmieden gab es in der Gegend von Ripoll. Dort wurden nicht zuletzt Waffen hergestellt. Deshalb war Ripoll auch im Bürgerkrieg Ziel zahlreicher Bombenflüge der Faschisten – was in dem Museum ebenfalls dokumentiert ist. Waffen aus Ripoll werden in zehn katalonischen und sechzehn Städten im In- und Ausland in Museen ausgestellt – von Istanbul bis New York, von Kassel bis Stockholm. Erst die Konkurrenz aus Asturien, die kostengünstiger produzieren konnte, machte den Waffenschmieden in Ripoll den Garaus. Eine der mächtigen Schmieden ist im Museum in Originalgröße nachgebaut. Der ›American Society for Metals‹ hat diese Ausstellung so gefallen, daß sie sie in ihren Katalog der ›Historischen Stätten‹ aufgenommen hat. Das in Ripoll erfundene System der Herstellung von Stahl sei, so heißt es zur Begründung, mittlerweile als ›Katalanischer Stil‹ in die Geschichte eingegangen.

Die *Klosterkirche* von **Sant Joan de les Abadesses** hat eine merkwürdige Form. Das Hauptschiff scheint viel zu kurz geraten im Vergleich zu den Seitenschiffen. Schaut man sich den Grundriß an, wird diese Form erklärbar: Die Kirche bildet das lateinische Kreuz. Das Haus hat kaum Fenster, es ist dunkel und kühl. Aus rohen Quadern wurden die eckigen Säulen und die außerordentlich hohe Decke zusammengesetzt. In einem der Seitenschiffe steht die Santa Maria da Blanzeí, eine Madonnenfigur aus Alabaster mit achtzehn Szenen der Geburt Jesu aus dem 14. Jahrhundert. Unbestrittener Mittelpunkt der Kirche ist aber ›Das allerheiligste Mysterium‹, eine fast lebensgroße Figurengruppe aus Holz, die die Kreuzabnahme Christi darstellt.

Zur Seite steht der Kirche eine schier überladen ausgestattete *Kapelle*, die ebenfalls dem ›Allerheiligsten Mysterium‹ gewidmet wurde. Sie ist im Rokoko-Stil gehalten, mit einer mehrstöckigen Kuppel, die mit sieben Fenstern abschließt. Die Kapelle ist das denkbar krasseste Gegenstück zu der schlichten Kirche, wogegen der Kreuzgang sich eher an deren Stil hält. Er ist schlicht, nur ein großer Baum und ein Springbrunnen zieren seinen Innenhof. An den Mauern sind noch Reste des ursprünglich romanischen Kreuzgangs zu erkennen. Seine jetzige Form erhielt er im 15. Jahrhundert.

Ein ganz besonderes Erlebnis ist die Fahrt nach Beget. Kurz hinter dem beliebten Touristenort Campodrón zweigt die kleine Straße ab. Sie windet sich, eng an den Felsen geschmiegt, zunächst hinauf nach **Rocabruna**, wo ein kleines restauriertes *Castell* zu besichtigen ist. Dann geht das Sträßchen in vielen Windungen hinab – nichts für große Autos und ungeübte Fahrer. Doch die üppige Natur und die vielen grandiosen Aussichten lassen die Mühe des Fahrens leicht werden.

Beget ist ein kleines Nest mit einer Handvoll Häuser, die mit großem Geschick in die Schlucht gesetzt wurden. Die Kirche *Sant Cristòfol*, errichtet Ende des 12. Jahrhunderts, besitzt einen großen Altar mit schwarzer Christusfigur. Den reich verzierten Decken und Säulen sowie den Ornamenten nach zu urteilen, haben arabische Einflüsse den Bau mitbestimmt. Auch diese Kirche besitzt den für die katalanischen Pyrenäen so typischen eleganten freistehenden Turm. Er könnte vielen Besuchern bekannt vorkommen: Der spanischen Tourismusbehörde gefiel er so gut, daß er einige Jahre lang als Motiv für ein Plakat diente, das im In- und Ausland um Besucher warb.

Für die meisten Touristen ist Beget nicht Ziel des Abstechers, sondern erst der Ausgangspunkt. Von dort kann man in herrlichen Wanderungen die fast menschenleere Landschaft erkunden. Mit dem Auto gibt es nur den Weg zurück, denn ab Beget ist die Straße unpassierbar. Aber angesichts des Reizes, den die Strecke bietet, nimmt man dies gerne auf sich.

Schon ein kleiner Spaziergang durch die mittelalterlichen Gassen von **Besalú** zeigt, warum der gesamte Ortskern seit 1966 unter Denkmalschutz steht: So vollständig wie kaum irgend sonst sind Gebäude und Gassen erhalten. Nirgends stören moderne Zweckbauten den Gesamteindruck, nirgends verdeckt Reklame die Häuserfassaden oder hängt die engen Gassen zu. Die Altstadt wird bewundernswert in Schuß gehalten. Die Gassen sind schön gepflastert, die Häuser gepflegt.

Besalú kann auf eine ruhmreiche Vergangenheit zurückblicken. Schon im 6. Jahrhundert vor Christus ist dort eine Siedlung nachgewiesen und 812 nach Christus war es der Sitz eines Grafen. Wilfried der Behaarte startete von Besalú aus seine Politik der Zusammenfassung der zersplitterten Fürstentümer, bis Alt-Katalonien unter dem Namen ›Spanische Mark‹ als relativ eigenständiger Teil dem fränkischen Reich angegliedert war. Besalú wurde nach dem Zerfall dieser Einheit wieder selbständig und fiel erst im 12. Jahrhundert endgültig an Barcelona.

Bei der in Katalonien ausgebrochenen Renovierungs- und Verschönerungswut bekam natürlich auch Besalú seinen Teil ab. So wurde die *Plaça de Sant Pere*, der größte Platz des Ortes, völlig neu gestaltet. Wenn die vielen gepflanzten Bäume einmal groß gewachsen sind und Schatten spenden, wird der Platz ein Schmuckstück sein. Die ehedem stattlichen sakralen Bauwerke sind in der Regel verfallen. So wurde schon zu Beginn des 11. Jahrhunderts ein Kloster gegründet, wo jetzt noch die Kirche *Sant Pere* steht. Doch der Palast, der einen außergewöhnlich schönen Kreuzgang gehabt haben soll, ist während der napoleonischen Kriege völlig zerstört worden. Sant Pere wurde erst im 12. Jahrhundert errichtet. Auch die Burgkirche *Santa Maria*, kurzzeitig sogar Bischofssitz, wurde bereits im 11. Jahrhundert erbaut, doch heute stehen nur noch einige Ruinenreste. Die Plastiken, die sämtliche Kriegsstürme überlebt haben, wurden Anfang dieses Jahrhunderts nach Barcelona in das Kloster von Pedralbes gebracht. *St. Julià*, ein ehemaliges Spital, dient jetzt als Veranstaltungsort für Konzerte.

Eine Besonderheit von Besalú ist die *Mikwe*, ein rituelles jüdisches Bad. Viele Stufen führen hinunter zum Ríu Fluvià, wo dieses Bad gebaut wurde. In dem Natursteinhaus, das ein typisch romanisches Bogengewölbe aus dem 12. Jahrhundert trägt, folgten die jüdischen Frauen ihrem Ritus: Regelmäßig nach der Menstruation mußten sie sich durch vollkommenes Untertauchen in das Wasser des Ríu Fluvià reinigen. Nicht geklärt ist, ob es sich um eine eigenständige Anlage handelte oder ob sie einmal Bestandteil einer Synagoge war. Als die Juden aus Spanien vertrieben waren, benutzten die Einwohner von Besalú die Mikwe als Färberwerkstatt. Später wurde sie bei Überschwemmungen mit Geröllmassen überschüttet und schließlich vergessen. Erst 1964 begann man, die Anlage wieder auszugraben und langsam zu restaurieren. Besichtigungen sind nur in Absprache mit dem Tourismusbüro von Besalú möglich.

Girona und Hinterland

Von altersher war **Girona** von zentraler Bedeutung für Katalonien. Wer über die Pyrenäen wollte, mußte die am leichtesten zu überwindenden Pässe wählen und landete fast zwangsläufig in Girona, da der Gebirgszug nur am östlichen Ausläufer einen Übergang gestattete. Jeder Eroberungsversuch führte deshalb über Girona. Kein Wunder, daß es keine andere Stadt in Katalonien gibt, die so oft belagert wurde. Die Folge ist eine trutzige, eng beieinander liegende Bauweise, die Angreifern eine Eroberung möglichst schwer machen sollte.

Heute ist Girona die schönste Stadt Kataloniens. Was auf den ersten Blick überraschend oder provozierend klingt, wird sofort nachvollziehbar, wenn man die größeren Städte miteinander vergleicht: Barcelona ist zu groß, um als Ganzes schön sein zu können. Tarragona wird dominiert von seiner Aufgabe als Handels- und Hafenstadt – die römischen Ausgrabungen liegen in der Stadt wie ein Fremdkörper. In Lleida ist das sogar noch stärker ausgeprägt: Während die Kathedrale ein unzweifelhaft beeindruckendes Bauwerk ist, bleibt der Rest der Stadt blaß und langweilig.

Dagegen Girona: Eine Stadt, zumindest im weitläufigen Kern wie aus einem Guß, eine Stadt des groben Pflasters, der engen Gassen und der vielen, vielen Stufen. Es ist erstaunlich, daß dieses einheitliche Bild die vielen Angriffe überstanden hat und es ist bewundernswert, wie es die Stadtverwaltung schafft, die schwierige Balance zu finden zwischen der Erhaltung der historischen Substanz und dem Bewohnbar-halten für die Einwohner. Girona hatte darin schon immer eine glückliche Hand. Obwohl die Bewohner in historischen Häusern und an historischen Gassen wohnten, war man gegenüber der Moderne aufgeschlossen. So war Girona die erste Stadt der iberischen Halbinsel, die über eine elektrische Straßenbeleuchtung verfügte. Die riesigen Stromaggregate und die dazugehörigen Laternen sind im *Museu d'Història de la Ciutat* im Sala de l'Enllumenat Electric ausgestellt.

Es gibt Hinweise, wonach bereits im 3. Jahrhundert vor Christus an der Stelle, wo heute Girona liegt, eine Siedlung stand. Die Römer errichteten ihre Siedlung jedenfalls unzweifelhaft am rechten Ufer des Onyar und umgaben sie mit einer gewaltigen Stadtmauer, von der noch heute große Teile stehen. Ob die Römer diese Siedlung Gerunda nannten, wie es zuweilen behauptet wird, ist zumindest nicht gesichert. Die meisten Historiker gehen mittlerweile davon aus, daß diese sagenumwobene Stadt, die bereits in den Schriften von Caesar und Plinius erwähnt ist, eher mit dem heutigen Gironde in Frankreich übereinstimmt. Im Laufe der Zeit wuchs die Einwohnerschaft von Girona immer mehr und schließlich entschloß man sich, auf dem anderen Onyar-Ufer weiterzubauen.

Der erste spontane Gedanke beim Betreten der *Kathedrale* ist ein eher weltlicher: Nur Sportpaläste sind größer. Die ganze Wucht der vierunddreißig Meter hohen Gewölbe erfaßt den Besucher, nur der Chor (nach katalanischer Tradition mitten im Kirchenraum) gestaltet die riesige, knapp dreiundzwanzig Meter breite Halle. Die Gewölbekonstruktion der Kathedrale von Girona ist die weiteste aller gotischen Bauwerke und wird nur noch vom Petersdom in Rom übertroffen, der zwei Meter breiter ist. Dieser Fast-Rekord ergab sich allerdings zufällig. Denn wie fast alle bedeutenden Kathedralen wurde auch der Dom von Girona in mehreren Etappen gebaut. Als im 14. Jahrhundert ein neuer Chor in der damals vorherrschenden gotischen Kunstrichtung an Stelle des romanischen Bauwerks treten sollte, wurde dieser zwar noch in mehreren Schiffen errichtet. Aber als auch das Langhaus erneuert werden sollte, gab es Probleme: Das romanische Langhaus konnte schlecht mit dem gotischen Chor verbunden werden. Also wurden alle Schiffe zu einem einzigen gewaltigen Raum zusammengefaßt.

Das ging allerdings nicht ganz reibungslos, denn es bedeutete damals ein ungeheures Wagnis, solch gewaltige Gewölbe zu schaffen. Der Disput darüber, ob dies möglich ist, hat denn auch nicht weniger als fünfzig Jahre gedauert. Dann rief 1417 die Kirche ein Symposium von Architekten nach Girona, die maßen und rechneten und debattierten, um schließlich in ihrer Mehrheit gegen die einschiffige Bauweise zu stimmen. Doch Bischof und Domkapitel setzten sich über dieses Votum hinweg und riskierten die spektakuläre Variante – mit Erfolg.

Schon der Aufgang zur Kathedrale ist majestätisch. Eine große Freitreppe (die größte Barockfreitreppe in ganz Europa) mit neunzig Stufen will erklommen sein, ehe das Hauptportal erreicht ist. Die Wände im Kircheninneren sind zwar schmucklos, doch ergeben sich zum einen durch die verschiedenfarbigen Steine abwechslungsreiche Muster, zum anderen ist auf halber Höhe ein Umgang mit vielen kleinen Rundbogenfenstern eingelassen, der zuweilen effektvoll erleuchtet ist. Jeweils zwei hohe schmale Fenster an den Seiten, eine große Rosette am Eingang und zwei kleinere Rosetten an der Altarseite lassen nur gedämpftes Licht herein. Hinter dem schlichten Altar, den ein Baldachin schmückt, führen zwei kleine Aufstiege zu einem relativ einfach gehaltenen Thron. Die Gelehrten streiten sich noch, ob er Karl dem Großen gehörte, zugedacht war oder mit ihm gar nichts zu tun hatte.

Neben der Kirche selbst ist das *Kapitelmuseum* die Attraktion eines Kathedralen-Besuchs. Die Pracht der dort ausgestellten sakralen Gegenstände überwältigt. Überragende kirchengeschichtliche Bedeutung haben der große *Schöpfungsteppich* und die Abschrift der *Beato-Handschrift*. Der Schöpfungsteppich ist im 11. Jahrhundert entstanden, wahrscheinlich in Girona. Obwohl er nicht mehr vollständig erhalten ist, mißt er noch immer 4,15 mal 3,65 Meter.

Die Beato-Handschrift wurde verfertigt, um die Spanier wieder auf die päpstliche Linie zu bringen. Unter der Herrschaft der Mauren hatten die spanischen Christen nämlich einige Dogmen ein wenig abgeändert. Im 8. Jahrhundert verkündete man das Ende des Dogmas von Gottvater und Gottsohn. Jesus Christus sei niemals Fleisch gewordene Gottheit, meinte das damalige Oberhaupt der westgotischen Kirche, Erzbischof Elipandus, sondern die Figur sei ›adoptiv‹ aufzufassen. Diese Anschauung kam den Mauren entgegen, die davon ausgingen, daß Gott für Menschen nicht faßbar sei und deshalb auch keinen Sohn haben könne.

Die ›Amtskirche‹ konnte sich mit diesem ›Verrat‹ selbstverständlich nicht abfinden. Der in Asturien lebende Mönch Beatus von Liébana wurde zum großen Gegenspieler des in Toledo residierenden Erzbischofs. Wie häufig, mischte sich auch die Politik in diese Auseinandersetzung. Karl der Große, der sich damals anschickte, die maurische Expansion zu stoppen, war nämlich davon überzeugt, ein leichteres Spiel zu haben, wenn sich die Bevölkerung auch emotional gegen die Mauren erhob. Die hatte bis dato dazu keinen sonderlich großen Anlaß gesehen, weil die Sarazenen sehr liberal herrschten. Die Araber hatten die Katalanen und Kastilier, die Andalusier und Aragonesen beispielsweise nie gezwungen, ihren Glauben anzunehmen. Deshalb unterstützte Karl der Große den konservativen Mönch Beatus und hetzte gegen Erzbischof Elipandus. Wichtigstes schriftliches Mittel dieser Auseinandersetzung war eine von Beatus verfaßte kommentierte Geschichte der Apokalypse, die seinen Standpunkt untermauerte.

Dieses ›Beato-Handschrift‹ genannte Werk ist häufig kopiert worden. Die außerordentlich kostbare Abschrift in Girona, gefertigt Ende des 10. Jahrhunderts von einer Nonne namens Eude, ist die älteste aller Abschriften. Wegen seiner Zusammenarbeit mit Karl dem Großen gilt Beatus als Vorkämpfer der ›Reconquista‹, der ›Wiedereroberung‹ der iberischen Halbinsel, die auch von Asturien ihren Beginn nahm.

Der Kreuzgang neben dem Kirchenmuseum datiert aus der romanischen Zeit, als die Vorgänger-Kirche der jetzigen Kathedrale noch stand. Den damaligen Turm (*Torre de Carlemany*) im romanischen Stil hat man in die gotische Fassade des Neubaus integriert. Er ist sehr gut auszumachen. Der Kreuzgang ist relativ klein und nicht quadratisch. Beides liegt an den schwierigen statischen Problemen, die die Baumeister zu bewältigen hatten, denn der Kreuzgang ist an einer sehr abschüssigen Stelle errichtet. Wer genau hinsieht, erkennt auch, daß der Abstand der doppelten

Säulenreihen nicht immer gleich ist. Das liegt an den unterschiedlichen Gewichten, die sie zu tragen haben. Die Kapitele der Kreuzgang-Säulen sind teilweise sehr stark verwittert und kaum noch zu entziffern. Im ersten Stock können Gewänder der in Girona tätig gewesenen Geistlichen besichtigt werden (*Tinell Museu Textil*).

An der Kirche *Sant Feliú* lassen sich die verschiedenen Baustile, die bei der jeweiligen Erweiterung vorgeherrscht haben, wundervoll ablesen. So stammt der Grundbau aus der Romanik, was an den wuchtigen rohen Mauern erkennbar ist. Die Gotik hat sich in den Fenstern und Gewölben niedergeschlagen, die Renaissance in der Fassade und im Inneren findet sich allerlei barocke Dekoration. Letztere war ursprünglich noch weitaus stärker vorhanden, ging aber während der Zeit der ›Kirchenstürme‹ in den dreißiger Jahren verloren. Der Kirchturm mit den charakteristischen acht Spitzen verlor seine größte Erhebung bei einem Gewitter. Der größte Kunstschatz von Sant Feliú sind acht Sarkophage, die bis in das zweite Jahrhundert zurückreichen. Die ›Sacòfags pagans i cristians‹ sind an den Mauern des Presbyteriums hinter dem Altar angebracht. Sie wurden von römischen Bürgern aus Girona bei Künstlern in Italien in Auftrag gegeben und anschließend nach Girona gebracht.

Neben der Kathedrale am Aufgang zum Passeig Arqueològic stehen die *Banys Arabs*. Der Name dieser Bade- und Saunaanlage darf nicht darüber hinwegtäuschen, daß es sich keineswegs um eine arabische Einrichtung handelt. Die Bäder sind erst im 12. oder 13. Jahrhundert entstanden, aber vergleichbaren maurischen Bauwerken nachempfunden. Außerdem waren wahrscheinlich arabische Meister am Bau beteiligt. Jedenfalls hat man herausgefunden, daß die Vorbilder für die Banys Arabs im Norden Afrikas stehen. Die Anlage besteht aus einem Frigidarium (kalte Bäder), von dem man früher in den Garten sehen konnte. Daran schließt sich ein Tepidarium (angewärmter Baderaum) an, das den Übergang zum Caldarium, dem Baderaum mit heißem Dampf, bildete. Dieser ist mit einer Vielzahl von Ventilationsöffnungen versehen — teilweise sogar in Form des Davidsterns. Ursprünglich besaß die Anlage noch ein weiteres Caldarium, das größtenteils zerstört ist.

Neben den Banys Arabs beginnt der *Passeig Arqueològic*, ein kleiner Park zu Füßen der Kathedrale, von dem man die eng beieinander stehenden Bauwerke der Altstadt sehr schön betrachten kann. Gegenüber am Vall de Sant Daniel soll an der Stelle, wo heute wild wucherndes Unkraut die Vorherrschaft hat, ein kleiner Park angelegt werden, der bereits dem in New York ermordeten Rockmusiker John Lennon gewidmet ist.

Der *Convent de Sant Domènec* wird derzeit wieder aufgebaut — von dem Architektenbüro, das sich den Ideen Gaudís verschrieben hat, dem Institut Gaudí de la construcció. Ende 1992 soll die erste Bauphase fertig sein. Dann will die autonome Universität von Barcelona das Gebäude Schritt für Schritt übernehmen. Hauptsächlich sind Hörsäle für die Estudi General de Girona geplant. Der Convent war im 13. Jahrhundert errichtet worden und beherbergte zunächst Dominikaner-Pater. Wie so viele kirchliche Einrichtungen in Katalonien wurde er später auch zu militärischen Zwecken requiriert und als Baracke mißbraucht. Nachdem der Convent zerstört worden war, war er zunächst viele Jahre dem Verfall ausgesetzt, bis die Restaurierungsarbeiten begannen.

Im *Museu d'Art* ist als Rarität der Werktisch eines Glasers aus dem 14. Jahrhundert zu sehen. Soweit bekannt, ist er das einzige Überbleibsel dieser Zunft auf der ganzen Welt. Sehr schön zu erkennen ist, wie auf diesem Tisch die Muster der gotischen Fenster entwickelt wurden, nach denen die einzelnen Teile dann geschnitten und mit Blei verlötet wurden.

In Girona lebte einst die zweitgrößte jüdische Gemeinde Kataloniens. Zwischen 890 und 1492 wohnten bis zu dreihundert Juden im ›Call de Girona‹. Dieser Distrikt ist heute nicht mehr in der alten Form vorhanden. Die damaligen Straßen wurden teilweise verlegt oder überbaut, viele der alten Häuser abgerissen. Aber trotzdem kann man noch einen guten Eindruck der alten Szenerie erhalten, wenn man in die Carrer de la Força geht, die das ehemalige Rückgrat des Judenviertels bildete. Zu dem Call gehörten noch die Carrer de Sant Llorenç und die Carrer Cúndaro. Die Juden waren Ende des 9. Jahrhunderts wohl aus Jerusalem nach Girona gekommen. Sie erstritten sich bald von den Stadtvätern eine gewisse Unabhängigkeit. Ihr Distrikt hieß Aljama und war beispielsweise in Fragen der Rechtsprechung unabhängig von den Stadtvätern Gironas, den Jurats.

Das führte im Laufe der Zeit immer wieder zu Konflikten, die dadurch angeheizt wurden, daß sich Gironeser von den Juden, die häufig vom Geldverleih lebten, übervorteilt fühlten. Seit dem 13. Jahrhundert gab es immer wieder Überfälle auf die Juden, teilweise harmlos, teilweise aber auch blutig, wie am 10. August 1391, als vierzig Juden vom Mob ermordet wurden. Die Juden wurden fortan von den Gironeser Bürgermeistern immer stärker in ihren Bezirk zurückgedrängt, der schließlich Züge eines Gettos annahm. Nur noch ein kleines Tor führte hinein. Schließlich mußten die Juden eine bestimmte Kleidung tragen, sobald sie sich außerhalb ihres Bezirks bewegten — die Repressalien gegen Juden geschahen offenbar immer mit den gleichen Mitteln.

1492 verfügten die ›Katholischen Könige‹ Ferdinand und Isabel die Ausweisung aller Juden aus Spanien, was auch in Girona nach anfänglichem Hinhalten durchgeführt wurde, denn ausgerechnet zu der Zeit hatte sich die Lage zwischen den Juden und den sonstigen Einwohnern etwas entspannt. Die meisten Juden emigrierten und diejenigen, die sich durch Übertritt zum Katholizismus ein Bleiberecht einzuhandeln glaubten, wurden wenige Jahre später dafür bestraft: Niemand überlebte den Terror der Inquisition. Selbst die Erinnerung an ihre Geschichte war während der Jahre der Franco-Diktatur verboten. Erst nach dessen Tod 1975 wurde dieses Kapitel Gironas wieder aufgeblättert. Ein Privatmann kaufte einige der noch erhaltenen Häuser des ehemaligen Call auf und begann sie zu restaurieren. Heute sind sie zu einem Museum (*Isaac-El-Cec-Centre*) zusammengefaßt und werden vom Staat unterhalten.

Der *Passeig de Muralla* beginnt beim Convent. Dort steht der höchstgelegene aller Wehrtürme Gironas, der *Torre del General Peralta*. Auf ihn kann man steigen und von dort auf dem Kamm der Stadtmauern wandern. 1985 hat man diesen Weg angelegt, der die schönsten Blicke auf Girona bietet. Der Aufstieg auf den Wachturm selbst ist wegen der wackligen Leiter etwas waghalsig, aber man wird belohnt durch eine Aussicht, die man stundenlang genießen kann. Von der alten Stadtmauer ist es nicht weit zur *Rambla de la Llibertat* am Ufer des Onyar. Er ist die kleine Flaniermeile Gironas. Jeden Samstag gibt es einen Markt mit Blumen, Tieren und allerlei Antiquitäten. Am Ende der Rambla kann man über die Fischerbrücke (Pont de les Peixateries) über den Onyar gehen. Sie wurde gebaut von der Firma ›Eiffel & Co.‹, die sich in Paris ein unsterbliches Monument gesetzt hat. Eiffel hatte Ende des vergangenen Jahrhunderts insgesamt drei Brücken über den Onyar errichtet, doch nur noch die Fischerbrücke ist erhalten.

Am Stadtrand zieht sich eine vierzig Hektar große Erholungszone am Onyar entlang, die *Devesa de Girona*. Der Park nimmt für sich in Anspruch, der größte in Katalonien zu sein. Schon im 18. Jahrhundert hat es dort eine Promenade gegeben, die aber während der Napoleonischen Eroberungszüge Anfang des 19. Jahrhunderts zerstört wurde. 1858 begann man mit der Anlage des jetzigen Parks. Zweitausendfünfhundert Platanen wurden gesetzt. Sie sind ein wenig dicht beieinander gepflanzt worden, so daß sie in außerordentlich große Höhen wuchsen. In der Regel ragen sie über fünfzig Meter hinauf und lassen den Eindruck entstehen, so schwärmte der Gironeser Stadtschreiber Narcís-Jordi Aragó, als handele es sich um das ›Schiff eines unendlich großen gotischen Domes‹.

In vielem hat sich **Banyoles** einen im positiven Sinn altmodischen Charme bewahrt. Trotz der exponierten Lage am Ufer des Estany de Banyoles gibt es keine Hotelburgen, keine Appartementkomplexe. Die Seepromenade ist mit einer bescheidenen Spazieranlage versehen, über das Wasser tuckern altmodische kleine Dampfer, teilweise mit einem Schwanenhals als Bug. Die Alleen sind dicht mit

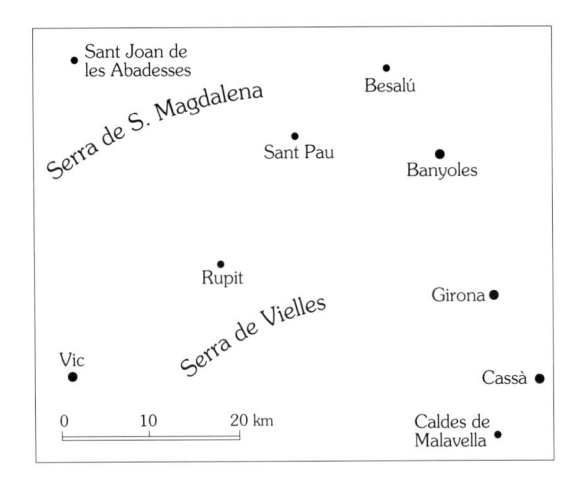

Platanen gesäumt und auch im historischen Ortskern ist nichts von Hektik zu spüren. Der Ort ist vor allem Ziel von Wochenendausflüglern, die bis von Barcelona dorthin kommen. Trotzdem weist Banyoles nichts auf, das man ›verschandelt‹ nennen müßte. Wegen der sehr zivilen Preise ist Banyoles beliebtes Ziel von Familien mit Kindern. Zwar hat der Ort keinen Strand. Das ›Strandbad‹ ist eine kleine Kiesfläche mit Tischen und Stühlen, die von einem Kiosk bewirtschaftet werden. Aber dem Badespaß tut das keinen Abbruch.

Der See ist oval, mißt acht Kilometer Umfang und ist an der tiefsten Stelle bis zu einhundert Meter tief. Vor langer Zeit sei er zwanzigmal so groß gewesen wie jetzt, erzählen die Einwohner. Noch heute ist er der größte natürliche Binnensee Kataloniens. Er wird nicht von Zuläufen gespeist, sondern unterirdisch durch einige Quellen, die insgesamt pro Sekunde sechshundert Liter Wasser in den See pumpen. Dadurch ist er ruhig und glatt wie ein Spiegel. Dies und die Tatsache, daß er exakt zwei Kilometer lang ist, haben ihn schon mehrfach in das Blickfeld der sportlich interessierten Weltöffentlichkeit gerückt: 1972 fanden auf dem Estany de Banyoles die Ruder-Weltmeisterschaften statt, und 1992 tragen die Ruderer dort ihre olympischen Wettkämpfe aus. Doch selbst dieses Großereignis hat in Banyoles bedeutend weniger Aktivitäten ausgelöst als in anderen Austragungsorten der Olympiade. Man klotzte keine Großbauten hin, sondern erweiterte lediglich die Uferpromenade ein wenig und gliederte das olympische Dorf harmonisch am Stadtrand ein. Der angenehm angestaubte Charme sollte gar nicht erst gestört werden. Nur die Verantwortlichen in Barcelona setzten ein Großbauwerk in die Landschaft, das vielleicht auch einmal Banyoles verändern könnte: Von Girona wurde eine Autobahn gebaut, die die Fahrtzeit an den See um mehr als die Hälfte verkürzt.

Wenn man die fruchtbare Zone um den Estany de Banyoles verläßt und in das Vulkangebiet der **Garrotxà** fährt, verwandelt sich die eben noch südländische Landschaft in eine Gegend, die dem Mitteleuropäer sehr bekannt vorkommt. Die Mittelgebirge der Garrotxà haben große Ähnlichkeit mit vulkanischen Landschaften wie der Eifel. Vor rund dreihundertfünfzigtausend Jahren begann im Gebiet von Garrotxà die Erde zu beben und Feuer zu spucken. Im Laufe der folgenden Jahrtausende kam es immer wieder zu Eruptionen, die letzten wohl vor gut elftausend Jahren im Gebiet von El Groscat. Obwohl seither keinerlei Anzeichen für vulkanische Tätigkeit mehr festgestellt wurden, gilt die Garrotxà noch nicht als endgültig erloschen. Denn auch in vorhistorischer Zeit lagen oft zehntausend oder mehr Jahre zwischen den Eruptionsphasen.

Die Vulkane haben eine wundervolle, sehr abwechslungsreiche Landschaft geschaffen. Zum einen waren durch erkaltete Lavaströme an vielen Stellen Stauseen entstanden. Die meisten sind im Laufe der Zeit versandet, verwandelten sich danach in Sümpfe und schließlich in außerordentlich fruchtbare Ebenen. Die Gebiete bei Les Fonts, Llacs und L'Estany haben diese Vergangenheit. Ein Sumpfgebiet aus dieser Zeit besteht auch noch, es liegt in der Moixana. Zudem haben die mitunter hoch aufragenden Vulkanschlacken wechselnde Einfallsrichtungen für den Wind geschaffen. So gibt es in der Garrotxà starke Klimaunterschiede. In den tiefen Tälern herrscht beispielsweise im Winter recht strenger Frost, während die jährlichen Durchschnittstemperaturen auf höher gelegenen Ebenen bei über zwölf Grad liegen und im Sommer sogar vierzig Grad Hitze keine Seltenheit sind.

1975 begann in Olot eine Bürgerinitiative, für den Schutz des Garrotxà-Gebietes zu kämpfen. Die Vulkanlandschaft war bedroht, weil der Abbau der für den Bau von Häusern und Straßen hervorragend geeigneten Vulkanschlacke (Lapilli) überhand nahm. Doch es sollte noch sieben Jahre dauern, ehe die Zona Volcàn de Garrotxà unter Naturschutz gestellt war. Es war das erste Naturschutzgebiet, das die selbständig gewordene Generalitat von Katalonien ausrief. Jetzt gelten in der zu zwei Drittel von Wäldern bewachsenen Vulkanlandschaft strenge Regeln für die Jagd und die kommerzielle Nutzung.

Sant Pau ist in zwei Ortsteile getrennt. Einen, der sich nicht von anderen Orten in dieser Gegend unterscheidet und – auf einer Anhöhe – ein historischer Ortskern, die *Vila Vella*, die zu den großen Sehenswürdigkeiten Kataloniens gehört. Sie ist ohne den geringsten Abstrich in der mittelalterlichen Form enthalten, in der sie errichtet wurde. In der Vila Vella von Sant Pau ist nichts gekünstelt, historisiert oder aufgesetzt, sondern von den Bewohnern über die Jahrhunderte pfleglich erhalten und behutsam renoviert worden. Natürlich gibt es Strom, Telefon und moderne Wasserleitungen. Aber die Bausubstanz und die Gassen geben einen so sinnlichen Eindruck vom mittelalterlichen Leben in Katalonien, wie sonst allenfalls in Besalú oder Pals. Dort sind allerdings die historischen Ortskerne nicht so klar abgegrenzt wie in Sant Pau.

Außerdem läßt sich von der Vila Vella sehr schön die Vulkanlandschaft studieren. Die Erosion hat im Laufe der Jahrhunderte die Vulkane abgetragen, hat für Rundungen und sanfte Hügel gesorgt. Auffallend ist, daß die Vulkane und dazugehörigen Bergrücken sehr eng beieinander stehen. Die Vulkankegel, teilweise an den Flanken aufgerissen, sind allerdings noch sehr gut zu erkennen.

Die Weiterfahrt nach Olot wird zu einem Erlebnis, das seinesgleichen sucht. Nachdem sich zunächst nur die Serra del Garb mächtig im Westen erhebt, tauchen dann im Norden die Pyrenäen auf – hoch, steil, tief gestaffelt, ein überwältigender Anblick. Durch einen dichten Laubwald, der von sattem Grün schier zu bersten scheint, windet sich die Straße hinauf zum Condreu (1010 Meter). An einigen wenigen Stellen gibt der Wald einen Blick frei, der tief in die Zona Volcàn de Garrotxà reicht. Man sollte ihn genießen.

Bald erscheint **Rupit**, ein bei den Katalanen sehr beliebtes Ausflugsziel. Das kleine Dorf, das sich in ein enges Tal hineinschmiegt, stammt aus dem 16. und 17. Jahrhundert – seither ist dem pittoresken Ort nichts mehr hinzugefügt worden. Über Natursteinstufen erklimmt man die steilen Gassen, kann immer wieder in die kleine Schlucht blicken. Mutprobe ist eine wacklige, aus Holzlatten gezimmerte Hängebrücke über einen reißenden Bach, der Richtung Balsa de Susqueda fließt, aus dem sich der Ter speist. Mehr als zehn Personen dürfen die Hängebrücke nicht gleichzeitig betreten. Im Gegensatz zu Sant Pau hat sich Rupit aber doch sehr deutlich den Besuchern verschrieben. Das stört ein wenig den historischen Charakter, tut dem Charme aber keinen Abbruch. Am faszinierendsten ist, wie die Häuser in die Felsen hineingebaut wurden. In Rupit selbst gibt es neben einer Vielzahl von Restaurants auch Hostals, in unmittelbarer Nachbarschaft liegt ein Campingplatz.

Vic gehört zu den ältesten Siedlungen in Katalonien. Schon vor unserer Zeitrechnung hatten die Römer dort eine Siedlung errichtet, die sie Ausa nannten, woraus zunächst Ausona wurde. Zwar sind viele ehedem wichtige Bauten mittlerweile zerstört (was nicht zuletzt daran liegt, daß Vic während der maurischen Herrschaft fast ein Jahrhundert unbewohnt war), aber Vic besitzt ein Museum, das nach dem Museu d'Art de Catalunya in Barcelona die wichtigste Sammlung an romanischen und gotischen Fresken, Tafelbildern und Skulpturen zusammengetragen hat. Sie sind untergebracht im *Museu Episcopal* im Bischofspalast neben der Kathedrale. Die *Kathedrale*, bereits 1040 gegründet, aber im 19. Jahrhundert komplett neu aufgebaut, besitzt einen ausgefallenen Turm: klein, breit, mit vielen Fenstern. Der im Grunde genommen hübsche Kreuzgang wird förmlich erschlagen durch ein Grabmonument von Jaume Balmes, der Anfang des 19. Jahrhunderts in Vic als Philosoph und Publizist gearbeitet hat und auch Berater von Papst Pius IX. war.

Vic genießt bei den Katalanen keinen besonders guten Ruf. Es gilt als hinterwäldlerisch und verschlafen. Trotzdem oder vielleicht gerade, um diesen Ruf loszuwerden, wagen die Stadtväter teilweise auch unkonventionelle Bauten. So an der Carrer del Virrei Avilés. Dort steht ein weithin sichtbares, zehnstöckiges Haus mit dunkelbrauner, erdiger Fassade und einem unregelmäßigem Dach, das in viele spitze Giebel ausläuft. Wie die Hinterlassenschaft etlicher Farbbeutel zeigen, ist der Komplex ›Vic 2‹ allerdings bei vielen Bewohnern nicht unumstritten. Zentrum des Ortes ist die Rambla del Carme, wo sich die meisten Geschäfte befnden. Derzeit wird ein Tunnel gebaut, um die Altstadt von dem Durchgangsverkehr zu entlasten, der heute noch die Straßen fest im Griff hat.

Cardona wird überragt von einer aufwendig restaurierten *Burg* aus dem 13. Jahrhundert. Darin ist ein Parador untergebracht, eines jener staatlichen Luxushotels, deren schönste sich in solch alten Gemäuern befinden. Vom Parador ›Ducs de Cardona‹ hat man einen kompletten Rundblick auf die Stadt und die Serra de les Garrigues. Auch bei nur mittelmäßiger Sicht sind die Pyrenäen ebenso zu erkennen wie die Hügel von Barcelona. Unterhalb des Bergs erheben sich riesige Abraumhalden, die Montañas de Sal, die aus dem Salzbergwerk stammen, von altersher Haupteinnahmequelle von Cardona. Schon die Römer begannen, die riesigen Kalisalzlagerstätten auszubeuten. In ein paar Privaträumen sind Handwerkszeug der Bergleute ausgestellt und die Geschichte des Monataña de Sal kurz erläutert. Das Ganze heißt ein wenig pompös *Museu del Sal*. In Cardona selbst hat sich noch ein hübscher Stadtkern erhalten — vielleicht auch deshalb, weil er teilweise selbst von kleineren Fahrzeugen nicht zu durchfahren ist.

Ein wenig oberhalb von Estany auf dem Weg nach Prats de Lluçanès läßt sich wie im Lehrbuch der Vulkanismus der Serra de Vivanes studieren: Kleine Krater liegen dort in der weiten Ebene, die meisten an einer Seite mit steilen, rostroten Felsen wie in einem Amphitheater. Es sind Vulkane, bei denen die letzte Eruption so heftig war, daß sie Teile des Vulkankegels mitriß. Bei manchen flog sogar fast der ganze Kegel auseinander. Auch dies läßt sich mit dem wundervollen Blick auf die Serra de Vivanes genau studieren.

Wenige Kilometer von Prats de Lluçanès entfernt liegt die Kirche *Santa Maria de Lluçà*. Ein bescheidener Bau mit dem wohl kleinsten Kreuzgang aller Kirchen in Katalonien. Ohne Pflanzenschmuck, ohne Gras, nur mit einem Ziehbrunnen zieht sich die 7,40 mal 5,60 Meter lange Galerie hin. Im Boden sind Glasfenster eingelassen, um in die darunterliegenden Gewölbe schauen zu können. Die Kirche ist in einem einfachen, aber sehr klaren romanischen Stil gehalten, ebenfalls ohne Schmuck. Der bestand einmal in Fresken, die größtenteils nach Barcelona in das Museu d'Art Catalunya transportiert wurden. Ein Teil verblieb aber in Lluçà, wurde restauriert und ist jetzt in einem neuen kleinen Museum neben dem Kreuzgang zu besichtigen.

Der kleine Abstecher zu *Sant Jaume de Frontanyà*, die im 11. Jahrhundert dem Augustinerorden gehörte, lohnt, denn Sant Jaume wird als das besterhaltene Bauwerk des romanischen Stils gepriesen. In der Tat zeigt sich die schmucklose, aber eine wundervolle Balance haltende Wucht der Romanik nirgends besser und unverfälschter als an dieser Kirche. Das Stiftsgebäude der Augustiner und der Kreuzgang sind nicht mehr erhalten.

Register

Die **halbfett** gedruckten Ziffern verweisen auf Seiten mit Bildlegenden bzw. Abbildungen

Aiguamolls de l'Alt Empordà 149
Alcanar 156
Alfons XIII., König von Spanien 16, 18f
Alt-Katalonien (Catalunya Vella) 11
Alt Urgell 8
Andorra **127**, 158f
Aragón 10
Arenys de Mar 152
Arseguel **102f**
Arties 135

Bac de Sau **120**
Baix Empordà 8
Balaguer 157
Banyoles **90**, 163f
Barcelona 7ff, 10f, 13, 17f, 20-25, **37-69**, 137-146
  Bac de Roda 24
  Barceloneta 22
  Barri gótic (Altstadt) **47**, **50ff**, 137
    Ajuntament 138
    Casa de l'Ardiaca **45**
    Catedral de la Santa Creu **44f**, **46**, 137f
    Museu Frederic Marés 137
    Museu d'Història de la Ciutat 11, 22
    Museu Picasso 139
    Palau de la Generalitat de Catalunya 138
    Plaça de la Vila de Madrid 138
    Plaça Reial **47**, **51**, 139
    Plaça de Sant Cugat **52**
    Plaça de Sant Jaume **49**, 137
    Plaça de Sant Josep Oriol **50**, 139
    Santa Maria del Mar 139
  Barrio Chino 139f
    Palacio Güell 139
    Sant Pau del Camp 139
  Casa Vicens 144
  Eixamples **55**, 143f
    Casa Amattler 143
    Casa Batlló **55**, 143
    Casa Lléo Morera 143
    Casa Milá (Pedrera) 17, 24f, **54**, 143
    Casa Terrades 144
    Gràcia 143
    La Manzana de la Discòrdia 143
    Passeig del Gràcia 143
  Estació del Norte 146
  Funkturm 145f
  Hafen 140f, **37f**
    Drassanes 12, 140
    Kolumbusdenkmal **37f**, 137, 140
    Museu Maritim **60**, 140
  Horta 56
  Monastir de Pedralbes 144
  Montjuïc (Laye bzw. Barcino) 20, 23, 25, **32f**, **66**, 137, 141ff
    Castell de Montjuïc 143
    Fundació Joan Miró 142
    Jardins d'Aclimatico 142
    Jardins Joan Maragall 142
    Jardins Mirador de l'Alcalde 143
    Mies-van-der-Rohe-Haus 25, 142
    Museu d'Art des Catalunya 142
    Palau Nacional 142
    Palau d'Esports Sant Jordi 33, **62/63**, 137
    Plaça de Espanya 141
    Poble Espanyol 142
  Museu Frederic Marés 137
  Museu Gaudí 144
  Nou Camp, Stadion 30, 33
  Palau de la Música Catalana **56**, 145
  Palau Reial **67**
  Parc de la Ciutadella 137, 141
    Estació de França 141
    Museu d'Art Modern 141
    Zoo 141

Parc de l'Escorxador 43
Parc de l'Espanya Industrial 146
Parc de Mar 32
Parc del Croll 146
Parc de Pedralbes 144
Parc Güell **55**, **56**, 137, 144
Parc Turó des Putget 145
Plaça Catalunya **39**, **49**, 137
Plaça del Rei **45**, **60**
Poble Espanyol 137
Pont de Filip II. 24
Ramblas, die **37ff**, **58f**, **68f**, 139
  Carrer dels Escudellers 68
  Gran Teatro del Liceo **61**, 139
  Palau de la Virreina 139
  Plaça de la Boqueria **59**, 139
  Ramblas de Catalunya 23, 137, 139
  Santa Maria del Pi 139
Ribera 22
Sagrada Familia **40**, **42**, **54**, 144f
Salón del Tinell **60**
Sant Joan Despi 57
  Torre de la Creu **57**
Tibidabo **40/41**, 137, 145
Vall d'Hebron 32
Beget **96**, 161
Besalú **91**, 161
Bofill, Ricardo 33
Bru, Lluís 25

Caldes de Bo 157
Caldes de Malavella 150
Caldes de Montbuí 147
Caldes d'Estrac 152
Calella 24
Camarasa **104ff**
Cambrils 24
Campdevànol 160
Campedron **96**
Can Bac **120**
Canet de Mar 152
Cap de Creus **89**
Cardona 165
Carlos IV., König von Spanien 15

Casals, Pau (Pablo) **73**, 152
Cassà 150
Castell Follit de la Roca **92f**
Cerdà, Ildefons 22
Cervantes, Miguel **113**
Colóm, Cristóbal 13
Coll de Jou **121**
Companys, Lluís 18
Correau, Frederico 33, **65**
Corts 10, 12f
Costa Brava 7, 9, 24, **74ff**, 135, 148f
  Blanes 24, **81**, 151
  Cadaqués **80**, 148
  Castelló d'Empúries 149
  La Jonquera 148
  Peretallada **78f**, 151
  Port Lligat 149
  Rosamar **74**
  Sant Pere de Rodes, Kloster 9, 148
  Tossa 24, **75f**, 151
Costa Daurada 7, 24, 152-154
  Cubelles 152
  Montanyes de Prades 154
  Montblanc **129**, 154
  Poblet, Kloster 153f
  Porrera 154
  Reuss 154
  Santes Creus, Kloster 153f
  Sitges 152
  Valls 154
  Vendrell 152
  Villafranca del Penedés 152f
  Villanova i la Geltrù 152
Costa del Azahar 156
Cova d'en Daina 150
Cubelles **124**

Dalí, Salvador 24, 28, **80**, 148f
Doménech i Montaner, Lluís 17, **56**

Ebre (Ebro) 8, 18, **130ff**, 156f
Embassament de Camarasa 157
Embassament de Cellers 157
Empúria-Brava 149

Empúries 21, **87**, 149f
Escribá, Antoni 48
Estatut de Sau 20
ETA 25

Falset **114**
FC Barcelona (Barça) 29, 139
Fernando II., König von Aragón 13
Fernando VII., König von Spanien 15
Ferran de Antequera 12
Figueras **86**, 149
  Museo Teatro Dalí **86**
Flamenco 7, 28
Fluvià **91**, 160
Francisc Pi i Margall 16
Franco, Francisco 15, 18f, 26
Freser 160f

Garrotxà 164
Gaudí i Cornet, Antoni 17, **54ff**, **56**, 144f
Girona 7, 9f, 12, 28, **82-86**, 162-165
  Kathedrale 12, **84**, 86
  Pujada de Sant Doménec **84**
  Sant Marti Sacosta **84**
Giverola 151
Golf von Roses 149
Gonzales, Felipe 19
Guardia Civil 19
Güell, Antonio Rori 48
Güell, Graf Eusebi 16
Guernica 18
Guifré 9

Hamilcar Barca 20

Illes Medes 150
Isabel I., Königin von Kastilien 12
Isabel II., Königin von Spanien 15
Isozaki, Arata 33, **62/63**

Joan I., König 12
Jocs Florals 16
Joseph Bonaparte, König von Spanien 15

167

Juan Carlos I. de Bourbón, König von Spanien 19
Jujol, Jordi **55, 57**

Karl II., König von Spanien 14
Karl III., König von Spanien 14
Katalanische Sprache 25ff

La Molina 160
La Pobla del Segur **97**
La Seu d'Urgell **98, 103**, 135, 159
L'Escala 24
L'Estartit 150
Llavorsí **107**
Llafranç 151
Lleida 11, 18, **104**, 156
  Kathedrale **112f**
Llivià 160
Lloret de Mar 28, 151
Llull, Ramon 13, 26

Maciá, Francesc 17f
Madrid 14, 16, 18, 20f
Malgrat de Mar 24, 152
Manresa **128**
  Casa de Sant Benet **128**
Maragall, Pasqual 20
Mariscal, Javier 31
Martí el Jóven 12
Mataró 22
Milá, Alfonso 25, 33, **65**,
Milá, Miguel 25
Miró, Joan 24, **43**, 143
Miyawaki, Aiko **63**
Modernismo 16f
Montserrat, Kloster **70ff, 73**, 146f

Naturpark Gadí-Moixeró 160
Neu-Katalonien (Catalunya Nova) 11
Noguera Pallaresa **99, 105f**
Núñez i Clemente, Lluís 30

Olympische Spiele (1992) 30-34
Onyar **85**

Palamos 151
Palau de Noguera **105**
Pals 151
Paradores 135
Parc Nacional d'Aigüestortes i Estany de Sant Maurici **100/101**, 157
Petronila 10
Philipp IV., König von Spanien 13
Philipp V., König von Spanien 14, 22
Picasso, Pablo **48**, 139
Pinya de Rosa 151
Poblet, Kloster **115ff**
Port de la Selva 9, **88**
  Castell de Sant Salvador **89**
  Sant Pere de Rodes, Kloster **88f**
Primo de Rivera, Miguel 17f
Puig Cerdà 160
Puig i Cadafalch, Josep 17
Pujol, Jordi 20, 25
Pyrenäen 7f, 32, **96, 99**, 158

Ramon Berenguer IV. 10
Reus 17
Ribes de Freser 160
Ripoll **94**, 160f
  Monasterio de Santa Maria **94**
Rivel, José Andreo (Charlie) **124**
Rocabruna 161
Roses 24, 149
Rovéra i Tria, Antoni 22
Rupit 164
Rusiñol, Santiago 27

San Felíu de Guixols 28
Sant Joan de les Abadesses **94**, 161
Sant Pau **95**, 164
Santa Coloma de Cervelló 147
Santa Maria de l'Estany **125**
Santes Creus, Kloster **118f**
Sardana **49, 96**
Scipio, Gnaeus Cornelius 21
Segadors 13f

Segre **104**
Serra del Cadí **102/103, 121**
Seu Vella **113**
Sevilla 14
Sitges **126**
Stierkampf 7, 28

Talarn 157
Tarragona 11, 21, 28, **122f**, 154f
  Pont de las Ferreras 155
  Salou 155
Taüll **108f**, 157
  Sant Clement **108**
Terrassa 147
Torrelles de Llobregat **40**
Tortosa 156
Tremp **110/111**, 157
Trias, Josep Maria **64**

Ullastret 151
Usatges (Kodex) 10, 21

Val d'Arran 158
Valencia 18, 32
Vall de Boi **99**
Ventura, Pep 27
Verus, Lucius Minicius Natalis Quadronius 31
Vic **127**, 135, 164f
Viella 135, 158

Wirtschaft (Industrie) 23